HEYNE FILMBIBLIOTHEK

DIE NEUEN GESICHTER HOLLYWOODS

von MEINOLF ZURHORST

Originalausgabe

WILHELM HEYNE VERLAG
MÜNCHEN

HEYNE FILMBIBLIOTHEK
Nr. 32/123

Herausgeber: Bernhard Matt

2. Auflage

Redaktion: Cornelia Zumkeller

Umschlagfoto: von links oben nach rechts unten: Tom Cruise,
Daryl Hannah, Rosanna Arquette, Sean Penn, Kim Basinger;
Bildarchiv Lothar Just, München
Rückseitenfoto: Bildarchiv Lothar Just, München
Umschlaggestaltung: Atelier Ingrid Schütz, München
Printed in Germany 1990
Satz: Fotosatz Völkl, Germering
Druck und Verarbeitung: Ebner Ulm

ISBN 3-453-02626-8

Inhalt

Zu diesem Buch

Wahrscheinlich kommt es viel zu früh – ein Buch, das sich mit einer Reihe junger Hollywood-Schauspieler beschäftigt, von denen man nicht einmal weiß, ob ihre Karriere überhaupt noch eine Zukunft hat, wenn dieses Buch erscheint.

Doch nachdem das Kino die Phase des Autorenfilms, bei dem die Regisseure die Stars waren, fast schon überwunden hat, rücken wieder die Schauspieler in den Mittelpunkt. Da gibt es Monumente wie Dustin Hoffman, Jack Nicholson, Robert DeNiro oder Warren Beatty, alle jenseits der vierzig, doch sie allein können nicht garantieren, daß ein Publikum im Alter zwischen vierzehn und fünfundzwanzig ins Kino strömt.

Aber gerade diese Altersgruppe stellt die Majorität der Kinobesucher. So ist es nur natürlich, daß es neue Stars gibt, die ebenso jung sind wie ihr Publikum. Einige von ihnen werden in diesem Buch porträtiert; über die Auswahl wird es Diskussionen geben, doch ich habe mich auf solche Schauspieler beschränkt, deren Karriere bereits seit geraumer Zeit zu verfolgen ist und sich an einem entscheidenden Punkt der Umwandlung befindet.

Alle porträtierten Jungstars sind auf dem Wege, das eindimensionale Image eines Teenager-Stars zu verlassen und sich zu ernsthaften Schauspielern zu entwickeln. Das erscheint mir ein geeigneter Zeitpunkt, ein erstes Resümee zu ziehen, einen Überblick zu geben, den erst die nächsten Jahre bestätigen können. Doch schon jetzt kann es keine Zweifel mehr darüber geben, daß tatsächlich eine neue Generation von Darstellern im Vormarsch ist, die mehr sind als nur ein Image, die die Fähigkeit, das Talent und die Energie besitzen, Schauspielerpersönlichkeiten zu werden.

Bedanken möchte ich mich bei allen, die dieses Buch möglich gemacht haben, vor allem bei Karsten Prüßmann und seinen helfenden Hinweisen, bei den Mitarbeitern der Library Services des British Film Institute, London (Pat Perilli) und den Pressestellen der Firmen VCL/Virgin Communications

(Helge Post), Warner Home Video (Kirsten Bollmann), RCA/Columbia (Claudia Baumhöver), CIC-Video (Ursula Zeimet).
Und bei Ida, der dieses Buch zugedacht ist.

Meinolf Zurhorst
Köln im Mai 1988

Götter der Leinwand

Sie wurden geliebt, gehaßt, vergöttert, verdammt, bewundert und imitiert – die Kinostars. Mythen entstanden, Personen wurden der Wirklichkeit entrückt, und das Geschäft lief besser denn je. Ihre Bilder schmückten die Zeitschriften und Schränke, ihre Lebensgeschichten wurden verschlungen, ihr Privatleben leidenschaftlich diskutiert. Sie bedeuteten Heldentum und Glamour. Sie wurden unsterblich und unerreichbar. Die Stars waren es, die das Publikum in die Kinos brachten. Sie standen außerhalb der Gesellschaft der Normalsterblichen.

Als das Kino begann, gab es keine Stars. Das neue Medium bot genügend Unterhaltungswert. Und billig war es dazu. Doch schon bald fragten sich die Zuschauer, wer denn das hübsche Mädchen da auf der Leinwand sei, dessen zarte Erscheinung und unschuldiges Aussehen die Menschen entzückte. Noch bevor jemand das Wort »Star« in den Mund nahm, um damit etwas anderes als ein Himmelsgestirn zu bezeichnen, nannte das Publikum seine neuen Idole das »Biograph Girl« (nach der Produktionsfirma) oder »Little Girl With the Golden Curls«. Vor allem der Produzent Carl Lemmle erkannte recht bald, daß man größere Erfolge hatte, wenn man das anonyme Mädchen mit einem Namen versah. Mary Pickford, Dorothy und Lilian Gish, Douglas Fairbanks, Charlie Chaplin und zahlreiche andere wurden zu Garanten des Erfolgs. Doch sie wurden noch mehr. Ihr aufwendiger Lebensstil, durch eine hörige Presse in geziemender Distanz, aber auch mit Bewunderung, immer wieder ausgebreitet; eine Karriere, die aus dem Nichts zum Gipfel von Ruhm und Reichtum führte – das schuf Vorbilder, Traumfiguren, Idole, Mythen.

Schon früh erwies sich dabei, daß Stars kaum schauspielerische Leistungen bringen mußten. Wichtiger war, einfach nur dazusein, einen Typ darzustellen. Gefragt waren Identifikationsfiguren. Ein Kinderstar wie Shirley Temple stellte das Ideal der kleinen Tochter dar. Greta Garbo verkörperte die

Schönheit schlechthin. Jean Harlow war der lasziveVamp par excellence. Ein Gangsterdarsteller wie James Cagney faszinierte durch seine unbändige Energie, mit der er vorwärtsstürmte. Westerner wie Gary Cooper oder John Wayne bestachen durch die Aufrichtigkeit und Männlichkeit ihrer (Film-)-Charaktere. Mythos und Archetypus gingen eine Verbindung ein und schufen bei den Zuschauern eine Homogenität, die in der Realität nicht existierte. Stars, Regisseure, Autoren und Produzenten arbeiteten auf der gemeinsamen Basis gesellschaftlicher Stereotypen. Sie produzierten in festgelegten Bahnen – schließlich waren sie alle als Angestellte Befehlsempfänger und dienten einem Image – Mythen und imitierten das Leben. Oder imitierte das Leben nicht schon häufig genug den Film?
Doch die Zeiten änderten sich und mit ihnen Hollywood, dessen Kreation das Starsystem war. Neue Stars erschienen am Zelluloid-Firmament und waren Ausdruck gesellschaftlicher Stimmungen und Bedingungen. Als das Starsystem in den fünfziger Jahren schließlich zusammenbrach, weil Antitrust-Gesetze die Stärke der großen Studios brachen, weil immer mehr Stars auf ihre schauspielerische Identität drängten, vor allem aber, weil dem Kino mit dem Fernsehen ein neuer, eminent starker Konkurrent erwachsen war, veränderte sich die Bedeutung der Stars ebenso wie die Haltung des Publikums zu seinen Idolen. Der Bildschirm holte die ehemals Unerreichbaren nun ins heimische Wohnzimmer. Diese neue Intimität zerstörte den Vorbildcharakter und ließ die Stars zu Berühmtheiten schrumpfen. Doch stärker als je zuvor waren sie die Garanten für den Erfolg eines Films. In dem Wechsel von Moden und Trends, dem natürlich auch die Stars unterliegen, gaben sie jedoch eine Art Orientierungshilfe. Ein John Wayne bedeutete eine bestimmte Tradition, ein Jerry Lewis war stellvertretend für eine Richtung von Komik. Ein Elvis Presley blieb für die Jugend reserviert, ebenso wie James Dean, Marlon Brando oder Montgomery Clift; sie alle standen symbolhaft für gewisse Strömungen in der Jugendkultur. Sie wurden zu Stars, weil sie Sehnsüchte zu Stereotypen machten. Mit dem Einbruch der Unabhängigkeit in die Filmproduktion

Die Keimzelle von Hollywoods jungen Stars war der Film ›The Outsiders‹. V. l. n. r.: Patrick Swayze, Emilio Estevez, Ralph Macchio, Matt Dillon, C. Thomas Howell, Rob Lowe, Tom Cruise

wandelten sich die Werte. Nun waren die Themen die Stars, der Autorenfilm erlebte in den sechziger Jahren seine Blüte. Es gab keine Stars mehr auf der Leinwand, es gab nur noch populäre Schauspieler. Und unter ihnen wurden nur diejenigen zu bewunderten Stars, die ihr darstellerisches Können oder ihr persönliches Charisma zum Mittelpunkt machten, Jane Fonda, Robert Redford, Dustin Hoffman, Jack Nicholson oder Robert DeNiro. Mit dem Aufkommen hochtechnisierter Filme Ende der achtziger Jahre, in denen die Special-Effects über die Darsteller triumphierten, gewannen sie einen monolithischen Status. In Zeiten nivellierender Generalisierungen und ermüdender Austauschbarkeit behaupteten sie die Idee der Persönlichkeit.

Idole der Jugendkultur

Vor diesem Hintergrund ordnet sich Hollywoods neue Stargalerie als Stereotypensammlung ins Zeitalter der Massenkommunikation ein. Die Bezeichnung *Brat Pack* für die jungen Leinwandidole der achtziger Jahre ist dabei nicht mehr als eine journalistische Wortschöpfung. »Es begann als Medienerfindung bei meinem Freund Emilio Estevez«, erläuterte Rob Lowe einmal. »Er glaubte, einem bestimmten Journalisten gegenüber zu ernst gewesen zu sein und wollte ihn erkennen lassen, daß er auch Freunde habe und nicht nur für die Arbeit lebe. Deshalb lud er seine Freunde – die zufällig Schauspieler waren – zu einem Drink ein.« Der Journalist fühlte sich an das legendäre *Rat Pack* um Frank Sinatra, Dean Martin, Sammy Davis und Peter Lawford erinnert und verpaßte einem Kreis junger Nachwuchsschauspieler, die außerdem in immer neuen Variationen in denselben Filmen auftraten, das Label *Brat Pack,* wobei *Brat* soviel wie *Balg* bedeutet. Doch es ist etwas anderes, das all diese Jungstars verbindet. Im Gegensatz zu den unerreichbaren Göttern der Leinwand in der Blütezeit Hollywoods bewegten sie sich von Anfang an in einer intimen Nähe zu ihrem Publikum. Die meisten dieser jungen Darsteller hatten bereits eine Karriere im Fernsehen hinter sich, bevor sie fürs Kino entdeckt wurden. Ihrem Alter entsprechend spielten sie außerdem meist Rollen, die dem Unterhaltungsbedürfnis der Jugendlichen entgegenkamen. Deshalb sind sie einem Publikum, das älter als dreißig ist und ohnehin kaum noch ins Kino geht, wenig vertraut. Für die Teenager aber zählen sie zu den Idolen. In einer an Oberflächenreizen reichen Kultur bieten sie Orientierungsmöglichkeiten an. Die Vielseitigkeit ihrer Rollentypologie entspricht den gesellschaftlichen und sozialen Bedingungen. Und das gilt weltweit, nachdem sich die nationalen Unterschiede der Jugendkultur im Zuge einer seit dem Zweiten Weltkrieg erfolgten kulturellen Kolonisierung durch die USA verwischt haben. Die Filme des *Brat Pack,* zu dem Darsteller wie Emilio Estevez, Rob Lowe, Andrew McCarthy,

›St. Elmo's Fire‹ war der prototypische Film des »Brat Pack«.
V. l. n. r.: Rob Lowe, Demi Moore, Emilio Estevez, Mare Winningham, Judd Nelson, Ally Sheedy, Andrew McCarthy

Demi Moore, Judd Nelson und Ally Sheedy gezählt werden, erzählen keine Geschichten, die einen intellektuellen Anspruch besitzen. Die Sorgen und Nöte der Jugendlichen werden auf Klischees reduziert, die in der Komik ihre Auflösung finden. Die Schule ist der Handlungsort der meisten Teenie-Filme, das »erste Mal« das gewichtigste aller Probleme. Da Schauspieler wie Publikum naturgemäß dem Teenager-Alter entwachsen und mit neuen Realitäten konfrontiert werden, ist es für die jungen Leinwandidole manchmal recht schwer, die Veränderung glaubhaft zu überstehen. Mancher Schauspieler wird Mühe haben, ist er erst mal dreißig, geeignete Rollen zu finden und auszufüllen. Und er muß sein Publikum finden, denn nach wie vor stellen die Teenager die Majorität unter den Kinobesuchern. So ist denn auch dieses Buch bei seinem Erscheinen fast schon überholt. Es gibt bereits eine große Zahl neuer Talente, die jetzt das Alter ihrer Zuschauer haben. Eine neue Generation wächst heran – die bekanntesten sind River Phoenix, Kirk Cameron, Kiefer Sutherland, Jason Patrick, Corey Feldman, Jami Gertz, Corey Haim –, die bestrebt ist, auch schauspielerisch zu überzeugen. Diese Herausforderung stellt sich vor allem für die *Brat Pack*-Generation, die sich in einer entscheidenden Phase des Umbruchs befindet.

Dabei aber ist eins gewiß: Das Kino wird von denen, die es schaffen, profitieren.

Rosanna Arquette

»Sie ist sehr sexy. Aber vor allem ist sie eine sehr gute Schauspielerin.«

Martin Scorsese

Mit seinem Freund, dem Drehbuchautor Jay Cocks, hatte sich Martin Scorsese 1985 in die Wüstenstadt Palm Springs zurückgezogen. *After Hours* war abgedreht, neue Projekte waren der Anlaß für die selbstgewählte Einsamkeit. Doch offenbar kam die Arbeit nicht voran, statt dessen beschrieben die beiden schon älteren Herren ihre Affinität zu einer Darstellerin, die auf den ersten Blick das nette Mädchen von nebenan ist und der Liebling aller Regisseure. »Arquette sammelt bewundernde Regisseure wie andere Schauspielerinnen die Schecks vom Arbeitsamt«, schrieb Scorseses Ex-Frau Julia Cameron.[1)]
1985 war das Jahr von Rosanna Arquette. *After Hours, Silverado* und vor allem *Desperately Seeking Susan* machten aus der zierlichen Blondine mit dem üppigen Busen über Nacht eine von Hollywoods heißesten Darstellerinnen. Der am 10. August 1959 geborenen Rosanna lag indes das Showbusineß im Blut. Ihr Großvater Cliff Arquette war ein Fernsehkomiker und wurde durch seine Rolle des Charley Weaver in den USA bekannt. Vater Lewis Arquette wirkte in der radikalen Satiretruppe »Committee« mit, Mutter Mardi ist Dichterin und Stückeschreiberin. Ihr Patenonkel, Hamilton Camp, ist ein renommierter Charakterdarsteller. Im Kinderzimmer hatte Rosanna Poster von Marilyn Monroe an der Wand hängen. »Ich wollte immer ein Filmstar werden, als ich aufwuchs. Ich wußte nicht genug, um eine *Schauspielerin* werden zu wollen. Ich wollte nur den Glamour und den Spaß. Mein wirkliches Rollenvorbild aber war Natalie Wood.«[2)] Tatsächlich lassen sich zwischen den beiden Gemeinsamkeiten erkennen: die zarte Figur, die ausdrucksvollen Augen und – oberflächlich – die Ähnlichkeit mit einer unbefriedigten

Hausfrau, ebenso der starke Wille, der nur selten Verzweiflung auf der Leinwand zuließ; überstrahlt aber wird dies alles von einer kräftigen Portion Sex, im Wandel der Zeit bei Rosanna Arquette offenherziger als noch bei Natalie Wood, dem Star der fünfziger Jahre.
Rosanna Arquette ist dabei ein typisches Kind der Flower-Power-Zeit. Ihre Eltern, Woodstock-Veteranen, zogen mit der Familie, neben Rosanna noch vier jüngere Geschwister, quer durch die USA und landeten schließlich in Chicago. Bei Anti-Vietnam-Demonstrationen malte ihr die Mutter »Stop the war, kill no more« auf den nackten Rücken; in den (Künstler-)Kommunen, in denen sie mit ihren Eltern hauste, atmete sie den freien Hippiegeist der Zeit ein. So war es kein Wunder, daß sie noch als Teenager Haschisch, Meskalin und LSD konsumierte. Sie genoß eine freie, antiautoritäre Erziehung und überraschte ihre Eltern als Fünfzehnjährige mit der Absicht, das Zuhause zu verlassen und die gewährte Freiheit in vollen Zügen zu genießen. Keiner hielt sie auf. Quer durch die USA trampte der schmächtige Teenager, um am Ende dort zu landen, wohin ihr Kindheitstraum sie führen mußte – nach Hollywood. »Dann zog ich mit einem Typen zusammen. Ich war fünfzehn. Oh, mein Gott, ist das nicht schrecklich.«[3)]
Schnell wurde aus dem Teenager eine junge Erwachsene. »Ich bin sehr schnell aufgewachsen. Ich glaube, ich war neunzehn als ich fünfzehn war. Und jetzt bin ich fünfzehn.«[4)] Es war wohl nicht nur ihre Herkunft, die dann ihre weitere Zukunft bestimmte. Als Siebzehnjährige in Hollywood, mit hübschem Gesicht, blonden Haaren, grünen Augen und einer tollen Figur, umgeben von Mädchen, die alle den gleichen Traum vom Filmstar hegen und alles für seine Erfüllung geben würden – das Klischee vom gefallenen Engel besitzt ein Körnchen Wahrheit. Entweder man arbeitet als Kellnerin und schafft es vielleicht, oder man landet auf dem Strich. Rosanna Arquette hatte Glück und Können. Sie ergatterte eine kleine Rolle in dem Stück »Metamorphosis«, das an einem lokalen Theater aufgeführt wurde. Dessen Leiter Paul Sills stellte das blutjunge Naturtalent einem Casting-Director vor, Fernsehauftritte waren das Ergebnis.

Rosanna Arquette und Kevin Kline in ›Silverado‹

Gleich im zweiten Jahr ihrer TV-Karriere konnte Rosanna Arquette für sich einen Achtungserfolg verbuchen. Unter der Regie von Leo Penn, dem Vater von Sean und Christopher, spielte sie an der Seite der großen alten Hollywood-Diva Bette Davis. Eine aus New York an die Küste Neu-Englands verzogene Künstlerfamilie wird zum Opfer satanischer Rituale. Die Kameraarbeit wurde in den Kritiken gelobt, vernichtend aber war das Urteil über Story und Charakterisierung der Figuren. Der jungen Nachwuchsschauspielerin Arquette brachte ihr Auftritt noch nicht den Durchbruch. Im Jahr darauf wirkte sie in *Shirley* mit, einer nach wenigen Folgen abgesetzten Serie über eine Witwe, die mit ihren Töchtern nach Tahoe zieht und dort ein neues Leben beginnt. Auch im Kino verlief Arquettes Laufbahn zu Beginn eher zäh. Kurzauftritte in dem mißlungenen Sequel *More American Graffiti* und in der völlig verkorksten Teenie-Komödie *Gorp* waren

alles andere als vielversprechend. Einen nachhaltigeren Eindruck machte 1981 ihre Minirolle als Tramperin in der Blake-Edwards-Komödie *S. O. B.* Allerdings weniger aufgrund der schauspielerischen Leistung von Rosanna. Sie zahlte ihr Lehrgeld. »Ich war neben Julie Andrews das andere Mädchen, das Blake Edwards seine Titten zeigte.«[4)] Für die ambitionierte Schauspielerin waren die Dreharbeiten eine bittere Erfahrung. »Ich sollte eigentlich ein Bikinioberteil tragen. Das war mir gesagt worden.« Doch der Sprößling einer Schauspieler- und Künstlerfamilie wußte nur zu gut, daß ihr kaum eine Wahl blieb. Auf die Einhaltung ihres Vertrages zu pochen, und das für eine nur Sekunden währende Rolle, hätte leicht das Ende ihrer jungen Karriere bedeuten können. Wie so viele andere Schauspielerinnen fügte sie sich dem Druck der Produzenten und fühlte sich nicht wohl dabei, obwohl Nacktheit auf der Leinwand für sie kein unbedingtes Problem darstellt, solange sie nicht voyeuristisch ist. »Es ist beklemmend, sich klarzumachen, daß es da irgendwo im Dunklen Typen gibt, die auf dich abfahren.«[6)]
Dennoch, der Auftritt zeigte Wirkung. »Ich erinnere mich«, schrieb Martin Scorsese in *Film Comment,* »wie ich sie da draußen in der Wüste in ›S. O. B.‹ gesehen habe. Sie hatte nur einen Satz, aber dieser Satz war gut! Es ist schwer, in einem Film einen einzigen Satz wirklich gut zu bringen. Natürlich, es ist auch die Szene, in der sie ihr Hemd auszog. Aber ich bestehe darauf, daß mir in erster Linie gefiel, wie sie ihren Satz sagte – zuerst kam der Satz und dann das Hemd.«[7)]Zwei Fernsehproduktionen unter der Regie von Robert Markowitz folgten. *A Long Way Home* erzählt die Geschichte eines Jungen, von Timothy Hutton in einer vielgepriesenen Darstellung gespielt, der nach Jahren der unfreiwilligen Trennung nach seinem Bruder und seiner Schwester sucht. Rosanna Arquette hatte nur eine Nebenrolle, ebenso wie in *The Wall,* der Geschichte des Warschauer Ghettos. Doch noch im gleichen Jahr wurde sie in den USA bekannt. Der Regisseur Lawrence Schiller besetzte sie in seinem Fernsehdrama *The Executioner's Song* in der Rolle der Nicole. Für die Rolle der Frau des zum Tode verurteilten Gary Gilmore,

Die Braut des Killers als Mutter. Rosanna Arquette in ›The Executioner's Song‹

der vor Gericht seine Hinrichtung durchsetzte und damit weltweite Schlagzeilen machte, war sie die ideale Interpretin. »Weitläufigkeit, ein Treiben in und aus dem Bewußtsein, eine

Bewegung zwischen Realität und Nichtrealität«, charakterisierte der Regisseur Lawrence Schiller seinen frischgebackenen Star. Der hochgepriesene, in Europa in den Kinos eingesetzte Film zeigte eine Rosanna Arquette, die beachtliche darstellerische Fähigkeiten besaß. Ohne Mühe schwankte sie zwischen Vulgarität und Erotik und ließ erahnen, daß Gilmores Frau Nicole mehr war als nur ein Gangsterliebchen. Die Beschäftigung mit ihrer Rolle war total. »Sie ging so sehr in ihrem Part auf«, erinnerte sich Regisseur Schiller, »so tief, daß ich sie nicht mehr als Rosanna ansah; ich behandelte sie als Nicole ... Für mich als Regisseur war diese Verschmelzung von Vorteil. Ich glaube, für sie war es die Hölle. Sie weinte und schrie und schloß sich tagelang in ihrem Raum ein.«[8] Die persönliche Identifizierung mit einer Rollenfigur ist für einen Schauspieler ein gefährliches Unterfangen. Rosanna hatte bis dahin keinen Unterricht genommen, sie war ein darstellerisches Naturtalent, das seine ganze Energie in einen Charakter investierte. Nur schwer konnte sie sich an den Unterschied zwischen Rolle und eigener Persönlichkeit gewöhnen. In dem gleichen Maße, in dem Nicole sich emotional mit Gary Gilmore verband, entwickelte sich auch Rosannas private Beziehung zu dem *Toto*-Drummer Steve Porcaro. »Ich beobachtete, daß sie sich genauso an ihn heftete wie Nicole an Gilmore«, meinte Lawrence Schiller.[9] Das Verhältnis zu Porcaro ist mittlerweile beendet, doch es hatte Folgen. *Totos* größter Hit »Rosanna« war eine Hymne an Rosanna Arquette. Als der Song rauskam, hatte sie gerade ihre erste Hauptrolle in einem Kinofilm abgedreht: John Sayles' *Baby, It's You.*

Nach dem Erfolg von *Executioner's Song* waren Regisseure und Casting-Agenten auf das Jungtalent aufmerksam geworden. In dem Fernsehfilm *Johnny Belinda* spielte sie ein taubstummes Mädchen und konnte ähnlich überzeugen wie 1948 Jane Wyman, die für ihre Leistung in dem Originalfilm einen Oscar gewonnen hatte. In *Off the Wall,* einem Gefängnisfilm, stellte sie die Tochter des Gouverneurs dar, eine kleine, unbedeutende Rolle, in der ihr Talent vergeudet wurde. In einer Nebenrolle war ihr Vater Lewis zu sehen. Vater und Tochter gemeinsam auf der Leinwand, das war das einzig Bemerkenswerte an diesem Film. Wie talentiert sie ist, bewies sie dagegen in *Baby, It's You.*

In der Rolle Jill Rosen fand Rosanna einen Charakter, der auch ihr weiteres Leinwandimage bestimmen sollte: das brave Mädchen aus gutem Haus, unerfahren in der Welt und naiv, das durch einen anderen aus der Bahn geworfen wird und dabei entdeckt, gar nicht so grau zu sein, wie jeder sie glauben machte. Auf unnachahmliche Weise gelang Rosanna in *Baby, It's You* der Umschwung von der Unschuld zur schnurrenden Erotikkatze. Jill Rosen ist ein jüdisches Schoolgirl aus der Mittelklasse, das sich von einem draufgängerischen italienischen Katholiken aus der Arbeiterschicht beeindrucken läßt und mit ihm durchbrennt. Doch der großspurige Sheik (Vincent Spano), wie er sich selbst nennt, entpuppt

Laszives Callgirl. Rosanna Arquette in ›Eight Million Ways to Die‹

sich als drittklassiger Angeber, der eine Entertainment-Karriere in Florida vorgaukelt und doch nichts anderes ist als ein schlecht singender Kellner und Gigolo. »Wir wollten Rosanna besetzen, weil wir überzeugt waren, daß sie die emotionale Tiefe besitzt, um aus der scheuen Jill eine junge Frau zu machen«, erinnerte sich Amy Robinson, Koproduzentin des Films und in gleicher Funktion später auch bei *After Hours* tätig. »Eigentlich war es meine eigene Geschichte, basierend auf Ereignissen in meiner Teenager-Zeit. Es gebührt vor allem Rosanna, daß ich beim Anschauen des Films vergesse, daß es meine eigene Geschichte ist. Ihre Jill Rosen ist eine leibhaftige Schöpfung, eine Figur mit eigenem Leben und eigenen Gedanken.«[10] Auch Regisseur und Autor John Sayles war von seiner Darstellerin beeindruckt. »Gefühlsmäßig kann sich Rosanna von null bis sechzig Grad (Fahrenheit) in Nullkommanichts erhitzen.«[11] Der Film, wenngleich kein großer Erfolg, bedeutete für seine Hauptdarstellerin doch den Durchbruch. Nach zwei belanglosen Fernsehproduktionen rückte sie 1985 schlagartig ins Blickfeld. Gleich vier Filme, in denen sie mitwirkte, kamen auf den Markt. Der wichtigste war *Desperately Seeking Susan,* in dem sie dem Popstar Madonna glatt die Show stahl.

Wieder spielt Rosanna Arquette eine graue Vorstadtmaus, deren Leben als Hausfrau von Langeweile bestimmt wird. Erst die Suchanzeige in einer Zeitung und ein Schlag auf den Kopf wirbeln ihr Leben durcheinander. Unversehens wird sie mit der flippigen Susan (Madonna) verwechselt und gerät nicht nur an einen Liebhaber, sondern auch in einen gefährlichen Verfolgungsstrudel, Wie sie einerseits versucht, ihren Verfolgern zu entkommen, ohne daß sie begreift, weshalb man sie verfolgt, und wie sie sich andererseits nach und nach mit ihrem neuen Leben arrangiert, das hat Screwball-Qualität und stellte ihr komisches Talent heraus. »Arquettes Gespür für diese Art Komik ist superb. Sie ist eine wunderschöne Träumerin auf dem Weg durch ein Minenfeld, verletzlich und unbesiegbar zugleich – und wahrscheinlich jenes komische Mädchen, das die Welt seit Jahren schon knuddeln wollte«, schrieb ein Kritiker.[12] Die Dreharbeiten zu dieser

Das Callgirl und ihr Zuhälter. Rosanna Arquette und Andy Garcia in ›Eight Million Ways to Die‹

Low-Budget-Produktion, deren Erfolg für alle Beteiligten überraschend kam, verliefen nicht ohne Probleme. Vor allem mit der Regisseurin Susan Seidelman geriet sie aneinander. Rosanna fühlte sich mißverstanden von einer Regisseurin, der sie »mangelndes Einfühlungsvermögen« vorwarf. »Rosanna hat ein reiches Gefühlsleben, das ständig aus ihr hervorbricht. Während der Dreharbeiten bedeutete das enorme Stimmungsschwankungen. Aber dann sah ich die Aufnahmen, und was da auf der Leinwand erschien, fand ich hinreißend«, sagte Susan Seidelman.[13)] In Interviews zweifelte Rosanna die Qualitäten des entstehenden Films an, den sie zu einem Madonna-Rockvideo verkommen sah. Als sie später dann den fertigen Film sah, bereute sie ihre voreiligen Aussagen. »So bin ich eben, einfach aufgedreht und emotional. Ich war es immer. Meine Gefühle waren immer da.«[14] Für Susan Seidelman ist diese Offenherzigkeit, die gefühlsmäßig und nie rational bestimmt ist, auch für ihre unbestreitbaren darstellerischen Qualitäten verantwortlich. Rosanna Arquette ist eine Schauspielerin, die aus dem Gefühl heraus agiert, unverstellt und unmittelbar. Proben benötigt sie kaum, schauspielerische Technik ist ihr angeboren und kann nicht erlernt, sondern nur verfeinert werden. »Sie ist wirklich aufrichtig und zensiert sich nicht selbst – und sie lebt von Augenblick zu Augenblick, wie man es in einer Rolle macht. Jeder Augenblick hat seine eigene emotionale Wahrheit. Was immer sie dann gerade denkt, sie bringt es raus. Irgendwie ist sie dabei wie ein Kind. Ich glaube, das sind viele große Schauspielerinnen. Sie stehen mit ihrem Inneren unmittelbar in Berührung«, zeigte Seidelman Verständnis für ihren Star.[15]

In Martin Scorseses *After Hours* spielte sie wieder eine Rolle, die große emotionale Schwankungen erforderte. Marcy (Arquette) ist eine attraktive Blondine mit großen Augen, die traurig sind und doch auch vielversprechend. So denkt jedenfalls der Programmierer Paul (Griffin Dunne), der von Marcy in einem Schnellrestaurant auf sein Henry-Miller-Buch angesprochen wird. Als Marcy ihn in ihren Loft in Soho einlädt, freut sich Paul auf eine interessante Nacht. Doch die *Zeit nach Mitternacht* verläuft für ihn völlig anders als geplant, sie wird zum Alptraum. Marcy nämlich ist alles andere als lebensfroh, sie redet von Vergewaltigung, zeigt Kratzspuren an ihren Oberschenkeln und lehrt Paul schließlich das Fürchten. Und dann bringt sie sich um. Wenn auch kurz, so war es doch keine leichte Rolle für Rosanna. Der Charakter von Marcy erforderte einen ständigen, zuweilen extremen Wechsel der Emotionen, eine Anforderung, die sie mit Bravour erfüllte. Es war eine Rolle, die ihrem Wesen entgegenkam, die ihr erlaubte, ihre Gefühle auszuleben und nicht einzuschränken. Daß sie auch dazu in der Lage war, bewies sie in Lawrence Kasdans epischem Western *Silverado,* in dem sie die Pioniersfrau Hannah spielte, eine Nebenrolle. Ihre Rolle war ebenso zugeknöpft wie die einer verzogenen Tochter in dem Fliegerfilm *The Aviator* mit *Superman* Christopher Reeve in der

Hauptrolle. Rosanna Arquette hatte die Rolle in dem katastrophalen Werk nur angenommen, um ihrem damaligen Freund Steve Porcaro einen Gefallen zu tun, der gegen ihre häufigen Nacktszenen aufbegehrt hatte. 1985 war trotz des Reinfalls von *The Aviator* der Höhepunkt in Rosannas bisheriger Karriere. 1986 drehte sie neben Jeff Bridges den Krimi *Eight Million Ways to Die* von Hal Ashby. Sie spielt ein Callgirl mit Drogenproblemen (in Wirklichkeit hatte sie nach einem einjährigen Entzugsprogramm keine diesbezüglichen Schwierigkeiten mehr), das eher unfreiwillig an einen ehemaligen Polizisten mit Alkoholproblemen und dadurch zwischen die Fronten gerät. Für Rosanna blieb in dieser Läuterungsgeschichte eines Mannes nur wenig mehr als sexy auszuschauen. Es zeigte sich bereits, daß es schwierig für sie werden wird, in Zukunft die richtigen Stoffe zu finden, Drehbücher, die sie als Schauspielerin fordern und nicht immer wieder nur ihr Image ausbeuten. In *Nobody's Fool,* einem Film der australischen Regisseurin Evelyn Purcell, fand sie endlich eine darstellerisch anspruchsvolle Rolle. Rosanna Arquette spielt eine leichtlebige Kellnerin in einem kleinen Kaff, die zur Außenseiterin des Ortes wird, nachdem sie ein uneheliches Kind zur Welt gebracht hat. Nur durch einen Fremden, der in die Stadt kommt, erlebt sie Anerkennung und findet schließlich zu ihrer Identität. Der Film verschwand ziemlich schnell in den Regalen, doch er war Rosanna Arquettes erster Schritt zu einer der großen Charakterdarstellerinnen ihrer Generation.

Anmerkungen

[1] Zit, nach Julia Cameron. Material Girl. In: American Film, July-August 1985

[2] ebda.

[3] Zit. nach Time. 1. April 1985

[4] Zit. nach Fred Schruers. Lucky Stars. In: Rolling Stone, 9.5.1985

[5] Zit. nach Cameron, a.a.O.

[6] ebda.

[7] Jay Cocks. Martin Scorsese. Mythic Attributes: Rosanna Arquette. In: Film Comment, April 1985

[8] Zit. nach Cameron, a.a.O.
[9] ebda.
[10] ebda.
[11] Zit. nach Time, a.a.O.
[12] Richard Schickel. Beautiful Dreamer in a Minefield. In: Time, a.a.O.
[13] Zit. nach Time, a.a.O.
[14] Zit. nach Fred Schruers, a.a.O.
[15] Zit. nach Cameron, a.a.O.

Filmographie

1977

Having Babies II (TV)
Regie: Richard D. Michaels
Darsteller: Tony Bill, Cliff Gorman, Carol Lynley, Paula Prentiss, Wayne Rogers; ROSANNA ARQUETTE

1978

The Dark Secret of Harvest Home (TV)
Regie: Leo Penn
Darsteller: Bette Davis, David Ackroyd, Joanna Miles, ROSANNA ARQUETTE, René Auberjonois, Norman Lloyd

Zuma Beach (TV)
Regie: Lee H. Katzin
Darsteller: Suzanne Somers, Steven Keats, Michael Biehn, Mark Wheeler, ROSANNA ARQUETTE, Timothy Hutton

1979

Shirley (TV-Serie)
Created by: Greg Strangis, Gwen Bagni, Paul Dubov
Darsteller: Shirley Jones, Peter Barton, ROSANNA ARQUETTE, Ann Doran

More American Graffiti (The Party is Over – Eine Fortsetzung von American Graffiti)
Regie: B. W. L. Norton
Darsteller: Paul Le Mat, Cindy Williams, Candy Clark, Mackenzie Phillips, Bo Hopkins, Ron Howard, Charlie Martin Smith; ROSANNA ARQUETTE

1980

Gorp
Regie: Joseph Ruben
Darsteller: Michael Lembeck, Dennis Quaid, Philip Casnoff, Fran Drescher, David Huddleston; ROSANNA ARQUETTE

1981

S. O. B. (Hollywoods letzter Heuler – S. O. B.)
Regie: Blake Edwards
Darsteller: Richard Mulligan, Julie Andrews, William Holden, Larry Hagman, Shelley Winters; ROSANNA ARQUETTE (Tramperin)

A Long Way Home (TV)
Regie: Robert Markowitz
Darsteller: Timothy Hutton, Brenda Vaccaro, George Dzundza, Paul Regina, ROSANNA ARQUETTE

1982

The Wall (TV)
Regie: Robert Markowitz
Darsteller: Tom Conti, Lisa Eichhorn, Eli Wallach, Gerald Hiken, Rachel Roberts; ROSANNA ARQUETTE

The Executioner's Song (TV)
Regie: Lawrence Schiller
Darsteller: Tommy Lee Jones, ROSANNA ARQUETTE (Nicole), Christine Lahti, Eli Wallach

Johnny Belinda (TV)
Regie: Anthony Harvey
Darsteller: Richard Thomas, ROSANNA ARQUETTE, Dennis Quaid, Candy Clark, Robert Blossom

1983

Off the Wall
Regie: Richard Friedberg
Darsteller: Paul Sorvino, ROSANNA ARQUETTE, Patrick Cassidy, Bill Hufsey, Ralph Wilcox, Dick Chudnow, Monte Markham; Lewis Arquette

Baby, It's You
Regie: John Sayles
Darsteller: ROSANNA ARQUETTE (Jill Rosen), Vincent Spano, Joanna Merlin, Dolores Messina

One Cooks, the Other Doesn't (TV)
Regie: Richard D. Michaels
Darsteller: Suzanne Pleshette, Joseph Bologna, ROSANNA ARQUETTE, Oliver Clark, Evan Richards

1984

Hit Parade (TV)
Regie: Peter Hunt
Darsteller: ROSANNA ARQUETTE

1985

After Hours (Die Zeit nach Mitternacht)
Regie: Martin Scorsese
Darsteller: Griffin Dunne, ROSANNA ARQUETTE (Marcy), Verna Bloom, Thomas Chong, Teri Garr, Linda Fiorentino, John Heard, Richard Cheech Martin

Desperately Seeking Susan (Susan – verzweifelt gesucht)
Regie: Susan Seidelman
Darsteller: ROSANNA ARQUETTE (Roberta Glass), Madonna, Aidan Quinn, Mark Blum, Robert Joy

Silverado (Silverado)
Regie: Lawrence Kasdan
Darsteller: Kevin Kline, Scott Glenn, Kevin Costner, Danny Glover, Brian Dennehy, Linda Hunt, Jeff Goldblum, ROSANNA ARQUETTE (Hannah)

The Aviator (Der Flieger)
Regie: George Miller
Darsteller: Christopher Reeve; ROSANNA ARQUETTE (Tilly Hansen), Jack Warden, Sam Wanamaker, Scott Wilson

1986

Survival Guide (TV)
Regie: Jonathan Demme
Darsteller: Gabriel Byrne, ROSANNA ARQUETTE

Eight Million Ways to Die (Acht Millionen Wege zu sterben)
Regie: Hal Ashby
Darsteller: Jeff Bridges, ROSANNA ARQUETTE (Sarah), Alexandra Paul, Randy Brooks, Andy Garcia

Nobody's Fool
Regie: Evelyn Purcell
Darsteller: ROSANNA ARQUETTE, Eric Roberts, Mare Winningham, Jim Youngs, Louise Fletcher, Gwenn Welles, Lewis Arquette

1988

Le grand bleu (Frankreich)
Regie: Luc Besson
Darsteller: ROSANNA ARQUETTE, Griffin Dunne

Kim Basinger

»Sie ist so schön, daß man gerne vergißt, wie unglaublich talentiert sie ist.«

Robert Benton

Die blutroten, verlockenden, vollen Kirschlippen, das wellige, blonde Haar, die leuchtendblauen Augen, die pfirsichfarbene, zarte, makellose Haut und eine Traumfigur: Attribute eines Sexstars, unerreichbar für die Massen, gewissermaßen überirdisch. Auf Kim Basinger trifft all dies zu, und doch ist alles anders. Es ist das Schicksal eines Sexidols, nie ernst genommen zu werden. Marilyn Monroe zerbrach daran. Sie wollte eine wahrhaftige Schauspielerin sein und nicht nur Pin-up. Mehr als fünfundzwanzig Jahre nach ihrem Tod hat sich diese Einstellung zu einer Darstellerin, deren Aussehen auf der Leinwand makellos ist, nicht grundsätzlich geändert. Auch Kim Basinger hat darunter zu leiden. »Auch heute noch habe ich, wie damals, als ich angefangen habe, das Gefühl, darum kämpfen zu müssen, als Schauspielerin wahrgenommen zu werden und nicht nur als eine schöne Frau. Sicher, ich habe bereits einen Teil des Weges zurückgelegt, aber es ist ein Kampf, der jeden Morgen neu beginnt, bei der Mentalität, die vor allem in den USA herrscht .... Denn jemanden nach seinem Aussehen zu beurteilen, ist genauso dumm, wie einen Roman nach seinem Einband zu beurteilen! Und wenn bestimmte Frauen sich als Sexsymbole in kleine Schubladen stecken lassen, dann ist das wirklich nicht mein Fall. Ich will aus dem Schubfach raus ...«[1)]

Am 8. Dezember 1953 in Athens, einer kleinen Stadt im amerikanischen Bundesstaat Georgia, als Tochter eines Big-Band-Musikers geboren, war sie zunächst ein sehr zurückhaltendes Kind. »Ich wurde in einer großen Familie geboren. Sogar unter meinen fünf Brüdern und Schwestern war ich eine Einzelgängerin. Zu Hause kam und ging jeder, schrie und lachte. Ich schloß mich in mein Zimmer ein und las Ge-

Das Bond-Girl. Kim Basinger in den Armen von Sean Connery bei ›Never Say Never Again‹

dichte.«[2] Doch schon siebzehnjährig trat sie in die Fußstapfen ihrer Mutter. Wie diese gewann sie einen Schönheitswettbewerb der Kosmetikfirma Breck. Kim Basinger, das »Breck Girl«, ging nach New York, wo sie von der berühmten Modellagentur Eileen Ford unter Vertrag genommen wurde. Dabei

waren ihre Ambitionen zunächst andere. »Ich erinnere mich sehr genau, daß ich immer Singen, Tanzen und die Schauspielerei bewunderte. Ich war keins dieser kleinen Mädchen, die wie meine Schwestern mit Barbie-Puppen spielten und sie anzogen ... Ich träumte von einem Beruf, der mir einmal erlauben würde, den Menschen zu helfen und sie zu unterstützen. Eine Zeitlang dachte ich daran, Medizin zu studieren ...«[3)]
Fünf Jahre lang war sie ein überaus gefragtes Fotomodell. Ihre zarte Haut prädestinierte sie dafür, Kosmetikwerbung zu machen. Sie war in Anzeigen von Clairol, Revlon und Maybelline zu sehen, hochbezahlt, doch unzufrieden. Denn Kim Basinger wollte nicht nur schön sein. Sie war von ihren Eltern sehr musisch erzogen worden und kannte ihre Talente. Sie konnte Gitarre und Klavier spielen und hatte eine tänzerische Ausbildung genossen. 1976 entschloß sie sich, ihre Fähigkeiten in Hollywood zu erproben. Als erstes wirkte sie in zwei Episoden der TV-Serie *Charlie's Angels* mit, bevor sie dann in zwei weiteren Fernsehfilmen größere Rollen bekam.
Unter der Regie von Bob Kelljan spielte sie in dem witzigen, unterhaltsamen Detektivfilm *Dog and Cat* ein unbedarftes Mädchen vom Lande, das von einem Privatdetektiv nach dem Tod seines Partners zu dessen Nachfolgerin gemacht wird. Die Geschichte erinnerte stark an *The Maltese Falcon,* wenngleich es hier um das Pornogeschäft ging, in dem die attraktive Kim Basinger Undercover-Arbeit leisten sollte. *Dog and Cat* war der Pilotfilm zu einer kurzlebigen Serie, die nach sieben Folgen abgesetzt wurde. Mit *The Ghost of Flight 401* machte sie einen weniger glücklichen Griff, denn die Geschichte von der Wiederkehr eines abgestürzten Piloten (als Geist) in den Cockpits anderer Flugzeuge entpuppte sich als reichlich einfältig und ließ auch Kim Basinger nicht mehr als die Gelegenheit, ihre Schönheit vorzuführen. Das gleiche widerfuhr ihr in einer Rolle, von der sie geglaubt hatte, mehr schauspielerisches Vermögen einbringen zu können. *Katie: Portrait of a Centerfold* erzählte die alte Geschichte des naiven, unschuldigen Mädchens vom Lande – eine Rolle übrigens, die der Südstaaten-Schönheit Basinger auf den Leib geschrieben schien –, das nach Hollywood mit der Hoffnung

kommt, Karriere zu machen, dort aber nur die bitteren Schattenseiten kennenlernt. Einer ihrer Partner war der spätere *Miami Vice*-Star Don Johnson, mit dem sie auch im Jahr darauf drehte: *From Here to Eternity* von Buzz Kulik war ein Remake des Fred-Zinnemann-Films von 1953, dem Jahr von Kim Basingers Geburt. In der Rolle der verführerischen Lo-

Die Schöne und ihr Wilder. Kim Basinger und Mickey Rourke in ›9 1/2 Weeks‹

rane erntete sie erstes Kritikerlob. Die Fernsehfassung war im Vergleich zur Kinoversion für viele die werkgetreuere. Dennoch konnte sich eine daran anschließende Serie nicht behaupten und wurde nach dreizehn Episoden eingestellt. Doch Kim Basinger war da bereits vom Kino entdeckt, das auf eine derart erotische, attraktive Darstellerin nicht verzichten konnte. In *Hard Country* spielte sie einmal mehr das Mädchen vom Lande. Als die Freundin eines hart schuftenden, aber erfolglosen Arbeiters (Jan Michael Vincent) träumt sie davon, Texas endlich verlassen zu können. Die wirkliche Kim Basinger hatte dies bereits getan. Doch sie bewahrte sich ihre Einfachheit. »Ich bin eine völlig einfache Frau, hänge an meiner Herkunft aus Georgia und meinen indianischen Wurzeln. Ich stamme von den Cherokees ab, stolze und mutige Menschen. Von ihnen habe ich eine große physische Kraft geerbt, eine gute Intuition, Realitätssinn und vor allem Geschmack am Leben.«[4)]
Charlton Heston engagierte sie dann 1981 für seinen Abenteuerfilm, der zugleich sein Regiedebüt war: *Mother Lode,* eine belanglose Goldgräberstory aus Alaska, die überaus gespaltene Kritiken erhielt. Gelobt wurden nur die prachtvollen Landschaftsaufnahmen, die die Leistung von Kim Basinger glatt vergessen ließen. Ihre Filmkarriere drohte so bereits zu Beginn in der Mittelmäßigkeit zu versinken. Da kam ein Angebot, das zunächst mehr auf ihre körperlichen Vorzüge abzielte denn auf ihre darstellerischen Leistungen. Man wollte sie für die Rolle des Bond-Girls Domino in *Never Say Never Again,* dem Bond-Comeback von Sean Connery. »Ich habe das Drehbuch gelesen und gedacht, daß die Rolle nichts für mich sei. Während des Vorgesprächs habe ich die Namen anderer Schauspielerinnen genannt, die die Rolle spielen könnten. Aber sie wollten mich, und weil ich Geld brauchte, bin ich nach London gereist, um Sean Connery und den Regisseur Irvin Kershner zu treffen. Glücklicherweise hatte ich nie einen James Bond gesehen und wußte daher nichts über den Mythos der James-Bond-Girls.«[5)] Im Gegensatz zu den bisherigen Filmen mit 007 war die Rolle des Bond-Girls Domino vielschichtiger angelegt. Zunächst ist sie noch die

Freundin des Oberschurken Largo (Klaus Maria Brandauer). Sie genießt den Luxus, der ihr geboten wird, weiß aber insgeheim, daß ihr Leben auf einer Lüge beruht. James Bond ist es, der ihr die Augen über ihren Begleiter öffnet. Domino wird gar zu einer Art Partnerin von 007 und steht ihm in seinen Kämpfen bei. »Ich akzeptierte die Rolle vor allem deshalb«, erklärte Kim Basinger, »weil sie mir so viele Entwicklungsmöglichkeiten bot. Domino ist Tänzerin. Ich bin Tänzerin. Ich war begeistert von den Aufnahmen der Tanzszenen. Eine davon zeigt einen Tango mit Sean. In einer anderen Sequenz übe ich die Choreographie einer Nummer ein, ohne zu wissen, daß mich Largo dabei beobachtet. Die Tanzpassagen sind sehr sexy, sehr jazzy. Ganz nach meinem Geschmack.«[6)]
Kim Basingers für viele überraschende Fähigkeit, aus der ansonsten eindimensionalen Rolle des schmucken Bond-Girls einen Charakter zu formen, machte sie für Regisseure interessant, die nicht nur Schönheit, sondern auch Talent suchten. Trotzdem blieb es schwer, als Schauspielerin anerkannt zu werden. »Es war für eine Frau in Hollywood schon immer schwieriger als für einen Mann, besonders wenn sie schön ist. Ich mußte mit mir kämpfen, um mein Äußeres zu vergessen. Bis zu dem Tag, an dem ich begriff, daß ich es mir voll zunutze machen muß, wie eine Waffe. Es ist schwer, hart zu werden, aber es ist nötig, um seinen Platz zu erreichen. Und ich bin dazu entschlossen, weil, soweit es mich betrifft, Träume dazu da sind, wahr zu werden.«[7)]
Kim Basingers Traum jedenfalls, eine Schauspielerin zu werden, wurde wahr. James Bond öffnete ihr die Türen, Komödienveteran Blake Edwards engagierte sie gleich im Anschluß für *The Man Who Loved Women,* ein verunglücktes Remake des Truffaut-Films *L'homme qui aimait les femmes* (Der Mann, der die Frauen liebte). Als Louise spielte sie einmal mehr ihre Attraktivität aus, wenngleich sie sich äußerlich auch veränderte. Sie schnitt sich ihre langen blonden Haare ab, um als Nymphomanin glaubhafter zu wirken. Zugleich war es ein Akt der Selbstfindung, ein Versuch, die Aufmerksamkeit auf ihr eigentliches Kapital, ihr Talent, zu lenken. Mittlerweile, zum Glück, sind ihre wundervollen Haare wie-

der nachgewachsen, ohne daß davon ihr Talent verdeckt würde. Noch im gleichen Jahr 1983, in Barry Levinsons *The Natural,* mußte sie erneut die Verführerin spielen. Objekt ihrer Begierde war Robert Redford, der einen Baseball-Star mimte und von Memo (Basinger) um seine Kräfte und damit Siegeschancen gebracht werden sollte. Wie es die Moral verlangte, versagten am Ende ihre diesbezüglichen Fähigkeiten. Es war dennoch ein weiterer Schritt vorwärts in ihrer Karriere. »Ich habe mich niemals von den Rollen, die man mir anbot, in eine Falle gelockt gefühlt. Ich spiele nur das, was ich spielen möchte ... Im allgemeinen werde ich nicht von einer Rolle angezogen. Im Gegenteil. Die Projekte kommen von selbst zu mir, ohne daß ich zuvor an ihnen interessiert wäre.«[8)] Endgültig zum Star avancierte Kim Basinger durch ihre Entscheidung, in *9½ Weeks* mitzuspielen. Der weltweite Hit sorgte für Furore. Kim Basinger hatte die Seiten gewechselt. Dieses Mal war sie nicht die Verführerin, sondern die Verführte. Die Dreharbeiten zu dem skandalträchtigen, erotischen Thriller wurden für sie zu einer persönlichen Herausforderung. »Niemals bin ich so weit gegangen. Niemals war es so gewaltig, niemals ging es mir so schlecht ... Es gab keinen einzigen Tag bei den Dreharbeiten, an dem ich nicht das Gefühl hatte, von meinen Emotionen erstickt zu werden, oder an dem ich nicht die Risiken spürte, mich derart zu exponieren. Es tat aber auch gut ... Wenn ich von Emotionen spreche, handelt es sich nicht um Weinen oder Lachen, sondern um alle Gefühle: Angst, Schmerz, Leiden, Freude. Es war erstaunlich, mit all dem spielen zu können. Es war schrecklich oder ... herrlich! Es war sicher meine schlimmste Erfahrung im Kino, aber auch meine reichste ...«[9)] Der Film von Adrian Lyne erzählt von einem Börsenmakler (Mickey Rourke) und der Galeristin Elizabeth (Basinger), die sich voneinander angezogen fühlen und in neuneinhalb Wochen sexueller Leidenschaft alle Phasen einer Beziehung bis zum bitteren Ende der Sado-Maso-Demütigungen durchlaufen. Das alles im Gegenlicht und mit der Ästhetik eines Werbespots für Yuppies: keimfrei und ohne Gefühl. Beide Hauptdarsteller hatten sich von ihrem Mitwirken etwas anderes erhofft. »Leider wurde

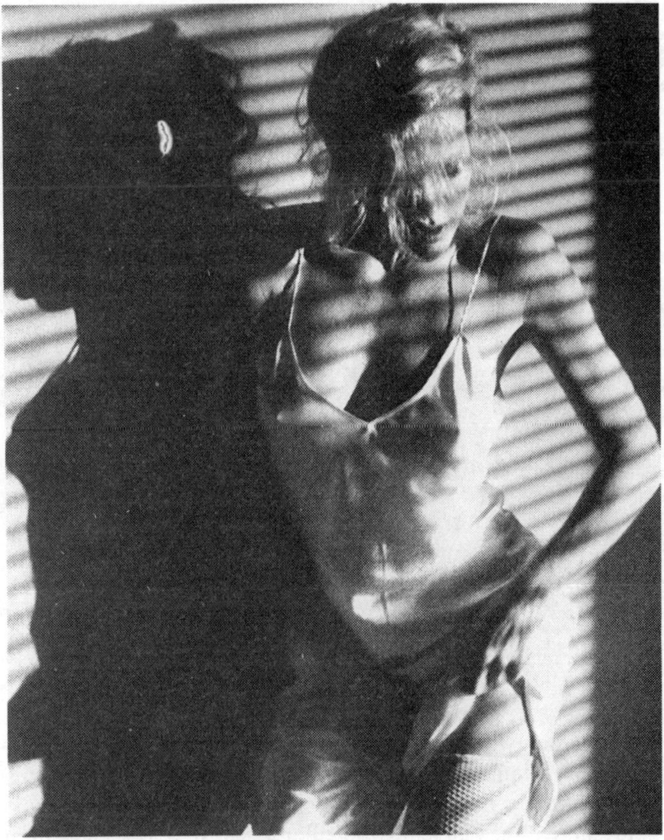

Erotisch und gestylt. Kim Basinger beim Striptease in ›9 1/2 Weeks‹

der Film«, sagte Kim Basinger, »bei seinem Start völlig versaut. Während wir drehten, wußten wir, daß wir etwas Außergewöhnliches machten. Es war eine unglaubliche Liebesgeschichte, die den Studioleuten Angst einjagte. Sie besaßen nicht den Mut, ihn so herauszubringen, wie er war. Sie zogen es vor, den Schnitt und die Musik zu verändern und daraus eine Art Clip von einer Stunde und vierzig Minuten zu machen. Ich besitze acht Stunden von ›9½ Weeks‹ auf Video, die

Dramatische Konfrontationen für Sam Shepard und Kim Basinger in ›Fool for Love‹

keiner sehen wird, und das ist wirklich etwas anderes.«[10] Tatsächlich verlangte das Studio, das schon enorme Schwierigkeiten hatte, eine entsprechende Werbekampagne zu entwikkeln, die völlige Entschärfung aller Sexszenen. So erlebt man in *9½ Weeks* den seltenen Fall eines erotischen Films ohne Erotik, von Sex ganz zu schweigen. Dennoch wurde der Film, vielleicht aufgrund der Mundpropaganda, ein Hit, in Europa sogar ein Kultfilm. Für Kim Basinger bedeutete das Endprodukt eine Enttäuschung, dennoch bereute sie nichts, hatten die Dreharbeiten für sie persönlich und beruflich eine befreiende Funktion. »Eine Schauspielerin wird selten gefühlsmäßig, psychologisch und physisch mit einer solchen Rolle konfrontiert. Das gleicht einem Exorzismus. Sicherlich habe ich deswegen die Rolle zuerst abgelehnt. Ich widerstand, aber zugleich wußte ich, daß die Stunde gekommen war ... Das ist so, als befände man sich vor einem Fluß. Man kann auf dieser Seite bleiben, eine gute, kleine Rolle in einem kleinen, guten Film nach der anderen spielen und sogar ein Superstar werden, der viel Geld verdient. Aber du weißt, daß du, um eine wirkliche Schauspielerin zu werden, emotional, psychologisch, physisch bis an das Ende deiner selbst gehen und so den Fluß überqueren mußt. Das habe ich mit *9½ Weeks* gemacht.«[11)] Adrian Lynes Film bedeutete für sie nicht nur beruflich, einen Fluß zu überqueren. Er war auch ein Stück ganz privater Aufarbeitung ihrer Beziehung zu ihrem Mann, dem Künstler Ron Britton, mit dem sie eine für Hollywoodverhältnisse außergewöhnliche Ehe führt.

»Ich hatte meine ›neuneinhalb Wochen‹. Sie dauerten exakt

Kein Ausdruck von Begeisterung. Kim Basinger mit Richard Gere im Sumpf in ›No Mercy‹

zwei Jahre lang, in denen Ron und ich so eine seltsame Beziehung miteinander hatten. Und es hatte auch was von einer sexuellen Befreiung an sich, ich meine aber nicht nur die sexuelle Befreiung. Wenn Sie auch ein scheuer Mensch gewesen wären, würden Sie mich verstehen. Da treffen Sie jemanden, der auf einmal ihr Innerstes nach außen räumt, es Ihnen vorhält wie einen Spiegel. Sie spiegeln sich auf diesem Gesicht. Sie sind durchschaut. Ich wollte lange nichts mit Ron zu tun haben, weil er mich durchschaute. Aber wenn man sich einmal mit dieser Erfahrung zurechtgefunden hat, gibt es nichts, das befreiender wäre.«[12)] Die Probleme des Studios mit Lynes Film bewirkten, daß *9½ Weeks* erst 1986 in die Kinos kam. Fast über Nacht war mit Kim Basinger ein neuer Star geboren – ein Sexsymbol, das keines sein wollte. Der Regisseur Robert Altman, ein bisweilen satirisch-bissiger Beobachter amerikanischer Verhältnisse, wußte dies und besetzte sie in seinem Drama *Fool for Love.* Altman hält Basinger für »das Beste, was dieser Branche in den letzten zwanzig Jahren passiert ist«.[13)] In seinem Film nach dem Stück von Sam Shepard – zugleich der Hauptdarsteller – verkörpert Basinger May, eine attraktive Blondine, die als Aushilfe und Kellnerin in einem abseits gelegenen Motel vertrocknet. Bis dann eines Abends der Rodeo-Cowboy Eddie (Shepard) wieder auftaucht, mit dem sie eine heftige Leidenschaft verbindet. Doch zunächst gibt es Streit zwischen den beiden, die, wie sich am Ende herausstellt, Halbgeschwister und in inzestuöser Liebe einander zugetan sind. Es ist Kim Basingers bis heute größte schauspielerische Leistung, vorgetragen mit Emphase, Überzeugung und Leidenschaft, ungebrochen von schauspielerischen Techniken, funkelnd wie ein Diamant, den ein hervorragender Regisseur geschliffen hat. »Ich liebe Robert Altman von ganzem Herzen«, betonte Kim Basinger, »und für mich waren die Dreharbeiten zu *Fool for Love* harmonisch und beglückend.«[14)]

Kim Basingers intensive Darstellung, die auch den letzten Kritiker von ihrem Talent überzeugte, beruht auf einer Technik, die etwa der des Actors' Studio ziemlich konträr entgegensteht. »Man endet damit, die Dinge zu töten, indem man

Die Entdeckung der Komödiantin Kim Basinger. Mit Bruce Willis (r.) in ›Blind Date‹

sie unbedingt analysiert. Deshalb hasse ich Wiederholungen. Das erstickt jegliche Spontaneität. In Wirklichkeit liebe ich jenes Lampenfieber, das mich am ersten Drehtag überfällt, wenn ich meinen Wohnwagen verlasse. Ich mag Überraschungen. Wenn ich einen Film mache, lese ich das Drehbuch ein-, selten zweimal. Ich bin unfähig, mein Drehbuch mit Notizen schwarz zu machen. Was kommt, kommt. Ich mag das Unerwartete. Die Überraschung ist es, die mich weiter eine Schauspielerin sein läßt. Die einzige Gefahr ist, auf einen schwachen Regisseur hereinzufallen und sich dessen nicht bewußt zu sein, weil es so viele davon in Hollywood gibt.«[15)] Bei ihrem folgenden Film widerfuhr ihr genau das. Richard Pearce fiel in *No Mercy* nichts Besseres ein, als sie an der Seite von Richard Gere in die Sümpfe Louisianas zu schicken und dabei ihre Bluse effektvoll naßzuspritzen. Basingers schauspielerische Leistung bestand darin, somnambul durch das wirre Geschehen zu stolpern, um Drogenabhängigkeit und Hörigkeit zu demonstrieren. Ganz anders stolperte sie im gleichen Jahr in ihrer ersten Komödie.

Blake Edwards ließ sie in *Blind Date* eine junge Frau spielen, die völlig aus der Rolle fällt, sobald sie einen Schluck Alkohol genossen hat. Was sie natürlich bei ihrer Verabredung mit dem ihr unbekannten Bruce Willis reichlich tut. Es war Basingers zweite Arbeit mit Blake Edwards, den sie zu ihren Lieblingsregisseuren zählt. In der Rolle der Nadia Gates erwies sie sich als veritable Komödiantin. Endlich war sie ihrem Ziel nahe, die Menschen glücklich zu machen, auf ihre Weise, mit den Mitteln einer Schauspielerin. Der große Erfolg von *Blind Date* machte Kim Basinger endgültig auch zu einem Star. 1987 wurde ihr Jahr. Sie schmückte die Titelseiten zahlreicher Film-, Mode- und Zeitgeistmagazine, in Deutschland ebenso wie in Frankreich und den USA. Der Ruhm indes veränderte sie nicht.

»Heute lebe ich fast zurückgezogen, mit neun Hunden und meinem Mann ... Ich bin der Erde verbunden, der Natur und allem, was lebt. Ich verstehe mich mit meinen Tieren besser als mit Menschen. Ich suche nicht nach Genuß und materiellem Wohlstand. Ich trage zum Beispiel nie Schmuck. Wenn man mir welchen schenkt, gebe ich ihn meiner Schwester. Mir liegt überhaupt nichts daran, mich gut zu kleiden. Ich sage Ihnen, ich bin eine ganz einfache Frau.«[16)]

1987 wurde zum Jahr der Kim Basinger, obwohl zwei ihrer Filme kommerzielle Reinfälle waren. Neben *No Mercy* auch die Action-Komödie *Nadine* des Oscar-Preisträgers Robert Benton, mit dem zusammenzuarbeiten einer ihrer größten Wünsche war. »Mein Treffen mit Benton war wie ein Wunder, als hätte etwas Magisches in der Luft gelegen. Schon im ersten Augenblick wußten wir, daß wir zusammenarbeiten würden. Ich habe ja zu *Nadine* gesagt, ohne zu wissen, ob es sich um ein Drama oder eine Komödie handelte. Doch bevor ich mich in das Buch vertiefte, war mir klar, daß ich mit dem Mann arbeiten wollte, der *Bonnie and Clyde* geschrieben hatte.«[17] Der Film spielt im Texas der fünfziger Jahre. Als Nadine Hightower spielt Kim Basinger erneut eine Südstaatenschönheit mit blondem Haar und knallroten Kirschlippen. Als sie zufälligerweise in eine Mord- und Erpressungsgeschichte gerät, muß sie wider Willen ihren Mann Vernon (Jeff Bridges) bitten, ihr aus der Klemme zu helfen. Vernon ist ein

Der Charme der Fünfziger. Kim Basinger in ›Nadine‹

Versager, der sie mit irgendeinem Flittchen betrogen hat (man glaubt es kaum), und nicht der Mann, der Nadines Träume von einem besseren Leben erfüllen kann. Deshalb hat sie die Scheidung eingereicht. Natürlich kommen sich die beiden in den Abenteuern, die sie gemeinsam durchstehen, wieder näher, und am Ende verspricht die auch in zerrissenen und verschmutzten Kleidern noch attraktive Nadine ihrem unglückseligen Vernon, als der von der Polizei abgeführt wird, eine gemeinsame Zukunft. Obgleich der Film unter einer farblosen Regie und einem dünnen Drehbuch leidet, ist er in einer Hinsicht bemerkenswert. In ihrer Mischung aus Komik, Verletzlichkeit und Schönheit erinnert Kim Basinger an Carole Lombard. Wie diese lebt sie in ihren Rollen eine Natürlichkeit aus, die zu ihrer fast künstlichen Schönheit in starkem Kontrast zu stehen scheint, der sich aber in ihrer Persönlichkeit wieder aufhebt.

»Kim ist so perfekt – Gesicht, Maße und Figur –«, sagt *Nadine*-Kameramann Nestor Almendros, »daß sie aussieht, als sei sie geschaffen worden, nicht von der Natur, sondern von Künstlern. Sie mag wie die bionische Frau aussehen, aber sie ist nicht kalt. Ihre feurigen Augen und ihre Intelligenz machen sie menschlich. Sie bringt wieder etwas in die Filme, was verloren war: Sie hat eine natürliche Eleganz, aber sie ist auch sehr demokratisch.«[18] Ihre Sensibilität ist ein hervorstechendes Merkmal ihrer darstellerischen Qualität, ihre Kraft und ihr starker Wille, ihre ländlichen Wurzeln und ihre Einfachheit werden es ihr nicht leichtmachen, an der Spitze zu bleiben. Doch sie sind zugleich die Garantie für weitere schauspielerische Höchstleistungen, denn Kim Basinger sucht die Herausforderung. Sie ist kein Star, der sich mit dem zufriedengibt, was er erreicht hat. Kim Basinger ist zu allem fähig, und welche Schauspielerin könnte das von sich behaupten?

Anmerkungen

1) Zit. nach Jean-Pierre Lavoignat. Kim Basinger. Instinct de Star. In: Studio-Magazine No. 8, Novembre 1987

2) Zit. nach Paris Match, 6.1.1987

[3] Zit. nach Jean-Paul Chaillet. La vraie nature d'une Vamp. In: Première, Sept. 1987
[4] Zit. nach Paris Match, a.a.O.
[5] Zit. nach Chaillet, a.a.O.
[6] Presseheft zu »Sag niemals nie«
[7] Zit. nach Chaillet, a.a.O.
[8] ebda.
[9] Zit. nach Lavoignat, a.a.O.
[10] Zit. nach Chaillet, a.a.O.
[11] Zit. nach Lavoignat, a.a.O.
[12] Zit. nach Nancy Collins. Unbeschreiblich weiblich. In: Wiener, Juli 1987
[13] ebda.
[14] Zit. nach Chaillet, a.a.O.
[15] ebda.
[16] Zit. nach Paris Match, a.a.O.
[17] Zit. nach Lavoignat, a.a.O.
[18] Zit. nach Patrick Pacheco. A Georgia Peach Ripens. In: Us, September 1987

Filmographie

1976

Charlie's Angels (Drei Engel für Charlie) (TV)
Episoden: The Six Million Dollar Man, The Bionic Woman
Regie: Phil Bondelli
Darsteller: Kate Jackson, Farrah Fawcett-Majors, Jaclyn Smith, David Doyle; Kim Basinger

1977

Dog and Cat (TV)
Regie: Bob Kelljan
Darsteller: Lou Antonio, Kim Basinger, Matt Clark, Charles Cioffi, Richard Lynch

The Ghost of Flight 401 (TV)
Regie: Steven Hilliard Stern
Darsteller: Ernest Borgnine, Gary Lockwood, Tina Chen, Kim Basinger, Eugene Roche

1978

Katie: Portrait of a Centerfold (TV)
Regie: Robert Greenwald
Darsteller: KIM BASINGER (Katie), Vivian Blaine, Fabian, Glynn Turman, Dorothy Malone, Tab Hunter, Don Johnson

1979

From Here to Eternity (Verdammt in alle Ewigkeit) (TV)
Regie: Buzz Kulik
Darsteller: Steve Railsback, Natalie Wood, William Devane, Peter Boyle, Roy Thinnes, KIM BASINGER (Lorene)

1980

Hard Country
Regie: David Greene
Darsteller: Jan Michael Vincent, KIM BASINGER, Michael Parks, Gailard Sartain, Tanya Tucker

1981

Killjoy (TV)
Regie: John Llewellyn Moxey
Darsteller: KIM BASINGER, Robert Culp, Stephen Macht, Nancy Marchand, John Rubinstein

Mother Lode (Goldfieber)
Regie: Charlton Heston
Darsteller: Charlton Heston, Nick Mancuso, KIM BASINGER (Andrea Spalding), John Marley, Dale Wilson

1982

Never Say Never Again (Sag niemals nie)
Regie: Irvin Kershner
Darsteller: Sean Connery, Klaus Maria Brandauer, Barbara Carrera, KIM BASINGER (Domino), Max von Sydow, Edward Fox

1983

The Man Who Loved Women (Frauen waren sein Hobby)
Regie: Blake Edwards
Darsteller: Burt Reynolds, Julie Andrews, KIM BASINGER (Louise), Marilu Henner, Cynthia Sikes

The Natural (Der Unbeugsame)
Regie: Barry Levinson
Darsteller: Robert Redford, Barbara Hershey, KIM BASINGER (Memo Paris), Glenn Close, Wilford Brimley

1984

9½ Weeks (9½ Wochen)
Regie: Adrian Lyne
Darsteller: Mickey Rourke, KIM BASINGER (Elizabeth), Margret Whitton, David Marulies, Karen Young

1985

Fool for Love (Fool for Love – Verrückt vor Liebe)
Regie: Robert Altman
Darsteller: Sam Shepard, KIM BASINGER (May), Harry Dean Stanton, Randy Quaid, Martha Crawford

1986

No Mercy (Gnadenlos)
Regie: Richard Pearce
Darsteller: Richard Gere, KIM BASINGER (Michel Duval), Jeroen Krabbe, George Dzundza, Gary Basaraba, William Atherton

Blind Date (Blind Date – Verabredung mit einer Unbekannten)
Regie: Blake Edwards
Darsteller: KIM BASINGER (Nadia Gates), Bruce Willis, John Larroquette, William Daniels

1987

Nadine (Nadine – Eine kugelsichere Liebe)
Regie: Robert Benton
Darsteller: Jeff Bridges, KIM BASINGER (Nadine Hightower), Rip Torn, Gwen Verdon, Glenne Headly

1988

My Stepmother Is an Alien
Regie: Richard Benjamin
Darsteller: Dan Aykroyd, KIM BASINGER, Jon Lovitz, Alyson Hannigan

Matthew Broderick

»Wie die wichtigsten Schauspieler, braucht er nicht wie jeder andere zu sein.«

Gene Saks

Sein größtes Manko ist, immer ein paar Jahre zu jung und ein paar Nuancen zu brav auszusehen. In seinen beiden bekanntesten Rollen schlüpfte er in die Haut schelmischer Lausbuben, ja fast schon hundsgemeiner Jugendlicher, doch übel nahm ihm dies keiner. Matthew Brodericks Fluch und Vorteil ist es, in jede seiner Rollen seine Persönlichkeit einzubringen. Das läßt ihn sympathisch wirken, ganz gleich, ob ihm daran gelegen ist oder nicht.
In seinen bisherigen Filmen hatte Matthew Broderick wenig Gelegenheit, gegen sein Image anzuspielen. Nur auf der Bühne gelang ihm dies, was ihm auch die Aufmerksamkeit der amerikanischen Kritik einbrachte, die seine Präsenz herausstellte. Im Gegensatz zu vielen Darstellern seiner Generation kann er heute auf eine solide Theaterlaufbahn zurückblicken, bei der er unter Regisseuren wie Herbert Ross und Gene Saks sein Handwerk lernte. Seine jugendliche Unbeschwertheit beruht auf gründlicher, praxisnaher Ausbildung und der ständigen Beratung durch seinen Vater. Die Schauspielerei wurde dem am 21. März 1962 in New York geborenen Matthew in die Wiege gelegt. Sein Vater war der renommierte Charakterdarsteller James Broderick, der auch bei uns durch Filme wie *Alice's Restaurant, Dog Day Afternoon* und die TV-Serie *Family* bekannt geworden ist. Seine Mutter Patricia war ebenfalls Schauspielerin, bevor sie als Schriftstellerin und Bühnenregisseurin eine zweite Karriere startete. Neuerdings beschäftigt sie sich hauptsächlich mit Malerei.
Schon früh erlebte Matthew Broderick seinen späteren Beruf hautnah. »Mein Vater war der erste Schauspieler, den ich sah. Er war es auch, der mich auf diesen Beruf vorbereitete. Er machte dies sehr geschickt und behutsam. Er erkannte sofort

›Biloxi Blues‹

meine Schwächen und Stärken. Er lobte und verdammte mich. Auch meine Mutter hat mir sehr geholfen. Das heißt, sie hilft mir immer noch. Wenn ich vor schwierigen Szenen stehe und praktisch nicht mehr weiter weiß, frage ich sie um Rat. Meist spielt sie mit mir dann diese Szenen durch, und

alles ist o.k.«[1] Wie so viele andere Darsteller begann Matthew noch auf der Schule mit der Schauspielerei.
Er besuchte die New Yorker Walden High School, die bekannt für ihre intensive Arbeit im Bereich des Schultheaters ist. Erst hier begann Matthew Broderick selbst zu spielen. »Ich habe meine erste große Chance nicht wahrgenommen. Als ich acht Jahre alt war, rief mich mein Vater an. Er wollte mich und meine Schwester in einem Stück unterbringen. Ich hatte höllische Angst und habe gekniffen. Erst mit fünfzehn stand ich zum ersten Mal auf der Bühne, und von da an habe ich in Walden an der High School in zehn Theaterstücken mitgespielt, u. a. auch in Shakespeare.«[2] Sein professionelles Debüt erlebte Matthew Broderick am Off-Broadway. An der Seite seines Vaters spielte er in dem Stück »Valentine's Day« von Horton Foote – Geschichten aus einem texanischen Kleinstädtchen in den zehner Jahren. »Mein Vater war immer wie mein Vater zu mir. Er schrie mich mit südlichem Akzent an, und ich hielt es einfach für lustig. Ich begriff es nicht. Mein Vater kannte all das und hörte auf, mir bei meinem Part zu helfen. Als wir das Stück spielten, wußte ich nicht, was ich davon halten sollte.«[3] Die bekannte und einflußreiche Schauspiellehrerin Uta Hagen sowie der Stimm-Coach Robert Leonard wurden seine Lehrer. Matthew Broderick wollte auf den Brettern, die die Welt bedeuten, Karriere machen. Das gelang ihm dann auch wenig später, als er 1981 in der Off-off-Broadway-Aufführung von Harvey Fiersteins »Torch Song Trilogy« die Rolle des David ergatterte. Sechs Monate wurde das Stück gespielt und dann an den Off-, später sogar den Broadway selbst geholt. Für Matthew Broderick bedeutete das Stück einen ersten persönlichen Triumph. Anfangs hatte es danach nicht ausgesehen. Nachdem Broderick an der Seite von Sally Fields unter der Regie von Martin Ritt in dem Film *No Small Affair* spielen sollte, glaubte er sich schon im Besitz eines Oscars. Doch dann wurde der Film während der Dreharbeiten abgebrochen und Matthew stand vor dem Nichts. Um wenigstens an den Abenden eine Beschäftigung zu haben, bewarb er sich mit Erfolg – und gegen den Rat seines Agenten – um eine Rolle in der »Torch Song

Trilogy«. Nach einem Monat drohte der Aufführung das vorzeitige Ende. Erst ein Artikel in der einflußreichen *Times* machte aus dem Stück einen Renner. »Eine der witzigsten und geistreichsten Vorstellungen, die man je von einem jungen Schauspieler sah!« schrieb auch *Newsweek* daraufhin.[4] Noch bevor das Stück ein Erfolg wurde, hatte es der New Yorker Boulevard- und Drehbuchautor Neil Simon gesehen und war von dem jungen, unbekannten Darsteller überzeugt. Broderick war kurz davor, eine zweite Theaterrolle zu übernehmen, in der Broadway-Produktion von Percy Granges »Eminent Domain«. Doch dazu kam es nicht mehr, denn Neil Simon und Regisseur Herbert Ross offerierten ihm den Part des Eugene in »Brighton Beach Memoirs«. Außerdem suchten beide nach einem Jungtalent, das in dem geplanten Film *Max Dugan Returns* die Rolle des Sohnes von Neil Simons Ehefrau Marsha Mason übernehmen konnte. Der von Ross

Der Computerfreak löst beinahe einen Weltkrieg aus. Matthew Broderick und Ally Sheedy in ›WarGames‹

inszenierte Film, mit Jason Robards und Donald Sutherland glänzend besetzt, war Brodericks Leinwanddebüt. »Ich war sehr nervös«, erinnerte er sich. »Aber glücklicherweise waren der Regisseur und Marsha Mason sehr verständnisvoll und nett. Immer wenn sie fühlten, daß ich hektisch wurde, beruhigten sie mich und vermieden es, daß ich mich ausgeschlossen fühlte.«[5] Der Film verschwand schnell in der Versenkung. Die seichte Komödie im typischen Neil-Simon-Stil, nett aber harmlos, gehobener Boulevard, erzählt von einem Mann, der die Liebe seiner alleinstehenden Tochter (Marsha Mason) zurückgewinnen möchte und sie deshalb mit Geschenken überschüttet. Matthew Broderick als ihr Sohn machte eine gute Figur neben den renommierten Darstellern. Noch bevor er dann die angebotene Bühnenrolle in »Brighton Beach Memoirs« annehmen konnte, fand er sich auf dem Set von *War Games* wieder. Währenddessen war sein Vater, sein beständiger und wichtigster Ratgeber, gestorben. James Broderick hatte seinem Sohn geraten, in »Brighton Beach Memoirs« aufzutreten. »Ich möchte es eigentlich nicht sagen, aber er starb unmittelbar nach dem ersten Lesen. Ich rief ihn an, um ihm zu sagen, daß alles gut laufe, und er starb in dieser Nacht.«[6]
Computer sind die eigentlichen Hauptdarsteller in *War Games,* einem von John Badham spannend inszenierten Wettlauf mit der Zeit. Broderick spielt den jungen David, ein Computergenie, der sich mit Vorliebe von zu Hause aus in den elektronischen Apparat von Software-Herstellern einschaltet, um an deren Spielentwicklungen zu kommen. Eines Tages stößt der Hacker auf ein neues, unbekanntes Spiel, das den Dritten Weltkrieg simuliert. David steigt ein, seine Freundin Jennifer (Ally Sheedy) schaut ihm fasziniert über die Schulter. Doch aus dem Spiel wird Ernst, die geheime Kommandozentrale gerät in Panik. Denn obwohl David seinen Computer ausgeschaltet hat, geht das Spiel weiter. Das FBI findet schließlich den jungen Elektroniktüftler und hält ihn für einen russischen Spion. Nur mühsam kann David sie vom Gegenteil überzeugen. Während der Computer der Kommandozentrale das gefährliche Spiel weitertreibt und damit

Matthew Broderick (r.) mit John Hughes, dem Großmeister des modernen Teenager-Films.

tatsächlich einen neuen, unkontrollierten Weltkrieg heraufbeschwört, flüchten David und Jennifer zu dem Erfinder des Systems. In letzter Sekunde gelingt es am Ende dem jungen Genie, den verselbständigten Computer zu überlisten: »Ein seltsames Spiel. Die einzige Möglichkeit zu gewinnen, ist, es nicht zu spielen«, heißt es. Der Film, eine phantastische, gelegentlich zu simple Teenie-Ausführung von Kubricks *Dr. Strangelove,* (Dr. Seltsam), versuchte sein jugendliches Publikum auf seinem eigenen Niveau zu packen, und das fiel nicht sehr hoch aus. Mit dem Hauptdarsteller Matthew Broderick indes konnten sich die Kids identifizieren, strahlte er doch die richtige Mischung aus Naivität und Spielfreude aus, die ihn als genialen Hacker glaubwürdig werden ließ. Zuvor nur Insidern bekannt, wurde Broderick durch den Erfolg des Films zum Star. Dennoch kehrte er zunächst ans Theater zurück. Für Neil Simon, seinen Entdecker und Förderer, spielte er in dessen Stück »Brighton Beach Memoirs«. Autor Simon und Regisseur Gene Saks hielten den frischgebackenen Star für die ideale Besetzung. »Matthews Aussehen und Sprechweise ist für uns einzigartig«, meinte Simon. »Er hat eines der süßesten Lächeln, das ich kenne. Das ist nicht nur ein romantisches, gutaussehendes Attribut – es ist purer Charme. Matthew ist einfach besser als jeder andere seines Alters.«[7)] Der Lohn von Brodericks ausgezeichneter Darstellung war der renommierte Theaterpreis Tony-Award, den er seinem Vater widmete. Doch das Kino drängte danach, den jungen Star wieder einzusetzen. In *1918,* nach dem Stück von Horton Foote, spielte er einen ruhelosen Provinz-Teenager, eine Rolle, die er zwei Jahre darauf noch einmal verkörperte, in *On Valentine's Day,* ebenfalls nach einem Stück von Horton Foote, der darin seine Jugend in Texas beschreibt. Seinen ersten professionellen Bühnenauftritt hatte er ja an der Seite seines Vaters in diesem Stück gehabt. Beide Streifen wurden ein Mißerfolg. Das amerikanische Fernsehen PBS strahlte sie zusammen unter dem Titel *Story of a Marriage* aus. Ein überzeugenderes Zwischenspiel hatte Matthew Broderick dagegen in dem mittelalterlichen Abenteuerfilm *Lady Hawke* von Richard Donner, in dem er als komischer Dieb glänzte. Doch auch *Lady Hawke* verschwand schnell in der Versenkung, trotz seiner ansprechenden Inszenierung und ausschweifenden Phantasie. Matthew Broderick kehrte an die Bühne zurück und erregte Aufsehen in der Komödie »Biloxi Blues«, wieder geschrieben von Neil Simon. Das Stück ist eine Fortsetzung von »Brighton Beach Memoirs«. Auch in der gleichnamigen Verfilmung übernahm er Ende 1987 die Hauptrolle des Eugene Morris Jerome, der aus seinem glücklichen Elternhaus heraus in den Zweiten Weltkrieg gerissen wird und dort seine Unschuld und Naivität verliert. Eine Rolle, bei der Matthew Broderick eigentlich sein jugendliches Aussehen im Wege stand. »Es kann als eine gute Angelegenheit betrachtet werden«, meinte er, »es brachte mir die Jobs. Ich halte es nicht für einen Fluch. Ich glaube, eine sehr lange Karriere vor mir zu haben, und wenn ich älter werde, wird es mehrTheater geben.«[8)]

Nach sechs Monaten auf der Bühne in »Biloxi Blues« begann er 1985 dann wieder zu drehen. In der witzigen Schülerkomödie *Ferris Bueller's Day Off* von John Hughes, dem bedeu-

Der Affe ist los. Matthew Broderick und Helen Hunt in ›Project X‹

tendsten Autoren, Produzenten und Regisseur von Teenager-Filmen in den achtziger Jahren, spielte er einen pfiffigen Jungen, der endlich einmal einen Tag in der Schule blaumachen will. Zusammen mit seinem Freund Cameron (Alan Ruck) und der hübschen Sloane (Mia Sara). Doch eine derartige Aktion will sorgfältig vorbereitet sein, zumal es der Schuldirektor auf ihn abgesehen hat und ihn auch seine Schwester (Jennifer Grey) am liebsten auffliegen lassen würde. Doch mit Hilfe des Computers (inzwischen unersetzliches Kinorequisit) kann er sein Fehlen lange verheimlichen. Die freie Zeit nutzen er und seine Freunde intensivst. Ein roter Ferrari, Baujahr '61, spielt dabei eine große Rolle. Immer wieder wendet sich Ferris direkt an den Zuschauer (das sind seine Alters- und Leidensgenossen) und ermutigt ihn, selber einmal etwas zu wagen und sich nicht zu viele Sorgen zu machen. Höhepunkt ist Ferris' Auftritt bei einer Parade von Deutsch-Amerikanern, wo sein »Twist and Shout« die Massen elektrisiert.
»Ich glaube kaum, daß ein anderer Schauspieler den Ferris hätte so spielen können wie Matthew. Diese Rolle verlangt absolute Präzision und persönliche Ausstrahlung. Matthew kniete sich sofort voll rein in diese Rolle. Er wurde eins mit diesem Ferris. Er verstand ihn sofort. Matthew war wirklich Ferris Bueller.«[9] Die unverkrampfte Komödie machte Matthew Broderick, der durch seine jungenhafte Unbefangenheit und Munterkeit gefiel, in den USA sehr populär. Doch mit dem Erfolg ist Broderick nicht zufrieden. Er kämpft um die schauspielerische Anerkennung, die ihm aufgrund seines allzu jungen Aussehens und seiner bisherigen Leinwandrollen nicht richtig zugestanden wird. Deshalb nahm er eine Rolle in Jonathan Kaplans kritischem *Project X* an. Sein Partner – ein Schimpanse. »Ich spiele einen angehenden Piloten. Im Film gibt es Schimpansen, die in Zeichensprache unterrichtet wurden. Einer von ihnen macht mich auf sich aufmerksam, und ich erfahre, wofür sie trainiert sind.«[10] Als unbotmäßiger junger Militärpilot erhält Jimmy Garrett (Broderick) eine letzte Bewährungschance in einer geheimen Versuchsstation, in der Schimpansen als Piloten gedrillt und ra-

dioaktiver Strahlung ausgesetzt werden. Als Jimmy herausbekommt, was die skrupellosen Militärs mit den friedlichen Affen machen, begehrt er auf und befreit zusammen mit einer jungen Zoologin (Helen Hunt) die eingepferchten Tiere. Der kritische Ansatz des Films indes wurde durch sein optimistisches und utopisches Ende (die Schimpansen kapern ein Flugzeug und nutzen ihre Fähigkeiten zur Flucht) reichlich verwässert, und auch Matthew Broderick konnte nicht überzeugen als rebellischer Militärpilot. Er macht einfach einen zu braven Eindruck. Sein jungenhaftes Gesicht läßt eher auf Streiche schließen als auf Abenteuerlust. Sein Handicap – er bleibt liebenswert bis in den letzten Winkel seiner Persönlichkeit.
Gleich im Anschluß an die Dreharbeiten machte Matthew Broderick mit seiner Freundin Jennifer Grey *(Dirty Dancing)* in Irland, dem Zufluchtsort seiner Familie, Urlaub. Seine Karriere erlitt dort im August 1987 einen empfindlichen Bruch. Er wurde in einen fatalen Autounfall verwickelt, bei dem zwei Frauen starben und er selbst schwer verletzt wurde. In einem Prozeß wurde 1988 der Schauspieler Februar zu einer Geldstrafe von 175 Dollar verurteilt. »Ich werde es niemals vergessen«, sagte Matthew Broderick einem Reporter über sein traumatisches Erlebnis.[11]

Anmerkungen

1) Presseheft »Ferris macht blau«
2) Ein intelligenter Sunnyboy, dem die Bretter die Welt bedeuten. In: Kino Nr. 4, Januar 1987
3) Jesse Kornbluth. The Kid With the Million-Dollar Smile, Matthew Broderick Brightens Broadway. In: New York, 25.3.1985
4) Presseheft »Ferris macht blau«
5) Presseheft »War Games – Kriegsspiele«
6) Jesse Kornbluth, a.a.O.
7) ebda.
8) Bob Eborall. No Day Off for Matthew Broderick. In: Video Today, October 1987
9) Presseheft »Ferris macht blau«
10) Bob Eborall, a.a.O.
11) Broderick Bounces Back. In: Splice No. 9, January 1988

Filmographie

1982

Max Dugan Returns
Regie: Herbert Ross
Darsteller: Marsha Mason, Jason Robards, Donald Sutherland, MATTHEW BRODERICK, Dody Goodman

War Games (War Games – Kriegsspiele)
Regie: John Badham
Darsteller: MATTHEW BRODERICK (David Lightman), Dabney Coleman, John Wood, Ally Sheedy, Barry Corbin

Master Harold ... and the Boys
Darsteller: MATTHEW BRODERICK

1983

1918
Regie: Ken Harrison
Darsteller: William Converse-Roberts, Hallie Foote, MATTHEW BRODERICK, Rochelle Oliver, Michael Higgins

1984

Cinderella (TV)
Regie: Mark Cullingham
Darsteller: Jennifer Beals, MATTHEW BRODERICK (Prince Henry), Jean Stapleton, Eve Arden, James Noble

Lady Hawke (Der Tag des Falken)
Regie: Richard Donner
Darsteller: Rutger Hauer, Michelle Pfeiffer, MATTHEW BRODERICK (Philipe Gaston), John Wood, Leo McKern

1985

On Valentine's Day
Regie: Ken Harrison
Darsteller: William Converse-Roberts, Hallie Foote, Michael Higgins, Steven Hill, Rochelle Oliver, Horton Foote jr., MATTHEW BRODERICK

Ferris Bueller's Day Off (Ferris macht blau)
Regie: John Hughes
Darsteller: MATTHEW BRODERICK (Ferris Bueller), Alan Ruck, Mia Sara, Jeffrey Jones, Jennifer Grey, Charlie Sheen

1986

Project X
Regie: Jonathan Kaplan
Darsteller: MATTHEW BRODERICK (Jimmy Garrett), Helen Hunt, Bill Sadler

1987

Biloxi Blues (Biloxi Blues)
Regie: Mike Nichols
Darsteller: MATTHEW BRODERICK (Eugene Morris Jerome), Christopher Walken, Corey Parker, Casey Slemaszko, Matthew Mulhern

Nicolas Cage

»Als meine Frau ihn das erste Mal sah, dachte sie an Robert Mitchum – verdeckte Sexualität mit unterschwelliger Gefahr.«

Richard Benjamin

Er ist vierundzwanzig Jahre alt und bestrebt, ein vielseitiger, beeindruckender Schauspieler zu werden. Doch noch heute steht ihm dabei häufig sein Onkel im Weg. Denn Nicolas Cage ist der Neffe von Francis Coppola, einem der bedeutendsten und umstrittensten Regisseure Hollywoods, dessen Erfolge ebenso legendär sind wie seine Flops. Wann immer der junge Nicolas Coppola für eine Rolle vorsprach, sah er sich mit dem Ruf seines Onkels konfrontiert, über den die Meinungen weit auseinandergehen. »Viele meiner Vorsprechtermine wurden von Neugier überschattet, solange ich noch ein Coppola war, deshalb legte ich mir einfach den Namen Cage zu. Ich hätte keine ernsthafte Karriere machen können mit einem Namen wie Coppola. Außerdem mochte ich immer die Musik von John Cage.«[1)] Es war ein Entschluß, der sich bezahlt gemacht hat. Nicolas Cage wurde in kürzester Zeit zu einem von Hollywoods aufregendsten Darstellern, ein Mittzwanziger, der mühelos in die Haut eines doppelt so alten schlüpfen kann, der den romantischen Liebhaber verkörpert, einen Vietnam-Veteranen oder einen Unglücksraben und der in all seine so unterschiedlichen Rollen ein großes Maß an Glaubwürdigkeit und Überzeugungskraft einbringt.
Nicolas Cage wurde am 7. Januar 1964 als Sohn des älteren Coppola-Bruders August geboren. Er wurde in eine musische Familie geboren. Nicht allein wegen seines Onkels. Sein Großvater Carmine ist (Film-)Komponist, seine Tante Talia Shire Schauspielerin *(Rocky)*, seine Mutter eine moderne Jazztänzerin, sein Bruder Christopher Musiker und sein Vater der Dekan des Fachbereichs Kreative Kunst an der State University von San Francisco. »Ich entdeckte Rock and

Der Latin Lover. Nicolas Cage in ›Moonstruck‹

Roll ziemlich spät in meinem Leben. Mein Vater war Professor für zeitgenössische Literatur und hörte immer nur Wagner und so etwas. Und weil ich meinem Vater ähnlich sein wollte, hörte ich dasselbe. Ich fühlte mich irgendwie sündig, wenn ich Rock and Roll hörte. Doch seitdem habe ich mich etwas gelockert und entdeckte vor einem Jahr Jimi Hendrix. Ich hatte ein romantisches Bild von meinem Vater, einem Gelehrten und Intellektuellen. Als ich dann herausfand, daß er ein Mensch war und in Diskotheken oder ähnliches ging, um sich zu entspannen, entspannte ich mich auch.«[2)] Seine Eltern ermutigten ihn, eigene Kurzgeschichten zu schreiben und versorgten ihn ständig mit Literatur. Mit zwölf schon las er Kafka. »Ich wanderte in der Schule herum und spielte die Charaktere, von denen ich las. Als ich Kafkas ›Verwandlung‹ las, war ich für eine Woche ein Käfer.«[3)] Offensichtlich reifte hier der Entschluß, es selbst mit der Schauspielerei zu versuchen. »Ich verbrachte viel Zeit damit, darüber nachzudenken, was ich werden wollte, wenn ich erwachsen wäre. Ich saß meistens in meinem Zimmer und dachte darüber nach, ob ich Boxer, Zauberer, Schauspieler oder Schriftsteller werden wollte.«[4)] Mit Einwilligung seiner Eltern verließ er die Schule und ging ans Conservatory Theatre in San Francisco. Dort hinterließ er wenig Eindruck. Ebensowenig in seinen ersten Filmen. Nach einem Auftritt in dem TV-Pilot-Film *The Best of Times* bekam er die Rolle als Sean Penns Freund Brad in dem High-School-Film *Fast Times at Ridgemont High.* Mit Hauptdarsteller Penn freundete er sich auch privat an. Doch schon 1982 hatte Cage selbst eine erste Hauptrolle: in der von der Debütantin Martha Coolidge inszenierten romantischen Komödie *Valley Girl.* Diese moderne Romeo-und-Julia-Variante handelt von der fünfzehnjährigen Julie (Deborah Foreman), Tochter progressiver Eltern und Schwarm der Valley High School. Das (San Fernando) Valley bei Los Angeles ist ein Wohnviertel der besseren Mittelklasse. Die Jugendlichen haben eine eigene Sprache, das »Valspeak«, entwickelt, die einen interessanten Kontrast zu der Sprache der West-Coast-Punks bildet. Nicolas Cage spielt einen dieser West-Coast-Punks, der sich in die Bürgerstochter verliebt. Auch Julie fühlt sich zu Randy hingezogen. Ihre Romanze in der Shopping Mall führt dazu, daß Julie von ihren Freunden gemieden wird. Auch Randy hat es zunächst schwer, seine neue Freundin mit seinem Punk-Ambiente zu vereinbaren. Doch am Ende – natürlich – werden alle Gegensätze überwunden, und Randy und Julie fahren gemeinsam davon. In der Charakterisierung seiner Figuren war der Film sorgfältiger als vergleichbare Streifen. Doch vor allem war es Nicolas Cages Darstellung zu verdanken, daß der Punker Randy zu keiner lächerlichen Figur wurde.

Mutig bewarb sich Cage dann bei seinem Onkel für eine Rolle in dessen *The Outsiders*. »Nicolas war immer ein kreativer Junge«, meinte Coppola über seinen Neffen, »von seiner frühen Schreiberei bis hin zu seinem beinahe fantasymäßigen Interesse für das Leben der Walfische.«[5] Doch er ließ sich nicht überzeugen, seinem Neffen die anvisierte Rolle von Matt Dillon zu geben. Als Schauspieler schätzte er ihn noch zu gering ein. Doch er ließ Nicolas beim Vorsprechen anderer

Nicolas Cage als West-Coast-Punk in ›Valley Girl‹

Schauspieler zu dem anschließend geplanten *Rumble Fish* deren Partner sein. »Es war purer Zufall. Francis besetzte ›Rumble Fish‹, und er bat mich, ihm vorzulesen. Nicht als Bewerber für eine Rolle, aber um anderen dabei zu helfen, den Job zu bekommen. Ich war ganz ruhig, weil mich keiner beachtete – und bekam eine Rolle.«[6] Doch seine schauspielerische Vielseitigkeit stellte er gleich anschließend in dem romantischen *Racing With the Moon* unter Beweis. Cage spielt Nicky, einen jungen Mann, der zusammen mit seinem Freund Henry (Sean Penn) die Einberufung in den Zweiten Weltkrieg bekommen hat. In den verbleibenden sechs Wochen machen beide eine schwere Zeit durch. Henry verliebt sich in ein reiches Mädchen (Elizabeth McGovern), das sich als die Tochter einer Haushälterin herausstellt, und Sally (Suzanne Adkinson) konfrontiert ihren Freund Nick mit ihrer Schwangerschaft. Der verzweifelte Nick kann das Geld für eine Abtreibung nicht aufbringen. Bevor die Freunde ihre Heimatstadt mit dem Zug verlassen, wendet sich aber alles zum Guten. Wie so häufig bei Nebenrollen, bot auch die Rolle des Nick ihrem Darsteller Nicolas Cage eine günstigere Gelegenheit, sich schauspielerisch auszuzeichnen. Unter der Regie von Richard Benjamin glänzte Cage als derber Provinzheld. Cage, dessen Vorbild Jerry Lewis ist, entpuppte sich erstmals als Charakterdarsteller. Und das mit weniger als zwanzig Jahren und ohne schauspielerische Ausbildung. »Ich weiß wirklich nicht, was passiert, wenn ich eine Figur verkörpere. Ich kann es nicht erklären, es ist irgendwie instinktiv. Ich lese einfach das Drehbuch, fühle es und mache es. Ich will mich nicht undeutlich ausdrücken, aber ich kann wirklich nicht sagen, was dahintersteckt. Eins von diesen Dingen, die wir über das Method (Acting) sagen – worüber ich wirklich nicht viel weiß –, ist, daß es sich immer verändert. Ich versuche also, einfach das zu fühlen, was für mich richtig scheint, und mache es.«[7] Onkel Francis vertraute seinem Neffen zunächst nur eine kleine Rolle an. Als Smokey ist er in *Rumble Fish* einer aus der Gang von Rusty James (Matt Dillon). Er spielte seine seinem Alter entsprechende Rolle des aufmüpfigen Jugendlichen mit Bravour, trotz seiner Unsicherheit. »Ich wußte

Noch stimmt die Welt von Al Columbato (Cage) in ›Birdy‹

nicht, woher sie ihr Feuer nahmen«, meinte er über seine Partner. »Deshalb schloß ich mich in meinen Raum ein und las Bücher über japanische Management-Systeme. Ich dachte, daß meine Figur später vielleicht ein Geschäftsmann sei.«[8] Es war nur ein kleiner Part, unwichtig für die Story, doch sein Onkel war beeindruckt. Gleich anschließend durfte Nicolas Cage in *The Cotton Club* den jüngeren Bruder von Richard Gere spielen. Als Vincent »Baby Killer« Dwyer kann er sich kaum beherrschen, im New York der dreißiger Jahre den Gangster zu markieren. Cages italienisches Aussehen (die Coppolas stammen aus Italien) prädestinierte ihn geradezu für einen Italo-Amerikaner, eine Rolle, die er 1987 wieder aufnahm. Unter der Regie seines Onkels, der ihm zuvor ein Hindernis bei der eigenen Karriere war, wuchs Nicolas bei der Arbeit an *The Cotton Club* aber auch als Schauspieler. »Wenn ich mit Francis arbeite, kenne ich die Grenzen dessen, was ich mache, und weiß, wie weit ich gehen kann, was in seinem Falle sehr weit ist.«[8)]

Unter der Regie von Alan Parker bewies Nicolas Cage, wie weit er tatsächlich gehen kann. Seine Rolle als Vietnam-Veteran Al Columbato (wieder ein Italienischstämmiger), der durch eine Gesichtsverletzung entstellt ist, ist seine bislang beeindruckendste schauspielerische Leistung. Al wird in ein Veteranenhospital gerufen, um seinem Jugendfreund und Kriegskameraden »Birdy« (Matthew Modine) zu helfen. Al hat selbst genug Probleme mit seiner eigenen Gesundheit und mit dem militärischen Apparat. Doch als er »Birdy« sieht, wie dieser nackt auf dem Boden seiner Zelle hockt und davon träumt, ein Vogel zu sein, überwindet er seine eigenen Ängste und Probleme und versucht, zu dem Freund einen Kontakt herzustellen – ein Prozeß, der von Enttäuschungen und der Rückkehr der eigenen traumatischen Erinnerungen geprägt ist. Mehr als einmal ist Al kurz davor, alles aufzugeben. In den Rückblenden des Films schildert Alan Parker die gemeinsame Jugend der beiden Freunde im Armenviertel von Philadelphia. Nicolas Cage spielt hier noch einmal in Anlehnung an seine früheren Rollen. Autos und Mädchen sind ihm wichtiger als die Welt. Einkehr oder Nachdenklichkeit kennt er nicht. Doch ebenso überzeugend schlüpft er in die Haut des gezeichneten Vietnamveteranen, der von seinen Erinnerungen immer wieder eingeholt wird und darunter leidet. Schon sprichwörtlich ist die Intensität, mit der sich Cage in seine Rollen einlebt. Er ließ sich zwei Zähne entfernen (»Baby-Zähne«) und lief während der ganzen Dreharbeiten verbunden durch die Gegend. »Er verfiel wirklich«, erinnerte sich Modine. »Die Crew wußte nicht, wie sie mit ihm klarkommen sollte. Er war so ausgestoßen, wie es behinderte Menschen sind.«[10)] Will man Cages Arbeitsweise vergleichen, dann am ehesten mit der von Robert DeNiro. Beide Darsteller gehen, trotz ihres unterschiedlichen Hintergrundes, mit ihrer eigenen Persönlichkeit in eine Rollenfigur ein – bis zur Selbstaufgabe. Doch während DeNiro das Method Acting bewußt anwendet, ist es bei Cage instinktiv, ist es seine einzige Möglichkeit, einen Charakter zu begreifen. »Ich konzentrierte all meine Sorgen auf meine linke Gesichtshälfte. Ich wachte mitten in der Nacht auf und fand mich auf dieser Seite schlafend. Ich weiß nicht, weshalb ich so tief einsteige. Die Leute am Drehort schauten sich an und meinten, ›Nicky

›Peggy Sue Got Married‹

macht wieder irgendeine verrückte Method-Sache‹. Ich glaube, ich war so verwirrt, daß ich mich etwas sehr Drastischem unterziehen mußte. Ich weiß nicht, ob es half, aber es war sicherlich eine der freudlosesten Erlebnisse, die ich beim Schauspielen hatte.«[11] Doch es war auch seine bis dahin überzeugendste Leistung. Nicolas Cage hatte den Durchbruch als Darsteller geschafft. Er war ein Star und er war ein Schauspieler. Beides findet sich nur selten vereint. Doch er ruhte sich nicht aus. »Nach Birdy war ich ein Wrack. Ich hatte 15 Pfund Untergewicht und humpelte. Ich hatte eine Woche, um zu einem der größten Sportler der Welt zu werden.«[12] In dem kanadischen Film *The Boy in Blue* spielte er den Ruderer Ned Hamlon. Nicolas Cage trainierte besessen. Er wollte die Ruderszenen unbedingt selbst spielen. Um die physische Anstrengung und die mit dem Training verbundene Langeweile zu kompensieren, ließ er sich eine Echse tätowieren. Wie er überhaupt nach der Anstrengung eines Films irgendein seltsames Hobby pflegt. Cage ist Liebhaber von exotischen Fischen. Er entwickelte Vorlieben für Echsen, Käfer und die Harley Davidson, mit der er durch Kalifornien braust. »Es mag irgendwie verrückt klingen, aber die Reise auf dem Freeway von San Francisco nach Los Angeles gab mir den engsten Kontakt, den ich mit der Natur hatte. Es war außerdem die längste Zeit, in der ich allein war, ohne mich allein zu fühlen. Ich reiste etwa eine Woche, roch die Bäume und die Hitze des Asphalts. Ich glaube, daß ich später vielleicht einmal Naturkundler oder Ähnliches werde.«[13] Zuvor jedoch schlüpfte Nicolas Cage – zum dritten Mal unter der Regie seines Onkels Francis Coppola – in die Haut von Charlie Bodell, auf der High School umschwärmter Sänger einer Amateurband, fünfundzwanzig Jahre später Verkäufer von Radio- und Fernsehapparaten. Eine Zeitreise hat seine Frau Peggy Sue (Kathleen Turner), mit Charlie unglücklich verheiratet, Mutter zweier Töchter, in ihre Schulzeit zurückbefördert. Mit dem Wissen um ihre Zukunft sieht sie Charlie, den jugendlichen Draufgänger, in einem neuen Licht. Er ist eine traurige Figur, fast schon bemitleidens-, doch auch immer noch liebenswert. »Ich wollte weg vom Klischee des langweiligen Gatten«, er-

Mit Holly Hunter in der verrückten Komödie ›Raising Arizona‹

klärte Cage seine Rolle. »Ich habe so etwas wie einen Comic-Strip-Charakter aus der Figur gemacht – immer ein wenig übertrieben. Ich habe die Rolle als Experiment betrachtet. Es ist wie beim Kochen. Man sagt sich: ›Gut, hier diese Szene hatte ordentlich Pfeffer, aber die nächste braucht jetzt mehr Salz und mehr Basilikum.‹«[14] Einmal mehr erwies sich Nicolas Cage als einer der vielseitigsten Schauspieler seiner Generation. Ohne ein Zuviel an Make-up zeigte er glaubhaft einen Alterungsprozeß über fünfundzwanzig Jahre, als hätte er sich in seine Figur eingelebt und wäre mit ihr gealtert. Nicolas Cage ist ein Darsteller, dessen besondere Stärke sich bei Rollen beweist, die einen dualistischen Ansatz haben. Er zeigt keinen Veränderungsprozeß, er zeigt nur das Ergebnis: Als Schuljunge der frühen sechziger Jahre ist er ebenso plausibel wie als gescheiterter Ehemann und mittelmäßiger Kleinstadtgeschäftsmann. Doch sein Erfolg ließ ihn nicht ruhen, Nicolas Cage suchte nach neuen Herausforderungen. Die Brüder Coen boten ihm eine.

»Natürlich werde ich immer für Francis arbeiten, wenn er eine Rolle für mich hat, die ich spielen möchte. Er ist ein guter Regisseur. Ich bin zufrieden mit der Richtung, in die sich meine Karriere entwickelt. Die Arbeit mit den Coens war eine neue Erfahrung für mich. Zum ersten Mal hatte ich mit Leuten meiner Generation zu tun. Wir wuchsen mit denselben Fernseh-Shows auf, wir haben den gleichen Sinn für Humor.«[15] In der skurrilen Komödie *Raising Arizona* spielt Cage den Unglücksraben H. I. McDonnough, einen notorischen Räuber, der es auf ehrliche Weise versucht, nachdem er eine Gefängnisbeamtin (Holly Hunter) geheiratet hat. Das funktioniert auch so lange, bis seine Frau ein Baby haben will, H. I. aber dazu nicht in der Lage ist. Einem reichen Möbelhändler werden Fünflinge geboren, H. I. beschließt, eins der Babys zu stehlen. Doch damit setzt er sich den absurdesten Verfolgungen aus. Die Coens inszenierten ein kunterbuntes Sammelsurium von filmischen Zitaten, bewußt stilbrechend, bizarr und albern. »Ich möchte mich nicht nur auf die Realität beschränken«, meinte Cage über seine Gründe, die Rolle zu spielen. »Ich habe das in letzter Zeit häufig gemacht, aber mein Geschmack hat sich hin zu diesen offeneren Charakteren verändert. Ich habe mehr Spaß, und außerdem werden sie selten gespielt. Weltweit ist die Schauspielerei naturalistisch, aber ich mag andere Darbietungen; z. B. die von Dennis Hopper in ›Blue Velvet‹ oder Eric Roberts in ›Star 80‹. Für mich ist das mutig und erinnert an Schauspieler wie James Cagney, die groß und dynamisch waren. Ich glaube, daß einiges von der dynamischen Schauspielerei an den Realismus verloren wurde.«[16] Für Nicolas Cage, der die

Abwechslung sucht, bot *Raising Arizona* die Chance, sich auch als physischer Darsteller zu bewähren. Kampfszenen, Einbruch, Autoverfolgungsjagden – Cage wurde gefordert, und er löste die Aufgabe mit Bravour. Früh hatte er die Möglichkeiten geahnt, die das Drehbuch ihm bot, und sich um die Rolle, die anfangs nicht für ihn gedacht war, beworben. Zwar wurde *Raising Arizona* kein riesiger Erfolg, doch er erlangte, vor allem in Frankreich, Kultstatus. Cage aber ist ein Star geworden. Dem Vierundzwanzigjährigen mit den etwas derangierten Gesichtszügen und dem unbestreitbar italienischen Look stehen nun die großen Rollen offen.
Der renommierte Regieveteran Norman Jewison, einer der erfolgreichsten in Hollywood, ein Schauspieler-Regisseur, offerierte ihm nach *Raising Arizona* eine Starrolle. Neben Cher spielt Cage in *Moonstruck* einen leicht verrückten italienischen Bäcker, der zum Liebhaber seiner zukünftigen Schwägerin wird. Schuld an der komplizierten Beziehung ist der

Mit Cher in der charmanten Komödie ›Moonstruck‹

Mond, der die Sinne in New Yorks Little Italy durcheinanderwirbelt. »Es war eine richtige Veränderung nach der Komödie mit den Coens (...) Norman hat dreißig Jahre Erfahrung, weiß, was er will, und hat seinen Stil entwickelt. Aber auch in anderer Hinsicht war die Zusammenarbeit positiv. Mit Norman fühlt man sich wie in einem gepanzerten Wagen – man weiß, daß man sicher ankommt und er gute Arbeit abliefern wird.«[17]

Nicolas Cage wird wohl nie, obwohl er in *Moonstruck* einen Latin Lover mimte, ein *leading man* werden. Dem steht sein etwas zerknittertes Aussehen entgegen, vor allem aber seine Vielseitigkeit, die ihn vor der eindimensionalen Festlegung auf eine Rolle bewahrt. Für das Kino ist er ein Glücksfall. Er wird sich nicht zu schnell verbrauchen lassen, er wird weiter in das Charakterfach hineinwachsen. Noch nicht einmal ein Vierteljahrhundert alt, hat er dazu genügend Zeit. Er könnte tatsächlich einmal ein neuer Robert Mitchum werden – im nächsten Jahrtausend.

Anmerkungen

1) Marianne Gray. Gilded Cage. In: The Face, July 1983
2) Neil Norman. Creative Comforts. In: London Evening Standard, 3.7.1987
3) Wesley Thornton. Watch the Birdy. In: Observer Magazine, 16.6.1985
4) Mail on Sunday, 30.6.1985
5) Debby Bull. Taking Off. In: Rolling Stone, 14.3.1985
6) Mike Summer. Into the Danger Zone. In: The Guardian, 30.6.1987
7) Nick Hasted. Open Cage. In: Films and Filming, August 1987
8) Mail on Sunday, a.a.O.
9) Neil Norman, a.a.O.
10) Lesley Thornton, a.a.O.
11) Mail on Sunday, a.a.O.
12) ebda.
13) Minty Clinch. Cage of Reason. In: Medweek, 2.7.1987
14) Presseheft »Peggy Sue hat geheiratet«
15) Minty Clinch, a.a.O.
16) Neil Norman, a.a.O.
17) Mike Summer, a.a.O.

Filmographie

1981

The Best of Times (TV)
Darsteller: Nicolas Cage, Crispin Glover

Fast Times at Ridgemont High (Ich glaub', ich steh' im Wald)
Regie: Amy Heckerling
Darsteller: Sean Penn, Jennifer Jason Leigh, Judge Reinhold, Phoebe Coates; Nicolas Cage (noch Nicolas Coppola: Brads Buddie)

1982

Valley Girl (Valley Girl)
Regie: Martha Coolidge
Darsteller: Nicolas Cage (Randy), Deborah Foreman, Elizabeth Daily, Michael Brown, Frederic Forrest, Colleen Camp

1983

Racing With the Moon (Die Zeit verrinnt – Die Navy ruft)
Regie: Richard Benjamin
Darsteller: Sean Penn, Elizabeth McGovern, Nicolas Cage (Nicky), John Karlen, Rutanya Alda

Rumble Fish (Rumble Fish)
Regie: Francis Coppola
Darsteller: Matt Dillon, Mickey Rourke, Vincent Spano, Diane Lane, Dennis Hopper; Nicolas Cage (Smokey)

The Cotton Club (Cotton Club)
Regie: Francis Coppola
Darsteller: Richard Gere, Gregory Hines, Diane Lane, Lonette McKee, Bob Hoskins; Nicolas Cage (Vincent »Baby Killer« Dwyer)

1984

Birdy (Birdy)
Regie: Alan Parker
Darsteller: Matthew Modine, Nicolas Cage (Al Columbato), John Harkins, Sandy Baron, Karen Young

1985

The Boy in Blue (Kanada)
Regie: Charles Jarrott
Darsteller: NICOLAS CAGE (Ned Hanlan), Cynthia Dale, Christopher Plummer, David Naughton

Peggy Sue Got Married (Peggy Sue hat geheiratet)
Regie: Francis Coppola
Darsteller: Kathleen Turner, NICOLAS CAGE (Charlie Bodell), Barry Miller, Catherine Hicks, Joan Allen

1986

Raising Arizona (Arizona Junior)
Regie: Joel Coen
Darsteller: NICOLAS CAGE (H. I. McDonnough), Holly Hunter, Trey Wilson, John Goodman, William Forsythe

1987

Moonstruck (Mondsüchtig)
Regie: Norman Jewison
Darsteller: Cher, NICOLAS CAGE (Ronny Cammareri), Vincent Gardenia, Olympia Dukakis, Danny Aiello, Julie Bovasso

Rae Dawn Chong

»Das Klügste, was die Drehbuchautoren und Produzenten taten, war, Rae Dawn zu engagieren.«

Arnold Schwarzenegger

Es war nicht ihr wirkliches Debüt, doch zum ersten Male wurde sie zur Kenntnis genommen. In der Steinzeitsaga *La guerre du feu* spielte sie die Urzeitfrau Ika, die dem Mann, der eine Entwicklungsstufe unter ihr ist, das Feuer näher- und die Liebe beibringt. Rae Dawn Chong machte einen starken Eindruck: unbekleidet, grau geschminkt, die krausen Haare in dicke Strähnen gelegt und ein geschmeidiger Körper, der nichts von dem antrainierten Affengang der anderen Darsteller an sich hatte, sondern sich vielmehr auf eine Weise bewegte, die als erotisch zu bezeichnen untertrieben wäre. Und, was noch mehr Aufsehen erregte, dieses gertenschlanke, bildhübsche Mädchen, das dem Steinzeitmann die Missionarsstellung beibrachte, war dunkelhäutig. Keinem gelang dabei wie ihr, den Dialog aus Grunzen, Kreischen und ähnlichen Geräuschen, die mehr aus einem Comic zu stammen schienen als aus der Frühgeschichte, zu einem Ereignis zu gestalten. Die kanadische Filmakademie zeichnete sie dafür mit einem »Genie Award« aus, dem Gegenstück zum US-amerikanischen Oscar. Die Achtzehnjährige schien eine großartige Karriere vor sich zu haben. Doch es folgte zunächst nichts.

Das hatte vor allem einen Grund. »Ich muß zwanzigmal mehr um eine Rolle kämpfen, weil ich braune Haut, Kraushaar und große Lippen habe. Und ich kenne eine Reihe von Schauspielern, die mit mir keine Liebesszenen drehen würden, weil ich farbig bin.«[1)] Rae Dawn Chong hatte bereits schauspielerische Erfahrung, doch sie mußte sich nach ihrer Rolle in *La guerre du feu* selbstkritisch eingestehen, auch noch nicht reif genug zu sein, um als Darstellerin überzeugen zu können, es war eher ein Beginn. »Dieser Film war mein erster großer Part, aber es war wie die Einberufung zur Armee, wie bei der Grundausbildung für Marinesoldaten, doch anschließend merkst du, daß du fast alles machen kannst.«[2] Die damals knapp Zwanzigjährige stieg zunächst aus der Schauspielerei aus. Drei Jahre lang. Sie heiratete einen Börsenmakler, bekam ihren Sohn Morgan und ließ sich wieder scheiden. Rae Dawn Chong konnte ihren Schauspieltrieb nicht länger unterdrücken. Von zu Hause aus brachte sie alle Voraussetzungen dazu mit.

Ihr Vater ist der US-Komiker Tommy Chong, treibende Kraft des Kifferduos Cheech & Chong, dessen Filme weit mehr als dreihundert Millionen Dollar eingespielt haben. Rae Dawn wurde 1962 im kanadischen Edmonton, Alberta, unehelich geboren. Ihre Mutter Abigail, eine Tänzerin, halb Cherokee, halb Madagassin, hatte Tommy Chong, halb chinesischer, halb schottisch-irischer Abstammung, noch vor der Geburt ihrer Tochter verlassen. Erst sechs Monate später sah der Komiker seine Tochter das erste Mal, bei der Hochzeit mit seiner neuen Frau Maxine. Nach langwierigen Rechtsstreitigkeiten kam Rae Dawn dann als Dreijährige zu ihrem Vater. Die Familie Chong zog nach Vancouver, Detroit und schließlich nach Los Angeles, wo Tommy Chongs Filmkarriere ihren stürmischen Beginn hatte. Als sie zehn Jahre alt war, veränderte sich ihr Leben von Grund auf. Tommy Chong ließ sich von seiner Frau Maxine scheiden und heiratete seine Nachbarin. Für Rae Dawn brach eine Welt zusammen. Sie verbrachte mehr Zeit bei ihrer Ex-Mutter in Venice als bei ihrem Vater. Als sie zwölf Jahre alt war, erfuhr sie, daß Abigail ihre natürliche Mutter war. »Was Eltern betrifft, habe ich so gut wie keine. Ich war auf mich allein gestellt.«[3] Noch im selben Jahr aber debütierte sie als Schauspielerin. Einem Talent-Scout der Disney-Studios war sie zufällig aufgefallen, als sie »Celebrate Life« im Schulchor anstimmte. Eine Rolle in dem fürs Fernsehen gedrehten Film *The Whiz Kid of Rivertown* war die Belohnung. Rae Dawn beschloß, anstatt einer Sangeskarriere eine schauspielerische Laufbahn einzuschlagen. Sie belegte Schauspielkurse und wurde 1978 sogar für die weibliche

Rae Dawn Chong mit furchterregender Maske als Urzeitfrau Ika in ›La guerre du feu‹

Hauptrolle in dem Teenie-Film *FM* (FM – Die Superwelle) ausgesucht. Als die Produzenten dann herausfanden, daß sie es mit einer Sechzehnjährigen zu tun hatten und folglich mit den Jugendschutzbestimmungen in Konflikt geraten würden, platzten Rae Dawns Träume. Doch sie gab nicht auf. Ein Jahr später bekam sie eine kleine Rolle in *Stony Island/My Main Man From Stony Island,* der die Geschichte einer Gruppe jugendlicher Musiker in Chicago erzählt. Der Film von Andrew Davis gefiel durch seine Musik und die Aufnahmen an Originalschauplätzen. Rae Dawn Chong fiel indes nicht weiter auf und begann zu ihrem Lebensunterhalt als Fotomodell zu arbeiten. In London hörte sie dann, daß der französische Regisseur Jean-Jacques Annaud seine Steinzeitsaga *La guerre du feu* besetzen wollte und in Kalifornien nach Darstellern suchte. Rae Dawn besorgte sich einen Vorsprechtermin.

»Ich hatte das Interview bis zwanzig Minuten vor seinem Beginn völlig vergessen. Ich war am Strand surfen, ich hatte nicht meine Kleider für Interviews an, deshalb warf ich mir ein weißes, total zerknittertes und verdrecktes Kleid über. Ich hatte Sand an meinen Beinen und zog keine Schuhe an, weil ich dachte, ›Hey, das ist primitiv‹. Unterwegs dachte ich, ›Mann, wenn das nicht wirkt, dann weiß ich nicht, was sonst‹.«[4)] Zunächst schien es, als habe Chong Annaud nicht überzeugt, denn der suchte weitere sieben Monate lang nach einer anderen Darstellerin. Rae Dawn schlug sich mit Auftritten in den TV-Serien *Lou Grant* und *St. Elsewhere* durch, in der sie sogar einen größeren, fortlaufenden Part erhielt. Dann aber bekam sie die Rolle in *La guerre du feu* doch noch. Die Dreharbeiten geschahen unter extrem schwierigen Bedingungen, aber sie lohnten sich. Rae Dawn, völlig erschöpft, entzückte Kritik und Publikum gleichermaßen. Doch ihr exotisches Aussehen machte es ihr auch in der Folge schwer; anspruchsvolle Rollen waren (und sind) rar. Abel Ferrara besetzte sie als nächstes in seinem glitzernden Thriller *Fear City* als lesbische Stripperin, die am Ende von einem Psychopathen ermordet wird. »Erst bekam ich das Mädchen, dann ein Messer zwischen die Rippen«, kommentierte sie knapp.[5)] Ein kurzer Auftritt, bei dem Rae Dawn Chong nicht viel mehr als ihre hübsche Figur zeigen mußte. Das wurde in ihrem nächsten Film anders.

Harry Belafonte, selbst farbig und gegen den Rassismus engagiert, holte sie als Produzent des Musikfilms *Beat Street* vor die Kamera. Der Film des schwarzen Regisseurs Stan Lathan spielt in der New Yorker South Bronx und handelt von der Kunst im Schwarzen- und Chicano-Ghetto: Breakdance, Rap-Musik und Graffiti. Rae Dawn Chong ist Tracy, eine gebildete Musikstudentin, die in einer Disco einen Rap-Discjockey kennenlernt. Beide grundverschiedene Welten verschmelzen am Ende zu einer neuen Kultur – so zumindest der Anspruch des Films. In dem zwar stilsicher, doch für die rauhe Straßenwirklichkeit zu glatt inszenierten Film wirkte Rae Dawn Chong wie eine Erscheinung aus einer anderen Welt. Sie brachte Romantik und Gefühl in den Film und füllte ihre zweite Hauptrolle mit erfrischender Lebendigkeit aus. Obwohl *Beat Street* fast ausschließlich farbige Darsteller hatte, wurde er zu einem weltweiten Erfolg. Für Rae Dawn wiederum zunächst ohne Folgen. Farbige Schauspieler erleben ihre Hautfarbe als Stigma, die Besetzungslisten Hollywoods sehen für Amerikas schwarze Minorität nur Nebenrollen vor. Und die sind am Ende nicht mehr als Klischees. Auch Rae Dawn Chong konnte sich dem nicht entziehen. Sie wirkte in Low-Budget-Filmen mit, etwa in *City Limits* des Corman-Schülers Aaron Lipstadt. Darin spielt sie die Anführerin einer Motorradrockergruppe. Die hanebüchene Story handelt in einer Zeit in der Zukunft, fünfzehn Jahre nach einer verheerenden Seuche. Rockergangs ziehen marodierend durchs Land. »Mad Max« läßt grüßen. *City Limits* erwies sich als filmische Katastrophe, in dem einzig die Beset-

Nur eine Nebenrolle spielte Rae Dawn Chong in ›The Color Purple‹

In ›Choose Me‹ spielt Rae Dawn Chong eine nymphomanische Poetin

zung sehenswert blieb. Vor allem Rae Dawn Chong, deren schauspielerische Begabung allerdings immer von ihrem aufregenden Aussehen überschattet zu werden droht. Und nichts anderes wollte die Regie.
Ihr schauspielerisches Talent konnte Rae Dawn erst anschließend in Alan Rudolphs fluoreszierendem *Choose Me* beweisen. »Ich wurde entdeckt, als ich zwölf war, weil ich sang. Ich begann zu arbeiten, auch im Fernsehen, und entschloß mich, das Schauspielen dem Singen vorzuziehen. Aber erst bei ›Choose Me‹ erreichte ich den Zauber.«[6] Sie spielt die alkoholsüchtige und leicht nymphomanische Poetin Pearl Antoine mit Anmut und Verletzlichkeit. Zum ersten Mal spielte sie in einem »weißen« Film außerhalb der ihr aufgedrängten Klischees. Ihre Verkörperung der Pearl ist getragen von unterschwelliger Romantik und angstvoller Zerbrechlichkeit. Manchmal schaut Rae Dawn in dieser Rolle wie ein verwundetes Reh, um Mitgefühl flehend, doch gleichzeitig auf ihre Eigenständigkeit und -verantwortlichkeit bedacht. »Sie ist eine Mischung der Menschheit, mit einem Lächeln, das einen einfach sich gut fühlen läßt. Alles, was an ihr einzigartig ist, kommt in einer schönen Verpackung«, meinte ihr Regisseur Alan Rudolph.[7] Noch im gleichen Jahr – 1984 war ihr bislang produktivstes – gefiel sie in einer winzigen Rolle als tarotlesende Zigeunerin in *Cheech & Chong's The Corsican Brothers,* unter der Regie ihres Vaters. Ihr Auftritt bedeutete eine komische Erleichterung, sollte sie doch anschließend in John Badhams *American Flyers* die Freundin von Kevin Costner spielen. Einmal mehr wurde sie in dieser Radfahrer-Story klischeehaft eingesetzt. Die Rolle bot ihr wenig Möglichkeit, einen eigenen schauspielerischen Akzent zu setzen. »Sie hat eine beeindruckende Präsenz auf der Leinwand, die für ihre verhältnismäßig geringe Erfahrung entschädigt«, urteilte Badham dennoch. Rae Dawn Chong war sich der Gefahr bewußt, immer nur in kleineren Filmen Klischeerollen auszufüllen. Sie wollte etwas anderes.
Produzent Joel Silver suchte für sein Arnold-Schwarzenegger-Vehikel *Commando* eine blauäugige, selbstredend weiße Blondine, die dem muskelbepackten Überhelden zur Seite

stehen sollte. Rae Dawn Chong entschloß sich, sich für die Rolle zu bewerben. Ihr Auftritt beim Vorsprechen beeindruckte Schwarzenegger und Silver derart, daß man ihr den Part des komischen Sidekicks sofort gab. Die simple Story

Trotz ihrer Energie scheitert Rae Dawn Chong in ›The Principal‹ an den Verhältnissen

sah sie für die Zeit der Feuerpause als Ergänzung zum mutierten Bodybuilder vor, eine Rolle, die sie mit Leichtigkeit und Bravour absolvierte. *Commando* erzählt von einem Supersoldaten im Ruhestand, der wieder aktiv wird, als alte Feinde seine Tochter kidnappen.

Gut die Hälfte des Films vergeht im Kugelhagel und Feuerzauber. Rae Dawn Chong spielt eine Stewardeß, die zufällig zur Hilfe Schwarzeneggers wird, nicht ohne zuvor einige witzige Dialoge zu haben. Der Riesenerfolg des Action-Streifens machte Chong mit einem Mal bekannt. Steven Spielberg trug ihr anschließend die kleine, aber eindrucksvolle Rolle der Barbesitzerin Squeak in seinem Film *The Color Purple* an. »Squeak darzustellen war für mich eine große Chance. Ihr Charakter ist insofern zeitlos, als ich heute etwas von ihr in mir fühle, mir gleichzeitig aber auch vorstellen kann, wie sie gewesen zu sein, wenn ich damals gelebt hätte. Diese Rolle mußte ich einfach spielen.«[8] Soweit ein kleiner Part wie der ihre es zuließ, füllte Rae Dawn ihn mit Energie und Intensität aus. Sie verstand es, sich in den Vordergrund zu spielen, ohne die Szenen anderen Schauspielern zu stehlen.

Mick Jagger engagierte sie kurz darauf für sein langes Promotionvideo *Running out of Luck,* das in Rio de Janeiro entstand und aufgrund seiner Sexszenen große Schwierigkeiten hatte, im Fernsehen ausgestrahlt zu werden. Rae Dawn Chong spielte die verführerische Samba, die in der konfusen Story dem bedrängten Mick immer wieder aus der Patsche hilft. »Gegen Sexszenen habe ich durchaus nichts, solange sie ästhetisch sind. Aber was wir für dieses Video gedreht haben, war einfach geschmacklos«, entrüstete sich Chong, die in Spots für Safer Sex und gegen Drogenmißbrauch auftrat, später.[9] Trotz dieses unglücklichen Zwischenspiels schickte sie sich bereits an, sich zu einer Charakterdarstellerin zu entwikkeln. Die harmlose Komödie *The Squeeze* gab ihr dazu zwar wenig Gelegenheit, bewies aber – in einer Rolle als weiblicher Sam Spade – ihr komisches Talent. In der nicht weniger belanglosen, zuweilen sogar reichlich einfältigen Komödie *Soulman* stellte sie dies erneut unter Beweis. Die Story verlangte von Rae Dawn, sich mit ihrer eigenen Rassenproblematik auseinanderzusetzen, denn es geht um einen weißen Studenten (C. Thomas Howell), der sich als Schwarzer ein Universitätsstipendium ermogelt und es der ledigen Mutter Sarah (Chong) wegnimmt. Dennoch verlieben sie sich ineinander, und nach einigen Gags finden beide zum Happy-End. Einmal mehr triumphierte der Schein über das Sein. Dem Erfolg des Films von Steve Miner tat dies keinen Abbruch. Wie es heißt, ist das Filmliebespaar Chong und Howell auch offscreen zusammen.[10)]

1987 war Rae Dawn Chong im dramatischen Schulfilm *The Principal* zu sehen, in dem sie als Lehrerin an der heruntergekommensten Schule der Stadt arbeitet, nach dem Vergewaltigungsversuch eines ihrer Schüler den Job aufgibt und den Film verläßt. Schauspielerisch bedeutete es für sie keine Weiterentwicklung, auch wenn sie es verstanden hatte, einer Wiederholung ihrer klischeehaften Rollen zu entgehen. Inzwischen arbeitet sie an ihrem eigenen Film *Deception.*

Rae Dawn Chong wird vielleicht nie zum Superstar. Sie ist und bleibt, nicht allein aufgrund ihres exotischen Aussehens, eine Außenseiterin unter den jungen Darstellern Hollywoods. Sie bleibt aber auch eine der talentiertesten Schauspielerinnen, die durch ihre Rollenvielfalt ebenso beeindruckt wie durch ihre Ausstrahlung.

Anmerkungen

1) Kino, Nr. 9, Juni 1987
2) Sunday Times Magazine, 2.9.1985
3) George Hackett. Rae Dawn Chong in the Hot Seat. In: Rolling Stone, 21.4.1985
4) ebda.
5) Kino, a.a.O.
6) Sunday Times Magazine, a.a.O.
7) George Hackett, a.a.O.
8) Presseheft »Die Farbe Lila«
9) Kino, a.a.O.
10) Deutsches Presseheft »Soulman«

Filmographie

1974

The Whiz Kid of Rivertown (TV)
Darsteller: RAE DAWN CHONG

1978

Stony Island/My Main Man From Stony Island
Regie: Andrew Davis
Darsteller: Richard Davis, Edward Stony Robinson, Ronnie Barron, George Englund, Gene Barge, Susanna Hoffs; RAE DAWN CHONG

1980

La guerre du feu (Am Anfang war das Feuer)
(Frankreich/Kanada)
Regie: Jean-Jacques Annaud
Darsteller: Everett McGill, RAE DAWN CHONG (Ika), Ron Perlman, Nameer el Kadi, Gary Schwartz

1982

St. Elsewhere (TV-Serie)
Created by: Bruce Paltrow, Joshua Brand, John Falsey
Darsteller: Ed Flanders, David Birney, Norman Lloyd, William Daniels, Christina Pickles; RAE DAWN CHONG

1983

Fear City (Fear City – Manhattan 2 Uhr nachts)
Regie: Abel Ferrara
Darsteller: Tom Berenger, Billy Dee Williams, Jack Scalia, Melanie Griffith, Rossano Brazzi, RAE DAWN CHONG (Leila)

1984

Beat Street (Beat Street)
Regie: Stan Lathan
Darsteller: RAE DAWN CHONG (Tracy), Guy Davis, John Chardiet, Leon Grant, Robert Taylor

City Limits (City Limits)
Regie: Aaron Lipstadt
Darsteller: Darrell Larson, John Stockwell, Kim Cattrall, RAE DAWN CHONG (Yogi), Robbin Benson, James Earl Jones

Choose Me (Choose Me – Sag ja)
Regie: Alan Rudolph
Darsteller: Genevieve Bujold, Keith Carradine, Lesley Ann Warren, Patrick Bauchau, RAE DAWN CHONG (Pearl Antoine)

Cheech and Chong's the Corsican Brothers (Jetzt raucht's wieder tierisch)
Regie: Thomas Chong
Darsteller: Cheech Marin, Thomas Chong, Roy Dotrice, Shelby Fields, Rikki Marin, Robbi Chong, RAE DAWN CHONG (Zigeunerin)

1985

American Flyers (Die Sieger – American Flyers)
Regie: John Badham
Darsteller: Kevin Costner, David Grant, RAE DAWN CHONG (Sarah), Alexandra Paul, Janice Rule, Robert Townsend

Commando (Phantom-Kommando)
Regie: Mark L. Lester
Darsteller: Arnold Schwarzenegger, RAE DAWN CHONG (Cindy), Dan Hedaya, Vernon Wells, James Olson

The Color Purple (Die Farbe Lila)
Regie: Steven Spielberg
Darsteller: Danny Glover, Whoopi Goldberg, Margaret Avery, Oprah Winfrey, Willard Pugh, RAE DAWN CHONG (Squeak)

1986

Running out of Luck (Running out of Luck) (Video)
Regie: Julian Temple
Darsteller: Mick Jagger, Jerry Hall, RAE DAWN CHONG (Samba), Dennis Hopper

The Squeeze (Das Doppelspiel)
Regie: Robert Young
Darsteller: Michael Keaton, RAE DAWN CHONG (Rachel Dobs), Liane Langland, Leslie Bavis, John Davidson, Meat Loaf

Soulman (Soulman)
Regie: Steve Miner
Darsteller: C. Thomas Howell, Ayre Gross, RAE DAWN CHONG (Sarah Walker), James Earl Jones, Melora Hardin

1987

The Principal (Der Prinzipal – Einer gegen alle)
Regie: Christopher Cain
Darsteller: James Belushi, Louis Gossett jr., RAE DAWN CHONG (Hilary Orozco), Michael Wright

1988

Loon (in Arbeit)
Regie: Erin Dignam
Darsteller: Robin Wright, Jason Patrick, RAE DAWN CHONG

In Planung:
Deception (Produktion: RAE DAWN CHONG)
und
Commando II (mit Arnold Schwarzenegger, RAE DAWN CHONG)

Kevin Costner

»Kevin hat keinen falschen Knochen in seinem Körper.«

Brian De Palma

1987 war das Jahr von Kevin Costner. Mit zwei Filmen schloß er auf zu den kassenträchtigsten Schauspielern. Er wurde mehr als »bankable«; heute ist er einer der ganz großen Stars von Hollywood, dessen Ausstrahlung von vielen bereits mit der eines Gary Cooper und Clark Gable verglichen wird. Das ist zum einen wohl zu früh, zum anderen auch übertrieben. Denn bei allen Qualitäten, Kevin Costner ist mehr ein Darsteller der Aktion als des Gefühls. Ein anderer Vergleich, der mit Steve McQueen, wird ihm gerechter. »Action ist etwas, mit dem ich mich sehr identifiziere. Ist mir irgend etwas im Weg, renne ich es um, springe darüber, mache das, von dem ich glaube, daß es irgendein normaler Mensch in dieser Situation auch tun würde.«[1)] Gerade seine erfolgreichste Rolle, die des Eliot Ness in *The Untouchables,* zeigt Costner als einen Schauspieler, dessen Ausdrucksmöglichkeiten begrenzt sind, der aber zum Leben erwacht, sobald seine Darstellung auf motorische Handlungen reduziert wird.

Bevor er als Wirbelwind Erfolg hatte, war Costner zunächst für etwas anderes bekannt. Allgemein galt er als der Schauspieler, dessen Rolle am Schneidetisch immer wegfiel oder dessen Filme, sobald er sich dazu entschlossen hatte mitzuwirken, aus irgendeinem Grund dann doch nicht gedreht wurden. Seine Sexszenen mit Jessica Lange in *Frances* fielen ebenso der Schere zum Opfer wie in *The Big Chill* seine Rolle des Alex, dessen Tod sieben alte Freunde zum Anlaß nehmen, sich nach langer Zeit wieder zu treffen. Von Kevin Costner blieben nur einige Großaufnahmen während des Titelvorspanns übrig, bei dem der Tote zurechtgemacht wird. Der am 18. Januar 1955 in einem Arbeitervorort von Los Angeles geborene Costner, Sohn eines Elektrikers, dachte anfangs kei-

Kevin Costner gilt als einer von Hollywoods heißesten Stars

neswegs an die Schauspielerei. »Ich war immer außerhalb der Filmindustrie; als ich mich schließlich entschloß, Schauspieler zu werden, wußte ich nicht einmal, wie man das anstellen sollte. Du wohnst in einer Gegend, die die Welthauptstadt des Films genannt wird, aber für mich war es so fremd wie vielleicht für Sie England. Es machte den Eindruck, undurchdringbar zu sein.«[2)]

Costner ging in Los Angeles auf die High School und entwikkelte sich zum Sportas, die Grundlage so vieler physisch orientierter Darsteller. Foot-, Base- und Basketball waren seine bevorzugten Disziplinen. »Damals wollte ich kein Schauspieler werden. Aber im nachhinein scheint es so, als hätte es viele Anzeichen für meinen späteren Beruf gegeben: Ich sang im Schulchor, trat in Kirchenmusicals auf, schrieb

Gedichte. Ich hatte schon immer das Bedürfnis, neben dem Sport auch solche Dinge zu tun.«[3] Anschließend folgte er der Familientradition gemäß seinem älteren Bruder auf die California State University in Fullerton und begann eine Marketing-Studium. Doch hier bemerkte er sein eigentliches Interesse: die Schauspielerei. Das Vorsprechen für eine Theaterproduktion von »Rumpelstiltskin« (Rumpelstilzchen) ging zwar daneben, festigte aber seinen Wunsch. Kevin Costner schloß sich 1978 der Southcoast-Actors-Theatertruppe an, während er noch sein Studium beendete. Er nahm sogar noch einen Job an, vielleicht nicht zuletzt deshalb, weil er gerade geheiratet hatte. »Da war ich also im Marketing. Eine weiße Ratte hätte das machen können, was ich machte. Ich flehte um eine Richtlinie. Ich brauchte etwas Wesentliches. Geld zu verdienen, war nie ein Problem. Arbeit war nie ein Problem. Was ich nicht hatte, war eine Perspektive, eine Liebe des Lebens.«[4] Nach dreißig Tagen kündigte er. Er wagte den Sprung ins kalte Wasser, mit der ihm eigenen Konsequenz. »Ich mußte mich selbst wieder neu erziehen, als ich mich entschloß, ein Schauspieler zu werden. Ich dachte nicht mehr ans Geschäft, ausgenommen meine Annäherung an das Schauspielen, die sehr geschäftsmäßig war.«[5] Ohne Beziehungen, ohne Agent aber ist es in Hollywood fast unmöglich, als Schauspieler zu reüssieren. Und so war seine erste Erfahrung als Darsteller die Arbeitslosigkeit. Er trat einen Job als Bühnenmanager bei den kleinen Raleigh-Studios an und fing an, abends Schauspieler-Workshops zu besuchen und Privatunterricht zu nehmen.

Seine erste Rolle ergatterte er in dem Low-Budget-Film *Stacy's Knights.* Costner stellte einen professionellen Spieler dar, der von der Schlägertruppe eines Casinos umgebracht wird. Eine kurze, aber prägnante Rolle, die bereits die Aufmerksamkeit einiger Kritiker weckte. Doch dann folgten unbedeutende Parts, in der Komödie *Night Shift* als Student, in *Table for Five* – einer stereotypen Familiengeschichte im Gefolge von *Kramer vs. Kramer* – als frischverheirateter Ehemann, in *Frances* als einer von Frances Farmers (Jessica Lange) Liebhabern und in Lawrence Kasdans bittersüßer Reminiszenz an die Sechziger, *The Big Chill,* als Alex. In den beiden letztgenannten Filmen fielen seine Auftritte der Schere zum Opfer. Seine Erfahrung in *The Big Chill* bedeutete für Kevin Costner überdies doppeltes Pech, hatte er eine Rolle in John Badhams *Wargames* deshalb abgelehnt. »Jeder dachte, ich sei verrückt, aus ›Wargames‹ auszusteigen, doch ich lag richtig, und sie lagen falsch. Die Arbeit mit Lawrence Kasdan an ›The Big Chill‹ war der größte Schub meiner Karriere.«[6] Kasdan erinnerte sich an die Arbeit mit Costner und bot ihm ein Jahr darauf erneut eine Rolle an. Sie sollte für ihn ein erster wirklicher Schritt zum Starruhm werden. Zuvor jedoch übernahm er eine Rolle in dem rührseligen *Testament,* das die Geschichte einer amerikanischen Durchschnittsfamilie nach einem atomaren Blitzkrieg erzählt. Nicht die totale Zerstö-

Noch ist er einer unter vielen. Durch ›Silverado‹ wurde Kevin Costner (3. v. r.) bekannt. Mit Danny Glover, Kevin Kline, Scott Glenn, Regisseur Lawrence Kasdan und Linda Hunt (v. l. n. r.)

rung wie in dem aufsehenerregenden *The Day After* ist das Thema, sondern die radioaktive Verseuchung und das langsame Sterben. Das schuf Raum für Emotionen und machte aus dem ernsten Stoff eine postnukleare Soap Opera. Zusammen mit Rebecca de Mornay stellte er ein betroffenes Nachbarehepaar dar. Der Film wurde relativ erfolgreich, und Kevin Costner erwies sich als Darsteller mit dem richtigen Riecher für interessante Rollen. »Ich spielte nicht die Hauptrolle, aber ich wußte genug, um zu erkennen, daß ›Testament‹ der richtige Film war. Jeder sagte mir, welch kraftvoller und guter Film es sei.«[7] Doch das war nicht der Grund, weshalb ihn Lawrence Kasdan für seinen epischen Western engagierte. Der Regisseur und Autor löste sein Versprechen ein, das er ihm gegeben hatte, nachdem Costner aus *The Big Chill* verschwunden war. »Ich glaube, ich schrieb ihn für ihn«, sagte Kasdan.[8] Costners Rolle als Jake war nicht die größte, aber sie machte den meisten Eindruck. Zum ersten Male bewies er, ein geborener Action-Darsteller zu sein. Er erfüllte seine Figur mit schier unbändiger Energie, fast übermütig, schwungvoll, nicht zu bremsen in seinem Tatendrang, nicht durch langes Nachdenken behindert. »Ich hätte Jake auf zweierlei Weise spielen können, cool oder übermütig. Ich entschloß mich, den Charakter übermütig darzustellen, weil ich es für wichtig hielt, daß der Film noch eine andere Note hätte. (...) Mein Charakter ist nicht sehr lange auf der Leinwand, aber wenn er da ist, hinterläßt er einen großen Eindruck.«[9] In dem Ensemble ausgezeichneter Darsteller wie Kevin Kline, Brian Dennehy, Rosanna Arquette, Jeff Goldblum oder Scott Glenn, dessen jüngeren Filmbruder er spielte, gelang es Costner, sich mehr als zu bewähren. Wenn er über die Leinwand fegte, stahl er seinen Kollegen die Schau. Die Geschichte einer Truppe von Männern, die in einer Kleinstadt mit dem korrupten Sherrif und seinen Leuten aufräumt, ist ein typischer Western-Plot. Kevin Costner, der Cherokee-Blut in seinen Adern hat und ein Western-Fan ist, spielte sich durch seinen imponierenden Auftritt hoch zum Helden, zum *leading man* einer neuen Generation. Er selbst blieb auf dem Boden. »All diese Filme stehen für einen bestimmten Zeitabschnitt in meiner Karriere, und ich hatte wirklich Glück, daß die Leute mich in diesen Filmen mochten. Jetzt sehe ich einer Art von zweiten Karrierephase entgegen, in der ich ein wenig mehr wählen kann, mit wem ich arbeite, und in der ich ein bißchen mehr Kontrolle über das habe, was ich mache. Die Leute versuchen, mich zu einem ›leading man‹ zu machen, aber dafür ist noch sehr viel Zeit.«[10)]

Der Steven-Spielberg-Protegé Kevin Reynolds besetzte ihn anschließend in seiner skurrilen Komödie *Fandango*. Vier junge Männer machen sich unter der Führung von Gardner Barnes (Costner) auf, ihre letzten Abenteuer vor Ehe und Einberufung nach Vietnam zu erleben. Die haarsträubenden Ereignisse überstürzen sich und machen am Ende aus dem Quartett reife Männer. *Fandango* wurde ein Reinfall und erschien in Europa nur auf Video. Nicht viel besser erging es Kevin Costners darauffolgendem Film *American Flyers*. John Badham hatte sich seiner erinnert und wollte ihn unbedingt besetzen, nachdem ihm das bei *War Games* nicht gelungen war. Vergeblich hatte sich Kevin Costner in dieser Zeit für Rollen in *Killing Fields* und *Mask* beworben. In *American Flyers* spielt er einen Radfahrer, der seinen trägen jüngeren Bruder (David Grant) dazu bringen will, beim »Coors-Classic«-Radrennen mitzumachen und zu gewinnen. Doch sein Vorbild läßt dem Jüngeren keine Chance; erst als sich Marcus verletzt, platzt bei seinem Bruder der Knoten. Wieder war es eine sehr physische Rolle für Kevin Costner, dem seine sportliche Begeisterung bei den Dreharbeiten zu Hilfe kam, der aber auch mit leisen Tönen und Nuancen im Spiel überraschte. Doch erneut hatte Kevin Costner in einem Reinfall mitgewirkt, denn der Film von John Badham, dessen Streifen sonst zu den erfolgreichen gehören, wurde an den Kinokassen ein Mißerfolg. Kevin Costner mußte befürchten, nach dem Ruf, immer aus den Filmen herausgeschnitten zu werden, nun als derjenige zu gelten, der sich immer Reinfälle auswählte. »Meine Karriere startet mit dreißig«, meinte Costner dazu. »Es hat acht Jahre gedauert, um dahin zu kommen, wo ich jetzt bin. Deshalb betrachte ich mich nicht als Erfolg über Nacht. Ich habe kein Interesse, in Jugendfilmen

mitzuspielen, es ist nur so, daß ich jüngere Personen spielen kann, wenn ich will.«[11]
Da engagierte ihn Steven Spielberg für seine Episode *The Mission* in dem dreiteiligen *Amazing Stories* – unheimliche Geschichten, von Spielbergs Amblin Entertainment für das Fernsehen produziert, in Anlehnung an die legendäre TV-Serie gleichen Namens. In Europa kamen drei Episoden in das Kino. *The Mission* zeigt Kevin Costner als Captain eines Bombers im Zweiten Weltkrieg, dessen Bordschütze in seiner Kanzel eingeschlossen ist, die bei der Landung aufgrund eines zerstörten Fahrwerks zu Bruch gehen wird. Der Eingeschlossene wird dabei unweigerlich den Tod finden. In der an Wolfgang Petersens *Das Boot* angelehnten Geschichte erwies sich Kevin Costner als ein Darsteller mit Gefühl. Allerdings war seine Rolle klein. Doch auf dem Weg zum Erfolg war er nun nicht mehr aufzuhalten. Die Produzentin Lara Ziskin hatte seine Laufbahn seit geraumer Zeit beobachtet. Für ihren Spionage-Thriller *No Way Out* engagierte sie ihn, noch bevor mit dem Neuseeländer Roger Donaldson der Regisseur feststand.
Eine schwere schwarze Limousine gleitet durch die nächtlichen Straßen Washingtons. Monumente und Regierungsgebäude sind hell angestrahlt. Auf dem Rücksitz der Limousine fingert ein Pärchen erregt an seinen Kleidungsstücken. Der Mann ist ein Marineoffizier in Galauniform, die Frau eine elegante, aufregende Brünette. Sie küssen sich, ihr Kleid rutscht, ihr Straps wird aus dem Weg geräumt, das Hemd geöffnet, der Reißverschluß gezogen. Später sitzen beide in ihrer jeweiligen Ecke im Fond der Limousine und betrachten den Schauplatz. *No Way Out* beginnt mit dieser Szene, die das US-Publikum in langen Schlangen vor den Kinos stehen ließ. Kevin Costner spielt den Marineoffizier Tom Farrell, Sean Young das Luxus-Callgirl Susan. Die überraschende, intensive Leidenschaftlichkeit ihres Spiels machte die Szene zu einer der aufregendsten ihrer Art. So etwas hat man seit Jahren nicht mehr im Kino gesehen. Kevin Costner fiel zum ersten Mal aus einem Rollentypus, der ihn mehr und mehr zum romantischen Helden mit energischem Drive stilisierte. In

Steven Spielberg himself (l.) wurde auf den Jung-Star Kevin Costner aufmerksam. Dreharbeiten zu ›Amazing Stories‹

No Way Out wird Tom Farrell fast schon zu einer tragischen Figur, zu einem Helden in Bedrängnis. Ins Verteidigungsministerium versetzt, muß Farrell nach der Ermordung von Susan deren Mörder suchen. Es ist sein Vorgesetzter, der Verteidigungsminister (Gene Hackman) selbst. Doch da Farrell in der Mordnacht ebenfalls bei Susan war, macht er Jagd auf sich selbst. Es gibt nur einen Beweis für seine Unschuld, den er schließlich auch präsentieren kann. Überraschend entpuppt sich Farrell am Ende als ein Maulwurf, als ein sowjetischer Spion, der schon seit seiner Jugend in den USA lebte. Trotzdem bleibt die Sympathie auf seiner Seite, machen die Umstände Farrell sogar zu einer Art von Held. Parallelen zum Fall des Majors Oliver North wurden gezogen, der auf eigene Faust Politik machte (Irangate) und auf seine Vorgesetzten pfiff. In den USA wurde North zum Helden. Aus Hollywood wurde Ollywood. »Die Amerikaner sind von Helden besessen«, meinte Kevin Costner, »aber ich wußte, daß North nur ein Siebentagewunder war und sich dann einfach in nichts auflösen würde. Ich nehme an, ein wenig von ihm steckt in Farrells Charakter, aber glaube eher, daß *No Way Out* ein Erfolg ist, weil er dem Verteidigungsminister sagt, sich zu verpissen. Und mehr Männer als Mädchen fragen mich nach einem Autogramm, was sicher damit zusammenhängt. Diese Männer gleichen den Charakteren, die ich spiele.«[12)] Costners im Grunde romantischer, aber zwiespältiger Held wurde in dem anschließend gedrehten, aber früher in die Kinos gebrachten *The Untouchables* bereinigt. In Brian De Palmas aufwühlendem, glänzend inszeniertem Film verkörpert Kevin Costner den legendären Polizisten Eliot Ness, dem es gelang, Al Capone hinter Gitter zu bringen. Costner spielte Ness als einfachen Mann mit unerschütterlichen Grundsätzen, eine langweilige Figur, dem die Tommygun im Arm nicht so recht stehen will. »Es gab einige besondere Änderungen an Ness, aber ich habe sehr viel über ihn recherchiert, ich konnte einen der letzten überlebenden ›Unbestechlichen‹ treffen und mit ihm diskutieren, sowie mit Beamten des Schatzamtes und des FBI. Ich habe auch viele Bücher über die Zeit gelesen, aber Eliot Ness war nicht sonderlich brillant. Deshalb habe ich beschlossen, ihn in einer einförmigen und ein wenig altmodischen Weise zu spielen. Das Schwierigste war, die Rolle nicht durch ein Zuviel an Charme zu sabotieren. Während des ersten Viertels – das glaube ich fest – ist Ness nicht sympathisch. Die Gangster fühlen das besser als er. Dann dreht sich der Wind. Dieser Typ, den man vielleicht schon als langweilig eingeschätzt hatte, erwacht,

Als »leading man« steht Kevin Costner in der Nachfolge von Gary Cooper und Clark Gable. Mit Partnerin Sean Young in ›No Way Out‹

In der Rolle des »Unbestechlichen« Eliot Ness hatte Kevin Costner seinen bislang größten Erfolg. Aus: ›The Untouchables‹

nimmt die Dinge in die Hand, und man erfreut sich seiner Präsenz. Am Ende ist er sehr gewalttätig.«[13] Die Geschichte des ehrbaren Polizisten Eliot Ness, Anfang der sechziger Jahre eine erfolgreiche TV-Serie, wurde ein immenser Erfolg, Kevin Costner ein Superstar. Fünfhundert Dollar hatte die Gage für seinen ersten Film betragen, jetzt erhielt er achthunderttausend. Immer noch erheblich weniger als seine Co-Stars Sean Connery und Robert DeNiro bekamen, deren Leistungen allerdings wesentlich höher zu bewerten sind als die Costners. Kevin Costner ist, wie er sich selber ausdrückte, noch am Beginn seiner Karriere. Es ist eine stille Karriere, über Jahre hinweg kaum beachtet, plötzlich ins Rampenlicht gerückt. Kein Zweifel, Kevin Costner schickt sich an, der neue *leading man* des Hollywood-Kinos zu werden. »Ich weiß, was auch immer ich will, ich bekomme es, aber ich glaube, der Verlauf meiner Karriere ist für die Leute ein Geheimnis.«[14] Und es dürfen Zweifel darüber herrschen, ob Kevin Costner ein neuer Gary Cooper oder Steve McQueen ist. Mit dreiunddreißig Jahren aber ist er, in einer Zeit, in der die Stars immer jünger und austauschbarer werden und nichts als Abbilder sind, eine Leinwandautorität geworden, ein Star für die Erwachsenen unter den Kinobesuchern.

Anmerkungen

[1] Steve Grant. Costner Brava. In: Time Out
[2] ebda.
[3] Presseheft »No Way Out – Es gibt kein Zurück«
[4] Ellen Stern. Rough and Ready. In: Observer Magazine, 2.8.1987
[5] Photoplay, January 1986
[6] ebda.
[7] ebda.
[8] Ellen Stern, a.a.O.
[9] Photoplay, a.a.O.
[10] ebda.
[11] ebda.
[12] Steve Grant, a.a.O.
[13] Jean-Paul Chaillet. Une legende fracassante. In: Première, Octobre 1987
[14] Ellen Stern, a.a.O.

Filmographie

1982

Stacy's Knight
Regie: Jim Wilson
Darsteller: Andra Millian, Kevin Costner, Eve Lilith, Mike Reynolds, Garth Howard, Ed Semenza

Night Shift (Night Shift – Das Leichenhaus flippt völlig aus)
Regie: Ron Howard
Darsteller: Henry Winkler, Michael Keaton, Shelley Long, Gina Hecht, Pat Corley, Bobby DiCicco, Kevin Costner (1. Student der Verbindung)

Frances (Frances)
Regie: Graeme Clifford
Darsteller: Jessica Lange, Kim Stanley, Sam Shepard, Bart Burns, Christopher Pannock, James Karen (KEVIN COSTNER – Rolle rausgeschnitten)

Table for Five
Regie: Robert Lieberman
Darsteller: Jon Voight, Richard Crenna, Marie-Christine Barrault, Millie Perkins, Roxana Zal, KEVIN COSTNER (frischverheirateter Ehemann)

1983

The Big Chill (Der große Frust)
Regie: Lawrence Kasdan
Darsteller: William Hurt, Kevin Kline, Tom Berenger, Glenn Close, Jeff Goldblum, Meg Tilly (KEVIN COSTNER – Alex, Rolle rausgeschnitten, nur als Leiche zu sehen)

Testament (Das letzte Testament)
Regie: Lynne Littman
Darsteller: Jane Alexander, William Devane, Ross Harris, Roxana Zal, Leon Ames, Rebecca de Mornay, KEVIN COSTNER (Phil Pitkin)

1984

Silverado (Silverado)
Regie: Lawrence Kasdan
Darsteller: Kevin Kline, Scott Glenn, KEVIN COSTNER (Jake), Jeff Goldblum, Danny Glover, Brian Dennehy, Linda Hunt, Rosanna Arquette

Fandango (Fandango)
Regie: Kevin Reynolds
Darsteller: KEVIN COSTNER (Gardner Barnes), Judd Nelson, Sam Robards, Chuck Bush, Brian Cesak

American Flyers (Die Sieger – American Flyers)
Regie: John Badham
Darsteller: KEVIN COSTNER (Marcus), David Grant, Rae Dawn Chong, Alexandra Paul, Janice Rule, Robert Townsend

1986

Amazing Stories (Unglaubliche Geschichten)
Episode »The Mission«
Regie: Steven Spielberg
Darsteller: Casey Siemaszko, KEVIN COSTNER (Captain), Kiefer Sutherland

1987

No Way Out (No Way Out – Es gibt kein Zurück)
Regie: Roger Donaldson
Darsteller: KEVIN COSTNER (Tom Farrell), Gene Hackman, Sean Young, Will Patton, Howard Duff, George Dzundza

The Untouchables (The Untouchables – Die Unbestechlichen)
Regie: Brian De Palma
Darsteller: KEVIN COSTNER (Eliot Ness), Sean Connery, Charles Martin Smith, Andy Garcia, Robert DeNiro, Richard Bradford

Bill Durham
Regie: Ron Shalton
Darsteller: KEVIN COSTNER (Bill Durham), Susan Sarandon

Tom Cruise

»Er ist ein bemerkenswerter Typ, ein sehr mutiger Schauspieler, der keine Angst hat. Ich glaube, daß er seine Jugend überleben wird. Das ist bei vielen Schauspielern seiner Generation nicht der Fall.«

Paul Newman

Der Aufstieg kam überraschend und über Nacht. Zwei Filme genügten, um aus Tom Cruise den Superstar der achtziger Jahre zu machen. In *Risky Business* lernte er den Kapitalismus kennen, in *Top Gun* das Fliegen. Beide Filme zählten nicht zu der Sorte von Film, die große schauspielerische Qualitäten verlangen. Für viele ist Tom Cruise daher eher ein Medienphänomen denn ein ernstzunehmender Darsteller. Ein Idol der Teenager, das außer seiner virilen Erscheinung wenig mehr zu bieten hat. Ein Vorbild für Popper und Yuppies, die seine Karriere mit seinen Filmrollen verbinden und in Tom Cruise den klassischen amerikanischen Helden erblicken, der es durch Arbeit, Disziplin und die richtige Einstellung zum Erfolg gebracht hat. Doch wie so häufig, stimmt auch bei Tom Cruise das Klischee nicht mit der Wirklichkeit überein.
Thomas Cruise Mapother IV wurde am 3. Juli 1962 in Syracuse, New York, als Sohn eines Elektronikingenieurs und einer schauspielbegeisterten Mutter geboren. Er war das dritte Kind der Familie, ein viertes sollte noch folgen. Bedingt durch den Beruf des Vaters wechselten die Mapothers in schneller Folge ihre Wohnsitze. Für den jungen Tom hatte dies zur Folge, daß er nie die Ruhe fand, freundschaftliche Beziehungen aufzubauen. Erschwert wurden Kontakte zudem durch den Umstand, daß er Legastheniker war. Der Sport bot ein Ventil für seine angestauten Energien, hier konnte er auch am leichtesten Freunde finden. Doch schon als Kind hatte er ein Interesse am mimischen Ausdruck gefunden. »Er erfand Parodien und imitierte Donald Duck, Woody Woodpecker

Mit Sean Penn und Timothy Hutton in ›Taps‹: der erste große Auftritt von Tom Cruise

und W. C. Fields, als er ein winziges Kerlchen war«, erinnerte sich seine Mutter Mary Lee. »Ich nehme an, ich war sein bestes Publikum. Er hatte es damals in sich. Aber als er älter wurde, fing er mit dem Sport an, und es hörte vollständig auf.[1] Cruises Mutter war theaterbegeistert und hatte auf eine geplante Karriere als Schauspielerin ihrer Familie zuliebe verzichtet. Dennoch arbeitete sie in ihrer Freizeit bei lokalen Laienspielgruppen mit. Der häufige Wohnortwechsel fand dann ein abruptes Ende. Toms Eltern ließen sich scheiden, seine Mutter brachte ihre Kinder alleine durch, bis sie einige Zeit später erneut heiratete. »Nach der Scheidung durchlebte ich eine Periode, in der ich wirklich akzeptiert werden wollte, in der ich mir Liebe und Aufmerksamkeit von den Leuten wünschte. Aber ich schien nirgendwo richtig hineinzupassen.«[2] Vor allem die Schule wurde für den Legastheniker zur Qual. »Ich würde nie wieder dorthin zurückgehen. Nicht in einer Million Jahren.«[3] Nach einer Verletzung mußte Cruise, ohnehin kein erfolgreicher Sportler, sich nach einer neuen Beschäftigung umschauen. Sein Singlehrer empfahl ihm, sich für die Schulaufführung von »Guys and Dolls« zu bewerben. Cruise folgte dem Rat und gewann die Hauptrolle des Nathan Detroit. »Ich liebte es einfach. (...) Auf den Schulen, auf denen ich heranwuchs, wurde Sensibilität nicht akzeptiert. Vor allem nicht bei einem Neuen. Ich habe mich häufig verwundbar gefühlt und mußte zu meinem eigenen Schutz immer für mich selbst sorgen. Du hast nicht mit den Typen rumgesessen und ›Mein Gott, das verletzt meine Gefühle‹ gesagt, sondern ›Yeah, laß' uns gehen, ein Bier trinken und jemanden in den Arsch treten‹. Das war für mich wirklich frustrierend. Als ich in dem Stück auftrat, kamen all diese Typen, sahen es und meinten: ›Whoa, wir wußten nicht, daß du so etwas kannst.‹ Ich fühlte mich gut dabei. Nicht weil sie es gesehen haben, sondern ich fühlte mich in meinem Herzen wohl.«[4] Nach der Aufführung bat Tom seine Eltern, ihm zehn Jahre zu geben, um es im Showbusiness zu schaffen. Sie ließen ihn ziehen, beeindruckt von seinem Talent und seinem Erfolgswillen.

Tom Cruise kam nach New York. Wie Hunderttausende angehender Schauspieler begann auch er als Aushilfskellner. Nachts putzte er die Tische, tagsüber sprach er vor oder versuchte, Schauspielkurse zu besuchen. Zunächst hagelte es Absagen. Cruise lernte daraus und ließ sich nicht entmutigen. »Ich spürte, daß die Leute, die mich ablehnten, mir auf lange Sicht halfen. Manchmal tut es weh, aber ich glaube wirklich, daß es Rollen gibt, die ich kriegen, und Rollen, die ich nicht kriegen sollte. Irgend etwas wird ohnehin kommen.«[5] Fünf Monate später aber hatte er seine erste Filmrolle ergattert. In Franco Zeffirellis Rührschinken *Endless Love,* einer modernen Romeo-und-Julia-Version um das damals als Star gehandelte Photomodell Brooke Shields, spielte Cruise Billy Harris, den Freund des heute vergessenen

Hauptdarstellers Martin Hewitt. Sein Auftritt fand kaum Beachtung, und Cruise wechselte seinen Manager. Mit Erfolg, denn wenig später sah er sich für den Film *Taps* engagiert. Er sollte den Freund des aggressiven Nachwuchssoldaten David Shawn spielen, doch der vorgesehene Schauspieler kam mit der Killermentalität seiner Figur nicht zurecht. Cruise erhielt die Rolle.

»Cruise war so stark, daß der andere Typ keine Chance hatte. Sehr intensiv, zweihundertprozentig da. Es war überwältigend – und wir amüsierten uns kräftig, weil es so ernsthaft war. Gutes Schauspielen, aber so intensiv, daß es komisch war«, meinte Sean Penn über seinen Freund.[6)] Die Hauptrolle in *Taps* spielte der frischgekürte Oscar-Preisträger Timothy Hutton, seine Leistung war erneut überzeugend. Die Story dreht sich um eine Kadettenakademie, die einem Neubaukomplex weichen soll. Die Insassen von Bunker Hill, an der die Söhne reicher Eltern militärisch gedrillt werden, wehren sich gegen die Pläne und besetzen gar die Schule, um die Schließung zu verhindern. Ihr Anführer ist Brian (Hutton). Generalstabsmäßig läuft sein Plan ab, das Wohlwollen der Militärs ist ihm sicher. Doch als ihr Beschützer, der Schulleiter, stirbt, werden die Umstände dramatisch. Einer von Brians Miniatursoldaten wird erschossen, die Nationalgarde rückt an, und David Shawn (Cruise), einer von Brians Offizieren, dreht durch. Er provoziert eine kriegerische Auseinandersetzung mit der Nationalgarde, in deren Verlauf Brian den Tod findet. Der penetrant patriotisch angelegte Film propagierte das in der Reagan-Ära neu erwachte Klischee vom unfehlbaren Militär, dessen Disziplin und Härte sich auch im zivilen Leben als Erfolgsmaßstab bewährten. Doch, unabhängig von seiner fragwürdigen Ideologie, war *Taps* einer der ersten Filme, der die schauspielerischen Talente von Hollywoods zukünftigen Stars aufzeigte. Für Tom Cruise war dies gleich in seiner ersten größeren Rolle eine Bewährungsprobe, die er sehr ernst nahm und überzeugend bestand. »Ich hatte das Gefühl, daß dies eine Chance und ein Anfang für mich war. Ich und Penn – ich weiß nicht, ob wir bei dem Film überhaupt geschlafen haben. Wir blieben die ganze Nacht

auf, redeten nur über den Film und die Schauspielerei ... Wir waren wirklich eingeschüchtert und nervös und aufgeregt – wir wußten nicht, was passieren würde. Für mich war es eine besondere Zeit in meinem Leben, denn es war mein erster Film. Ebenso Seans erster. Hutton hatte gerade den Academy Award gewonnen und war völlig aufgeregt. Man konnte spüren, daß etwas Besonderes geschah.«[7] Cruise fühlte, daß es für seine darstellerische Laufbahn von großer Bedeutung war, welche Stoffe und welche Regisseure er sich in Zukunft aussuchte, sofern er überhaupt die Wahl haben sollte. Doch zunächst überredete ihn sein Agent, in der Teenie-Klamotte *Losin' It* die Hauptrolle zu übernehmen. In der in den fünfziger Jahren in Kalifornien spielenden Geschichte fahren die drei Hauptfiguren nach Tijuana, um dort ihre Unschuld zu verlieren. »Als ich es (das Drehbuch, d. A.) zuerst gelesen hatte, war es schlechter als später der fertige Film. Zu dieser Zeit hatte ich diesen kleinen Agenten, der mir sagte: ›Mach ihn, mach ihn.‹ Ich arbeitete hart, aber es war eine schreckliche Zeit in meinem Leben.«[8] Cruise zog die Konsequenz und wechselte zu der renommierten Agentin Paula Wagner. Er machte ihr klar, daß ihm weniger am Geldverdienen lag als an künstlerischem Wachstum. Cruise wollte anspruchsvolle Rollen, auch wenn diese nur klein waren. An eine Karriere, die ihn zum Superstar machen sollte, dachte er zu keiner Zeit. »Ich hörte von dem Film (›The Outsiders‹, d. A.) und kam nach Los Angeles, wo ich über Weihnachten bei Emilio (Estevez) wohnte. Im Sommer lebte ich in Penns Haus. Zu dieser Zeit drehte Sean ›Fast Times‹. Ich ging einfach zu Francis und sagte: ›Mir ist gleich, welche Rolle Sie mir geben, aber ich will mit Ihnen arbeiten. Ich möchte am Drehort sein und zuschauen.‹ Und er sagte okay. Da war ich also mit all diesen jungen Schauspielern. Es war eine verdammt gute Zeit.«[9]
Sein Auftritt in *Taps* hatte Cruise zunächst nur Rollenangebote als Killer in Horrorfilmen eingebracht. Das hätte viel Geld gebracht, aber auch eine kurze und unbefriedigende Karriere. Seine Rolle als »Greaser« Steve in Coppolas *The Outsiders* war winzig, aber prägnant. Er spielt einen tumben Schlägertypen, der unter seiner harten Schale einen mensch-

Als »Greaser« Steve mit Freund Rob Lowe in ›The Outsiders‹

lichen Kern verbirgt. Doch er machte Erfahrungen, die sich nicht bezahlen ließen. Außerdem erschien sein Name in einem Film, der sich als ein einziges Talentreservoir für Hollywood entpuppte. Letztlich waren es die bei Coppola gewonnenen Erfahrungen und das am Set erworbene schauspielerische Know-how, den ihm seine nächste Rolle einbrachten. Regisseur Paul Brickman hatte an dem kräftigen Burschen, der ihm als Killertyp aus *Taps* in Erinnerung war, zuerst überhaupt kein Interesse. Er konnte ihn sich in seiner geplanten Komödie *Risky Business* nicht vorstellen, eher schon in Streifen wie *Amityville 3*. Doch Cruises Agentin schaffte es, ihren Mandanten in eine Vorsprechprobe zu schmuggeln. Der völlig unvorbereitete, in den Dreharbeiten zu *The Outsiders* befindliche Cruise gab eine erbärmliche Vorstellung. Aber Brickman ließ sich erweichen, dem jungen Schauspieler eine zweite Chance zu geben. Dieses Mal las Cruise die Rolle auf seine Weise vor, mit dem Resultat, daß er besetzt wurde. Doch zunächst sollten noch Probeaufnahmen mit seiner Partnerin Rebecca de Mornay gemacht werden. Die Aufnahmen waren nicht überzeugend, aber Regisseur Brickman war mittlerweile von Cruise überzeugt. Er engagierte ihn trotzdem. Es sollte sich lohnen. Nicht nur, daß sich sein Star in die Hauptdarstellerin verliebte – ihre Beziehung dauerte mehrere Jahre –, sein billig produzierter Film wurde zu einem Riesenhit mit mehr als fünfundsechzig Millionen Dollar Einspielergebnis. Der *Easy Rider* der MTV-Generation, wie die Zeitschrift *Rolling Stone* den Film bezeichnete, ist eine Teenie-Klamotte über Joel (Cruise), Sohn reicher Eltern, der, als diese auf einer Reise sind, in seinem Haus eine Art Bordell eröffnet und damit viel Geld macht. »Er handelt von der heutigen kapitalistischen Gesellschaft. Rechtfertigt das Ziel die Mittel? Willst du den Leuten helfen oder nur Geld machen? Joel stellt sich all diese Fragen«, meinte Cruise über seine Filmfigur. »Auch ich tue das. Heute denken die jungen Leute so linear und wenig kreativ. Alles geht ums Geld. Unglücklicherweise brauchen wir so etwas wie Vietnam, um die Menschen zum Nachdenken über politische Fragen zu bringen. Ich behaupte nicht, daß ich eine gelehrte politische Figur bin, aber ich mache mir Gedanken. Wenigstens stelle ich Fragen. Der Film ist Joels Entdeckung der Gesellschaft, wie er in diese wilde kapitalistische Fahrt hineingezogen wird.«[10)] Tom Cruise wurde gewissermaßen über Nacht zum Star. Vor allem jene Szene machte ihn populär, in der er, nur mit einer Unterhose und einer schwarzen Sonnenbrille bekleidet, zu Bob Seegers Song »Old Time Rock & Roll« durchs Haus tanzt. In einer weiteren High-School-Erfolgsgeschichte, *All the Right Moves* von Michael Chapman, geriet er noch im gleichen Jahr als Football-Spieler mit seinem Trainer aneinander. Doch der Streifen wurde ein Reinfall. Der Popularität von Tom Cruise indes tat dies keinen Abbruch. Die Menschen begannen, sich auf der Straße nach dem kräftigen jungen Mann umzudrehen. Vor allem seine Beziehung zu Rebecca de Mornay machte Schlagzeilen in der Klatschpresse. Fototermine und Fernsehinterviews reihten sich aneinander. Die Publicity um Tom Cruise nahm bedrohliches Ausmaß an, während der frischgebackene Star persönliche Probleme wälzte. Er entschied sich, das Angebot anzunehmen, in Ridley Scotts Märchenfilm *Legend* die Hauptrolle zu spielen. Dazu mußte er

Mit Partnerin und späterer Freundin Rebecca de Mornay in der Teenie-Klamotte ›Risky Business‹

nach London fliegen, wo die Dreharbeiten stattfanden. Kurz vor seiner Abreise erreichte ihn die Nachricht vom Tode seines natürlichen Vaters. Zudem erwies sich die Beziehung zu Rebecca de Mornay nicht als konfliktfrei. Tom Cruise hielt es für einen guten Zeitpunkt, die USA zu verlassen, um in London wieder zu sich selbst zu finden. »Nach all dem, was ich emotional durchmachte, Tod und all das, war es irgendwie wichtig für mich, zu meiner inneren Unschuld zurückzufinden. Ich war froh, die Schauspielerei zu haben. Ich weiß nicht, was ich ohne meine Arbeit gemacht hätte. Sie gab mir den Raum, um mit all diesen Gefühlen fertig zu werden.«[11)]
Tom Cruise spielte in *Legend* die Rolle des Jack O'The Green. Mit langen Haaren sieht er aus wie ein ins Mittelalter gefallener Hippie, der in Verteidigung des Guten durch gewaltige Kulissen und eine Story stapft, die an Naivität nicht mehr zu überbieten scheint. Europäisches Märchengut, Filme wie *La Belle et la Bête* und *The Company of Wolves* sowie Werbespots bilden den ästhetischen Rahmen einer mit Symbolen vollgepfropften Mischung aus Fantasy und Kitsch. Die Personen – die Rolle von Cruise eingeschlossen – entwikkeln weniger Eigenleben als die Pappkulissen. Der durch einen Brand sämtlicher Dekorationen noch teurer gewordene Film erwies sich als völliger kommerzieller Reinfall. Die Verzögerungen bei den Dreharbeiten führten dazu, daß Tom Cruise fast ein Jahr in London lebte. Als er wieder in den USA war, erfolgte seine freundschaftliche Trennung von Rebecca de Mornay. Danach konnte er mit der Arbeit zu dem Fliegerfilm *Top Gun* beginnen.
Für die Produzenten Don Simpson und Jerry Bruckheimer stand von Beginn an fest, daß die Hauptrolle in ihrer Pilotensaga Tom Cruise spielen mußte. Der war skeptisch. Das Drehbuch gefiel ihm nicht, er wollte seine Figur stärker charakterisieren. Cruise machte den beiden Erfolgsproduzenten (Beverly Hills Cop) einen ungewöhnlichen Vorschlag. Er wollte am Drehbuch mitarbeiten, bevor der den Vertrag unterschrieb. »Ich sagte: ›Nach zwei Monaten ist das Skript, wenn ich es nicht machen will, gut genug, und ihr habt mehr Ahnung davon, was ihr machen wollt. Und außerdem gibt es an-

Ausflug in eine fremde Welt. Mia Sara und Tom Cruise in ›Legend‹

dere Schauspieler.‹ Ich glaube, sie waren zuerst nicht sehr begeistert, aber nach ›Legend‹ wollte ich sichergehen, daß alles so abläuft, wie wir es besprochen hatten.«[12] *Top Gun* erzählt von dem jungen Militärpiloten »Maverick«, einem Unruhestifter und Rebellen. Er ist zugleich ein ausgezeichneter Flieger, der unbedingt zu einem Top Gun ausgebildet werden möchte, der Elite unter den Navy-Kampffliegern. Erst als er seinen inneren Schweinehund überwindet, was ihm außerdem noch die Liebe der schönen Dozentin »Charlie« (Kelly McGillis) einbringt, erreicht er sein Ziel. Bei einem Kampfeinsatz gegen die Russen wird er sogar zum Helden. Der Film des Ridley-Scott-Bruders Tom entpuppte sich als ungeschminkter und ungemein verführerischer Propagandafilm für das Militär. Beklemmend perfekt inszeniert, wurde *Top Gun* in der Folge zu einem der erfolgreichsten Filme überhaupt. Binnen kürzester Zeit spielte er mehr als hundert Millionen Dollar allein in den USA ein. Tom Cruise wurde endgültig zum Superstar.

Cruise hatte seine Rolle intensiv recherchiert. Er verbrachte einige Zeit auf der Basis der echten Top-Gun-Piloten, flog sogar mit in ihren Jets. Die politischen Implikationen des Films schätzte er gering ein. »Für mich ist der Film reine Unterhaltung. Wir benutzen reale Elemente wie die Navy-Flieger und bauen eine spannende Geschichte drum herum – eine emotionale Achterbahn, die das Publikum mitreißt. (...) Ich bin kein Politiker. Mir lag nichts daran, einen Propagandafilm fürs Militär zu drehen. Mit so einem Ziel vor Augen hätten wir den Feind zeigen, ihn emotional negativ aufladen können. So wie der Film geworden ist, würde ich ihn fast als Märchen bezeichnen: der innere Kampf eines Mannes – ob er es bringen kann, siegen wird.«[12] Cruises Ansicht indes findet sich in dem Film nicht bestätigt, das Militär hatte in *Top Gun* eines seiner effektivsten Propagandawerke. Die Ideologie des Films wurde in der Folge häufig auf Cruises darstellerische Fähigkeiten bezogen, zu seinen Ungunsten. Kein anderer als Martin Scorsese, der mehrere Filme mit dem wahrscheinlich bedeutendsten Filmschauspieler der Gegenwart, Robert DeNiro, inszeniert hatte, sollte dies widerlegen.

Unter der Regie von Scorsese und an der Seite eines wirklichen Superstars, Paul Newman, fand die eigentliche Entdekkung des Schauspielers Tom Cruise statt. *The Color of Money* war eine Art Fortsetzung von Newmans großem Erfolg *The Hustler* (Haie der Großstadt, 1961) und führte die Geschichte des Pool-Billard-Spielers Fast Eddie (Newman) weiter. In dem jungen Vincent (Cruise) glaubt er einen würdigen Nachfolger gefunden zu haben. Er bringt ihm alles bei, und aus dem ungestümen Draufgänger Vincent wird ein ehrgeiziger Profi. Um ihn in die Schranken zu weisen, kehrt Fast Eddie noch einmal an den Tisch zurück, es kommt zu der entscheidenden Auseinandersetzung. »Da ist eine Grausamkeit in Cruises Lockerheit, die anzuschlagen er zuvor noch keine Chance hatte«, schrieb *Time.*[14] Auch *The Color of Money* wurde ein großer kommerzieller Erfolg. Doch für Tom Cruise war es wichtiger, mit zwei Namen zusammengearbeitet zu haben, die ihn in seinem Streben nach darstellerischem Aus-

Durch ›Top Gun‹ zum Superstar

druck und Anspruch mehr als nur unterstützten. Tatsächlich erwies sich Cruise als ausgezeichneter Charakterdarsteller, eine Qualität, die ihm zuvor keiner zugestehen wollte. Paul Newman zeigte sich von seinem jungen Co-Star so begeistert, daß er sich mit ihm anfreundete. Cruise erblickte in dem Älteren ein Vorbild, ja fast einen Vaterersatz. Die Zuneigung Newmans bedeutete für ihn eine Art höhere Weihe und versetzte ihn außerdem in die glückliche Lage, seine Projekte frei wählen zu können. Seine nächste anspruchsvolle Rolle absolvierte er neben Dustin Hoffman unter der Regie von Sydney Pollack – erneut zwei Namen, die in der Filmbranche den Ruf absoluter Qualität und hoher Anforderungen besitzen und zudem für kommerziellen Erfolg sorgen. Tom Cruise, inzwischen mit seiner acht Jahre älteren Kollegin Mimi Rogers verheiratet, hat es nun leicht, seinen Status als Superstar zu bewahren. Denn er kämpft um Qualität und hat eine Spürnase für erfolgreiche Stoffe. »Gott bewahre, wenn ich alles, was ich machen möchte, erledige, bevor ich sechsundzwanzig bin«, gab er sich bescheiden. »Wenn ich so alt wie Newman bin, hoffe ich noch dieselben großen Charaktere wie er zu spielen. Ich hoffe, die Zuschauer und alle anderen merken, daß ich noch wachse. Ich fühle immer noch meine Hörner. Auf lange Sicht arbeite ich darauf hin, ein Künstler zu sein. Und ich schufte mich ab bei dem Versuch. Weil ich weiß, was ich sein will.«[15]

Anmerkungen

1) Christopher Connelly. Winging It. In: Rolling Stone, Nr. 476
2) ebda.
3) ebda.
4) Cameron Crowe. Tom Cruise. In: Interview, May 1986
5) ebda.
6) Christopher Connelly, a.a.O.
7) Cameron Crowe, a.a.O.
8) ebda.
9) ebda.
10) ebda.
11) Christopher Connelly, a.a.O.
12) ebda.

13) Andreas Kern. Jeder Film ist Risiko. Interview: »Top Gun«-Star Tom Cruise. In: Cinema, August 1986

14) Richard Schickel. Kiss Shots off the Eight Bull. In: Time, 20.10.1986

15) Cameron Crowe, a.a.O.

Filmographie

1981

Endless Love (Endlose Liebe)
Regie: Franco Zeffirelli
Darsteller: Brooke Shields, Martin Hewitt, Shirley Knight, Don Murray, Richard Kiley, Tom Cruise (Billy Harris)

Taps (Die Kadetten von Bunker Hill)
Regie: Harold Becker
Darsteller: George C. Scott, Timothy Hutton, Ronny Cox, Sean Penn, Tom Cruise (David Shawn), Brendan Ward

1982

Losin' It (Die Aufreißer von der Highschool)
Regie: Curtis Hanson
Darsteller: Tom Cruise (Woody), Jackie Earle Haley, John Stockwell, Shelley Long, John P. Navin jr.

The Outsiders (Die Outsider)
Regie: Francis Coppola
Darsteller: C. Thomas Howell, Ralph Macchio, Matt Dillon, Patrick Swayze, Rob Lowe, Nicholas Cage, Diane Lane, Emilio Estevez, Tom Cruise (Steve Randle)

1983

Risky Business (Lockere Geschäfte)
Regie: Paul Brickman
Darsteller: Tom Cruise (Joel Goodson), Rebecca de Mornay, Curtis Armstrong, Raphael Sbarge, Bronson Pinchot

All the Right Moves
Regie: Michael Chapman
Darsteller: Tom Cruise (Stef Djordevic), Craig T. Nelson, Lea Thompson, Charles Cioffi, Christopher Penn

NEWMAN
EIN MARTIN SCORSESE FILM
Die Farbe des Geldes
Er war sein bester Schüler
und wurde sein gefährlichster Gegner.
CRUISE
TOUCHSTONE PICTURES präsentiert in Zusammenarbeit mit SILVER SCREEN PARTNERS II
PAUL NEWMAN TOM CRUISE
EIN MARTIN SCORSESE FILM
"THE COLOR OF MONEY" MARY ELIZABETH MASTRANTONIO HELEN SHAVER Ausstattung BORIS LEVEN
Kamera MICHAEL BALLHAUS. Nach dem Buch von WALTER TEVIS. Drehbuch RICHARD PRICE.
Produzenten IRVING AXELRAD und BARBARA DE FINA. Regie MARTIN SCORSESE.
Soundtrack auf MCA im Vertrieb der WEA Musik GmbH, neue Medien und Elektronikvertrieb. Prints von DE LUXE
Ein Film im Verleih der
© 1986 Touchstone Pictures
TASCHENBUCH VON BASTEI/LUBBE

1985

Legend (Legende)
Regie: Ridley Scott
Darsteller: Tom Cruise (Jack O'The Green), Mia Sara, Tim Curry, David Bennent, Alice Playton

Top Gun (Top Gun – Sie fürchten weder Tod noch Teufel)
Regie: Tony Scott
Darsteller: Tom Cruise (Pete »Maverick« Mitchell), Kelly McGillis, Val Kilmer, Tom Skerritt, Anthony Edwards

1986

The Color of Money (Die Farbe des Geldes)
Regie: Martin Scorsese
Darsteller: Paul Newman, Tom Cruise (Vincent), Mary Elisabeth Mastrantonio, Helen Shaver, John Turturro

1987

Cocktail
Regie: Roger Donaldson
Darsteller: Tom Cruise, Bryan Brown, Elizabeth Shue, Mimi Rogers

1988

Rainman (in Arbeit)
Regie: Sydney Pollack
Darsteller: Dustin Hoffman, Tom Cruise

Innocent Millionaire (in Arbeit)
Regie: Peter Weir
Darsteller: Tom Cruise

Matt Dillon

»Matt muß das Charisma nicht spielen, er muß es nur zeigen.«

Tony Bill

Seine Entdeckung war ein Zufall, wie er nur in der Traumwelt des Films geschieht; ein Jahr später erhielt er schon tausend Fanbriefe am Tag. Matt Dillon, ein Teenageridol, ein Durchschnittsjunge aus einer New Yorker Vorstadt, ein geborener Schauspieler, ein Jungstar aus dem Nichts, dessen Karriere sorgsam geplant wurde und den viele Kritiker schon früh mit James Dean oder dem jungen Marlon Brando verglichen, haselnußbraune Augen, kräftiges Kinn, dichte Augenbrauen, einfaches T-Shirt, Jeans – Matt Dillon verkörperte alle Träume amerikanischer Jugendlicher von Rebellion und Stärke.

Vierzehn Jahre war er alt, als er entdeckt wurde. Der am 18. Februar 1964 in New Rochelle, Westchester, geborene Sohn eines Verkaufsmanagers für Verpackungen (sein Vorname hat nichts mit dem Marshall aus der TV-Serie *Gunsmoke* zu tun; sein Großonkel Alex Raymond schuf die Comics *Flash Gordon* und *Jungle Jim)* hatte gerade seinen Mathematikkurs geschwänzt, als er auf dem Korridor der Hommocks Junior High School von zwei Frauen angesprochen wurde, die er für neues Wachpersonal hielt. Doch die beiden waren Assistentinnen des renommierten Casting-Directors Vic Ramos, der auf der Suche nach unverbrauchten jugendlichen Hauptdarstellern für den Schülerfilm *Over the Edge* war. »Ich hatte keine Lust, in den Unterricht zu gehen, und schlenderte umher«, erinnerte sich Matt Dillon später. »Ich wußte nicht, daß mich diese Filmleute beobachteten. Ich sah wahrscheinlich aus wie ein jugendlicher Krimineller – ein kleiner Straßen-Punk mit einem abgebrochenen Vorderzahn.«[1)] Vic Ramos, mehr als zwanzig Jahre im Geschäft und Casting-Director für Filme wie *Midnight Cowboy* (Asphalt-Cowboy),

Wut im Bauch. Matt Dillon (l.) in ›Over the Edge‹

Apocalypse Now, The Godfather 2 oder *Dressed to Kill,* wußte sofort, was er vor sich hatte. »Ich brauchte vielleicht dreißig Sekunden, um zu erkennen, daß Matt alles hatte. Vierzehn Jahre alt, 1 Meter 65, 125 Pfund und schon alle Voraussetzungen, ein großer Star zu werden ... Er wußte, daß wir einen harten Jungen suchten, und er kam als der härteste herein. Er hatte die Intelligenz und das Köpfchen, diese Nummer an sich zu reißen und zu dieser Figur zu werden. Er ist der erste Schauspieler, der mich reingelegt hat. Erst als ich auf seine Karte schaute und sah, woher er kam, sagte ich, warte eine Minute, dieser Junge schauspielert.«[2] Tatsächlich war Matt Dillon, anfänglich an einer Filmrolle kaum interessiert, später entschlossen, den Part zu bekommen. Zwar galt der Sohn einer Mittelschichtfamilie als Rowdy, doch nicht als einer von jener Art, die er in *Over the Edge* porträtieren

sollte. Die Story des Films von Jonathan Kaplan basierte auf authentischen Vorkommnissen an der Schule von Foster City an der San Francisco Bay, einer trostlosen Trabantensiedlung, bei deren Errichtung die Belange der Kinder und Jugendlichen nicht berücksichtigt wurden. Aggressionen, Vandalismus und Ratlosigkeit der Pädagogen und Eltern waren die Folge. Matt Dillon spielte Richie White, den Anführer einer Jugendgang. Im Mittelpunkt stand Carl (Michael Kramer), ein einigermaßen »normaler« Junge. Der lautstarke Richie ist voller Aggressivität, die sich in Vandalismus ausdrückt. Die Konflikte an der Schule und in der Suburb spitzen sich zu, Richie wird von einem Polizisten erschossen. Carl führt einen Aufruhr der Schüler gegen die Mißstände an, der die Schule schließlich lahmlegt. Aufgrund der Zwischenfälle bei Vorführungen des Films *The Warriors,* in dem die Aggressivität jugendlicher Straßenbanden das Thema ist, wurde *Over the Edge* nach einigen wenigen Kinoeinsätzen zunächst zwei Jahre lang im Kabelfernsehen gezeigt. Erst 1981 kam der Film regulär in die Kinos. Zu diesem Zeitpunkt war Matt Dillon bereits der Liebling der Teenager. Aus dem jugendlichen Schulschwänzer ohne Interesse war ein Profischauspieler geworden.
Casting-Director Vic Ramos hatte zur Verwunderung der Branche seinen gutbezahlten und sicheren Job aufgegeben, um der Manager dieses unbekannten Jungen von 14 Jahren zu werden, dessen einzige schauspielerische Erfahrung ein Auftritt als Benjamin Franklin in einem Theaterstück in der vierten Klasse war und der von sich sagte: »Ich habe mein ganzes Leben gespielt – den Coolen, Bösen, Harten.«[3)] Ein völlig verrücktes Unterfangen also, doch Matt Dillons weitere Karriere bewies die Richtigkeit von Ramos' Spürsinn. Dillons Eltern waren zunächst völlig anderer Meinung über die schauspielerischen Fähigkeiten ihres Sohnes, der vor dem entscheidenden Leinwandtest für seine erste Rolle noch nicht einmal seinen Text wußte. »Ich habe andere Schauspieler getroffen, die das eine oder andere haben, aber in Matts Fall«, so Vic Ramos, »dachte ich, daß es eine verdammte Schande sei, wenn dieser Junge sein Potential nicht wahrneh-

men würde … Ich glaubte, daß Matt fast alles machen könnte. Ich sah eine gewisse Parallele zu den großen Stars der Vierziger, der Zeit des *film noir.* Etwa ein John Garfield! Ich wollte Matt als Star, nicht nur als Schauspieler.«[4)]
Vic Ramos wußte, daß sein junger Klient aufgrund seines Aussehens, seines Auftretens und seiner fehlenden schauspielerischen Ausbildung Gefahr lief, auf bestimmte Rollen festgelegt zu werden. Er wußte auch, daß ein angehender Star sich in der Öffentlichkeit sehr vorsichtig bewegen muß und sich nicht allzusehr präsent machen darf. Er entwarf einen Karriereplan. »Ich wollte die Teenager-Magazine so benutzen wie die alten Studios in den Vierzigern die Filmzeitschriften. Um rechtzeitig eine Kampagne zu starten, so daß die Jugendlichen, die die Mehrheit der Eintrittskarten kaufen, wußten, wer er war …«[5)] Zunächst aber spielte Matt Dillon eine andere Rolle als die des jugendlichen Gangführers. In der Teenie-Komödie *Little Darlings* schließen zwei Mädchen (Tatum O'Neal und Kristy McNichol) eine Wette ab, wer als erste entjungfert wird. Matt Dillon sorgt schließlich in einem Sommercamp dafür, daß McNichol die Wette gewinnt. Trotz der negativen Kritiken und vorsichtigen Distribution entwickelte sich der billig gemachte Film zu einem respektablen kommerziellen Erfolg. Matt Dillon in einer Nebenrolle mußte mehr seinen kräftigen, wohlgeformten Körper zur Schau stellen als schauspielen, doch nicht wenige bescheinigten ihm mehr Sexappeal als den beiden weiblichen Hauptdarstellerinnen. Sein Manager Ramos initiierte derweil die Public-Relation-Kampagne in Teenie-Zeitschriften wie *Tiger Beat, Sixteen* oder *Teen World,* mit dem Ergebnis, daß Matt Dillon von Fanpost überschüttet wurde. Bis zu tausend Briefe erreichten ihn täglich, seine Fans warteten vor der Schule (die er weiter besuchte) und dem Elternhaus auf ihr Idol. »Teenie-Idol!? … *Das* will ich nicht«, äußerte er sich später. »Es mag einige Leute geben, die das für ein Phänomen halten, aber als Jugendlicher war ich davon angewidert und verlegen. Wenn man mich einen ›Schwarm‹ nennt, begreife ich das als *große* Beleidigung. Ich habe mich wirklich angestrengt, die Einordnung als rebellischer Straßenjunge zu

vermeiden, doch man will auch ein bißchen Spaß haben und die guten Rollen annehmen, wenn man sie sieht.«[6] Auch Vic Ramos wollte eine allzu starke Festlegung vermeiden. Dazu entwickelte er Richtlinien für die Presse. »Alle Artikel müssen von den speziellen Rollen handeln, nicht davon, ob er nett ist oder ähnliches. Ich will den Jungen nicht zu einem Disco-Dandy werden lassen.«[7] Auftritte in Werbespots und TV-Soap-Operas wurden abgelehnt. Auch andere Werbeangebote nahm das Paar Dillon/Ramos nicht an. Der Junge sollte *clean* bleiben. Die Strategie funktioniert bis heute.
Nach seiner romantisch-komischen Rolle in *Little Darlings* spielte Matt Dillon in seinem dritten Film, *My Bodyguard,* wieder den rebellischen Jugendlichen. Obwohl auch dies nur ein kleiner Part war, überstrahlte seine Leinwandpräsenz die seiner Kollegen. Zu diesem Zeitpunkt war seine Erscheinung, seine Ausstrahlung überhaupt sein einziges Kapital, eine schauspielerische Ausbildung hatte er nie genossen. »Er schien zu viele Filme gesehen zu haben«, erinnerte sich Tony Bill, Regisseur von *My Bodyguard.* »Ich versuchte ihm beizubringen, daß schauspielen nicht gut schauspielen bedeutet, sondern so zu sein, wie man ist, und seine natürlichen Fähigkeiten zu benutzen ... Er ist verletzlich, sanft, eine geborene Leitfigur – was zufällig allen Filmstars gemeinsam ist.«[8] Tatsächlich füllte Matt Dillon seine Rolle des brutalen Schul-Gang-Leaders (Melvin Moody), meist in T-Shirt und Jeans, sogar mit einer Spur Menschlichkeit. Dadurch vermied er, seinen Charakter trotz all seiner negativen Eigenschaften – er ist halt der *bad guy* – zu einer Klischeefigur verkommen zu lassen. Matt Dillon ließ ein inneres Protestpotential erahnen, was Rezensenten auch James Dean und dem jungen Marlon Brando unterstellt hatten. Doch was bei den beiden Superstars Ausdruck ihrer Persönlichkeit war, ist bei Dillon nur Spiel, ganz so, wie er bei seinem ersten Vorsprechen den harten Straßenjungen nur gemimt hatte. »Ich wurde wirklich verrückt«, meinte er, »als sie anfingen, mich den neuen Brando zu nennen. Alles, was ich von Brando wußte, war, daß er ein fetter alter Schauspieler war, der undeutlich sprach. Ich wollte nicht so wie er sein – neu oder alt.«[9]

Trotz seiner darstellerischen Fähigkeiten als Bandenführer, der von seinen Mitschülern Schutzgelder erpreßt, befürchteten Ramos und Dillon, endgültig auf derartige Rollen festgelegt zu werden. Für einen Star der Achtziger eine fatale Etikettierung. *Liar's Moon* bot ihnen die Möglichkeit der Veränderung. In seiner ersten Hauptrolle spielte Matt Dillon einen romantischen Helden. Die 1949 angesiedelte Geschichte handelt von dem jungen Jack Duncan (Dillon), einem Arbeitersohn, der sich in ein Mädchen (Cindy Fisher) aus besserem Hause verliebt. Da ihre Eltern gegen die Verbindung sind, flüchtet das Paar und baut sich eine eigene Existenz auf. Das Mädchen wird schwanger, da erfahren sie, daß sie angeblich Halbgeschwister sind. Das erweist sich zwar als falsch, doch

Herrscher des Schulhofs. Matt Dillon (mit Popcorn) in ›My Bodyguard‹

das Mädchen stirbt an den Folgen einer Abtreibung. Der an *Love Story* erinnernde Low-Budget-Film, von einem texanischen Privatmann finanziert, sollte Dillons Fähigkeit beweisen, einen ganzen Film zu tragen. Davon konnten sich nicht viele überzeugen. Der Film wurde kaum eingesetzt und zudem vom spärlichen Publikum nicht akzeptiert. Das lag nicht allein an der Distribution, es lag auch an Matt Dillon. Der Versuch, ihn als romantischen *leading man* aufzubauen, mußte scheitern. Dillon, dessen Schauspielerei auf seinem Instinkt beruhte, der keine darstellerischen Techniken besaß, war mit der Rolle des jungen, konfliktbelasteten Familienvaters überfordert. Erst in den folgenden drei Filmen begann er, auch als Schauspieler zu wachsen.
Tim Hunter, der Co-Autor von *Over the Edge,* besetzte Matt Dillon in seinem Erstlingsfilm *Tex,* der auf einem Roman der bei Jugendlichen populären S(usan) E(loise) Hinton basiert. Noch als Teenager hatte die Autorin eigene Erlebnisse auf der High School und in den Kleinstädten Oklahomas in Romanform gebracht. Die heute zur Schullektüre gehörenden Bücher erzählen von unangepaßten Jugendlichen, die mit ihren Eltern, in der Schule oder aber mit den Vorurteilen der Kinder aus besserem Haus Probleme haben. Matt Dillon hatte in *Tex* die erste anspruchsvolle Hauptrolle, die seiner Person und seiner Erscheinung entgegenkam. Obgleich die Autorin skeptisch war, als sie hörte, daß ein Junge aus der Gegend von New York den Farmboy Tex spielen sollte, mußte sie zugeben, daß er die ideale Besetzung war. »Matt ist genau der Typ von Junge, für den ich schreibe, und genau der Typ, über den ich schreibe.«[10] Tex lebt mit seinem älteren Bruder auf einer Farm in Oklahoma, die Mutter ist tot, der Vater verschwunden. Tex' ganze Liebe gehört seinem Pferd Rowdy, weniger der Schule. Sein Bruder (Jim Metzler), zugleich der Ersatzvater, verkauft das Pferd, um Tex zu einem vernünftigen Leben zu bringen, doch er erreicht damit zunächst das Gegenteil. Drogen, Polizei, Alkohol, Klassenunterschiede bilden den sozialen Rahmen, in dem das Geschehen abläuft. »Er ist diese Art von Jugendlicher, der Sturm und Drang vermischt und daraus einen reinen, schiefen Charme entstehen läßt«,

schrieb ein Kritiker über Dillons Auftritt. »Keiner hat die Lebhaftigkeit des Heranwachsenden genauer eingefangen als er; Wut, Widerspenstigkeit, Ritterlichkeit, Blödsinnigkeit durcheinandergewirbelt, um eine verwirrte, völlig glaubhafte Verwundbarkeit zu schaffen.«[11]
Während der Dreharbeiten zu *Tex* entwickelte Dillon eine enge Freundschaft zu der dreiunddreißigjährigen S. E. Hinton, die ihm das Reiten beibrachte und sich über die Hartnäkkigkeit des Teenie-Idols wunderte. Hinton war es dann auch, die Francis Coppola Dillon für seine beiden geplanten Verfilmungen ihrer Bücher vorschlug. In *The Outsiders* verkörpert Dillon Dallas Winston, einen etwas schäbigen Charakter, wieder in T-Shirt und Jeans; er lebt und dealt zwar mit den Erwachsenen, ist aber im Grunde noch ein Heranwachsender. Der in den klassischen Technicolor-Farben zum Artefakt stilisierte Film erzählt von Auseinandersetzungen zwischen einer Bande armer (Greasers) und reicher (Socs) Jugendlicher. Aus heutiger Sicht bemerkenswert ist an Coppolas Film weniger dessen Stilwillen als dessen Besetzung. Mit Ralph Macchio, C. Thomas Howell, Rob Lowe, Emilio Estevez, Diane Lane, Tom Cruise und Matt Dillon zeigt er fast alle neuen Gesichter Hollywoods in einer frühen Rolle, zu einer Zeit zudem, zu der noch keineswegs feststand, welchen Rang sie nur wenige Jahre später einnehmen sollten.
Matt Dillon spielte wieder einmal den jugendlichen Rebellen. Bei einem Kampf mit den Socs ersticht Greaser Johnny (Macchio) einen seiner Gegner. Zusammen mit Ponyboy (Howell) flüchtet er anschließend zu ihrem Freund und Idol Dallas, der sie in eine versteckte Kirche schickt und sie abzuholen verspricht, wenn etwas Gras über die Sache gewachsen ist. Als sie dann in die Kirche zurückkehren wollen, um ihre Sachen zu holen, brennt das Gebäude und schließt eine Gruppe von Kindern ein. Die Greasers werden zu ihren Rettern, doch Johnny stirbt an den Verletzungen, die er sich dabei zugezogen hat. Dallas ist verzweifelt und wird bei einem Überfall von der Polizei erschossen. Ponyboy bleibt allein übrig, er ahnt das Ende seiner Jugend. *The Outsiders* wurde in den USA ein Erfolg, wenngleich die meisten Kriti-

ker unfreundlich mit ihm umsprangen. Einstimmig jedoch war das Urteil über Matt Dillon. Ihm wurde als einzigem eine Glaubwürdigkeit bescheinigt, die auch von erwachsenen Zuschauern nachvollzogen werden konnte.[12)] Matt Dillon hatte endlich die Stoffe gefunden, die ihm die schauspielerische Entfaltung ermöglichten. Es gelang ihm, sein Image mit seiner Persönlichkeit und seinen darstellerischen Fähigkeiten zu verbinden. Das Teenie-Idol, das sich selber nie als solches verstanden wissen wollte, begann erwachsen zu werden. Seine Hauptrolle in Coppolas nächstem Film *Rumble Fish* demonstrierte auch ein Stück eigener Persönlichkeitswerdung.

Rusty James (Dillon) ist der Anführer einer kleinen Gang. Provozierend bewegt er sich durch die Straßen, beeindruckt seine kleine Freundin (Diane Lane), aber nicht die älteren Kids in der Stadt. Rustys Zuhause ist das, was man in der Sprache der Sozialpädagogen zerrüttet nennt; verwahrlost, die Mutter abgehauen, der Vater arbeitslos und Alkoholiker. Rustys Vorbild ist sein älterer Bruder, der Motorcycle Boy (Mickey Rourke), ehemaliger Herrscher auf den Straßen der Stadt. Als sein Bruder zurückkehrt, ist er nicht mehr der strahlende Held von einst. Rusty will nicht wahrhaben, daß sein Bruder ausgebrannt ist. Ein letzter Fight mit einer Konkurrenzgang läßt die beiden Brüder noch einmal siegreich sein, doch die Träume sind endgültig zerstoben. Wie die Rumble Fish in der Tierhandlung haben sich auch die Brüder bei ihrem Anblick fast selbst zerstört. Als sie die Fische befreien, symbolisiert das so etwas wie den Abschied von der eigenen Jugend. Coppola inszenierte *Rumble Fish* als düsteres Schwarzweiß-Melodram, in dem die einzigen Farbtupfer die Fische sind. Die bedrückende Atmosphäre des Asphalts und der Hinterhöfe, die Kraftmeierei als Ausdruck einer inneren Verzweiflung, das martialische Gehabe, das kaum die eigene Verwundbarkeit verdeckt – *Rumble Fish* ist ein brillantes Meisterwerk, das die Rebellenromantik der fünfziger mit den Attitüden der achtziger Jahre verbindet. In den USA wurde der Film kaum beachtet, in Europa, vor allem in Frankreich, wurde er zum Kultfilm. Matt Dillon lieferte in ihm seine bis dahin überzeugendste Leistung. Es gelag ihm,

Matt Dillon und sein Förderer Francis Coppola bei den Dreharbeiten zu ›Rumble Fish‹. Im Hintergrund hört Dennis Hopper zu

Rusty James und seine Gang. (V. l. n. r.) Nicolas Cage, Vincent Spano, Matt Dillon, Christopher Penn in ›Rumble Fish‹

seine Persönlichkeit mit der Intention seines Regisseurs zu einem schillernden Fluidum zu verbinden – er wurde in der Rolle erwachsen. »Ihn jede Nacht durch die Kamera zu sehen, läßt mich erkennen, daß er jetzt wirklich zu einem Mann wird«, meinte Coppola während der Dreharbeiten. »Diese sechs Monate waren einfach unglaublich. Er ist nicht mehr im Teen-Alter. Von diesem Jahr an wird er einer der aufregenden *leading men* sein, an die wir denken müssen.«[13)] In Italien und Japan hatte man dies schon erkannt. Matt Dillon wurde 1984 als bester Schauspieler ausgezeichnet, und die Leser japanischer Illustrierten, wählten ihn zum populärsten ausländischen Star. Hatte er bislang nur in dramatischen Rollen überzeugt, wollte er dies nun auch in einer komischen.
The Flamingo Kid schien das geeignete Sujet zu bieten. In der Rolle des Jeffrey Willis beginnt Dillon nach der High School in Brooklyn einen Job in einem Strandclub, wo er das Leben der Neureichen miterleben und bewundern kann. Fast erliegt auch er der Versuchung des schnellen Geldes, doch am Ende durchschaut er – gerade noch rechtzeitig – die verführerische Macht des Mammons. »Matt hat etwas Geheimnisvolles. Man weiß nie, was er als nächstes macht. In einer Komödie ist das Überraschungsmoment sehr wichtig. Auch wenn er fast nur schwere Sachen zuvor gemacht hatte, entpuppte er sich als perfekter leichter Komiker«, äußerte sich Regisseur Gary Marshall[14)] über seinen Star, dessen Niveau er selbst allerdings mit seinem Film nicht erreichte. Gleich im Anschluß unternahm Matt Dillon einen weiteren Schritt zum ernstzunehmenden Schauspieler. Unter der Regie von Arthur Penn drehte er in Paris und Hamburg den Thriller *Target.* Sein Partner und Filmvater war Gene Hackman. Die reichlich verworrene und von Penn auf überraschend niedrigem Niveau inszenierte Story um einen Geheimdienstagenten außer Dienst, der durch die Entführung seiner Frau noch einmal zur Aktivität gezwungen wird und dabei seinen Sohn mitnimmt, stellte sich für Dillon nicht als der erhoffte Gewinn heraus und bremste seine Karriere etwas. Doch auch Penn war von seinem Star begeistert. »Bei ihm ist die ganze Zeit etwas los. Vielleicht nicht das, was ich gerade brauche, aber es ist leben-

Lockeres Strandleben. Matt Dillon in der Sommerkomödie ›Flamingo Kid‹

dig. Sehr oft überrascht es mich, und Überraschung ist etwas Besseres als erfüllte Erwartungen.«[15] *Target* war der erste von drei Filmen, die allerdings die Erwartungen nicht erfüllten. In Australien drehte Matt Dillon mit *Rebel* die Geschichte eines Soldaten, der sich zur Erholung auf dem fünften Kontinent aufhält und dort, nachdem er ein Mädchen kennenlernt, zum Deserteur wird. »Er ist ein Junge, zwanzig Jahre alt, und zieht in den Krieg, weil er es für das Richtige hielt. Doch er ist jung und gefühlvoll und findet heraus, daß Krieg ein lebendiger Alptraum ist. Schließlich sagt er sich, daß er sich weigert, noch mehr Menschen zu töten, und die einzige Möglichkeit, das auch zu tun, ist, zu desertieren.«[16] Seltsamerweise geriet Dillon zum Vorwurf, daß er den Deserteur zu sympathisch gestaltet hatte, wo er nichts anderes als

Auf der Flucht. Matt Dillon in dem Agenten-Thriller ›Target‹

eine glaubhafte Darstellung zu geben versuchte. Auch *Native Son* wurde zu einer Enttäuschung, trotz der hochkarätigen Besetzung. Erst 1987 gelang Matt Dillon wieder eine überzeugende Leistung. In *The Big Town* stellt er einen professionellen Würfelspieler dar, mit glitzernden Seidenanzügen, pomadisiertem Haar und langen Koteletten. Seine Stimme ist kratzig von Zigaretten und Alkohol. J. C. Cullen (Dillon) geht auf Vermittlung eines väterlichen Freundes nach Chicago, die Big Town, nachdem ihm sein Heimatstädtchen zu klein geworden ist. Dort beginnt er, für das Ehepaar Edwards (Bruce Dern, Lee Grant) zu spielen. Er hat Erfolg, und Erfolg verändert. J. C. kleidet sich in Seidenanzüge, geht eine Liaison mit einer Stripteasetänzerin (Diane Lane) ein, wird von ihr reingelegt und erkennt am Ende, daß er in der großen

Stadt nur ein kleines Rädchen ist. Er kehrt nach Hause zurück und legt die Würfel aus der Hand. Matt Dillon betrieb für seine Rolle als »Arm« intensive Milieustudien. Er besuchte Spielclubs in Las Vegas, Chicago und New York. Die in den fünfziger Jahren angesiedelte Story erlaubte ihm eine darstellerische Vielschichtigkeit, wie sie in seiner bisherigen Karriere noch nicht vorgekommen war. Die Wandlung vom Provinzler, der glaubt, die Welt gehöre ihm, zum erfolgreichen Profiwürfler, der am Ende erkennt, doch nur eine Spielfigur zu sein, vollzieht Matt Dillon in einer Mischung aus Romantizismus und schmieriger Geschmeidigkeit. J. C. ist *cool,* doch Dillons Darstellung läßt erahnen, daß es nur eine aufgesetzte Attitüde ist. *The Big Town* gab ihm die Chance, sich endgültig als Schauspieler zu beweisen – und er nutzte sie. Der Vierundzwanzigjährige ist kein Teenie-Idol mehr, doch er hat alle Voraussetzungen, ein richtiger Charakterdarsteller zu werden.

Anmerkungen

1) Richard Lay. Why the Flamingo Kid gives Brando the Bird. In: Daily Mail, 1.11.1985
2) Claudia Wallis. Dillon's Promise. The coolest hot stuff around. In: Rolling Stone, 25.4.1982
3) ebda.
4) ebda.
5) ebda.
6) John Hind. Matt Dillon. A boxer shorts kinda guy. In: Blitz, Nr. 57, September 1987
7) Claudia Wallis, a.a.O.
8) ebda.
9) Richard Lay, a.a.O.
10) Claudia Wallis, a.a.O.
11) Richard Schickel. In: Time, 11.10.1982
12) Vgl. David Denby. In: New York, 4.4.1983
13) Claudia Wallis, a.a.O.
14) Lisa Dewson. The Flamingo Kid Flies. In: Photoplay Vol. 36, Nr. 10, October 1985
15) Richard Lay, a.a.O.
16) Presseheft »Rebel«

Filmographie

1979

Over the Edge (Wut im Bauch)
Regie: Jonathan Kaplan
Darsteller: Michael Kramer, Pamela Ludwig, MATT DILLON (Richie White), Vincent Spano, Tom Fergus

Little Darlings (Kleine Biester)
Regie: Ronald F. Maxwell
Darsteller: Kristy McNichol, Tatum O'Neal, Armand Assante, MATT DILLON (Randy), Maggie Blye

1980

My Bodyguard (Die Schulhofratten von Chicago)
Regie: Tony Bill
Darsteller: Chris Makespeace, Adam Baldwin, MATT DILLON (Melvin Moody), Ruth Gordon, Martin Mull, John Houseman

1981

Liar's Moon (Durchgebrannt aus Liebe)
Regie: David Fisher
Darsteller: MATT DILLON (Jack Duncan), Cindy Fisher, Christopher Connelly, Hoyt Axton, Yvonne De Carlo, Broderick Crawford

The Great American Fourth of July and Other Disasters (TV)
Darsteller: James Broderick, MATT DILLON (Ralph Parker)

1982

Tex
Regie: Tim Hunter
Darsteller: MATT DILLON (Tex), Meg Tilly, Jim Metzler, Bill McKinney, Frances Lee McCain, Ben Johnson, Emilio Estevez

The Outsiders (Die Outsider)
Regie: Francis (Ford) Coppola
Darsteller: C. Thomas Howell, Ralph Macchio, MATT DILLON (Dallas Winston), Patrick Swayze, Rob Lowe, Diane Lane, Emilio Estevez, Tom Cruise

Glück im Spiel und bei den Frauen. Matt Dillon und Diane Lane in ›The Big Town‹

1983

Rumble Fish (Rumble Fish)
Regie: Francis Coppola
Darsteller: MATT DILLON (Rusty James), Mickey Rourke, Vincent Spano, Diane Lane, Dennis Hopper, Nicholas Cage, Christopher Penn

1984

The Flamingo Kid (Flamingo Kid)
Regie: Gary Marshall
Darsteller: MATT DILLON (Jeffrey Willis), Richard Crenna, Hector Elizondo, Jessica Walter, Steven Fisher

1985

Target (Target – Zielscheibe)
Regie: Arthur Penn
Darsteller: Gene Hackman, MATT DILLON (Chris Lloyd), Gayle Hunnicutt, Vitoria Fyodorova, Josef Sommer

Rebel (Australien)
Regie: Michel Jenkins
Darsteller: MATT DILLON (Rebel), Debbie Byrne, Bryan Brown, Bill Hunter, Ray Barrett, Julie Nihill

1986

Native Son
Regie: Jerold Freeman
Darsteller: Victor Love, MATT DILLON, Elizabeth McGovern, Geraldine Page, Oprah Winfrey, Carroll Baker

1987

The Big Town (Chicago Blues)
Regie: Ben Bolt
Darsteller: MATT DILLON (J. C. »Cully« Cullen), Diane Lane, Tommy Lee Jones, Bruce Dern, Lee Grant, Tom Skerritt

Kansas
Regie: David Stevens
Darsteller: MATT DILLON, Andrew McCarthy

Bloodhounds of Broadway
Regie: Howard Brookner
Darsteller: MATT DILLON, Madonna, Mary Stuart Masterson, Rutger Hauer, Randy Quaid, Jennifer Grey

Emilio Estevez

»Starring, written and directed by ... Emilio Estevez.«

»In einem Vorführraum zu sitzen und das zu sehen, ist einfach überwältigend«, gesteht Emilio Estevez. Der Fünfundzwanzigjährige ist ein Multitalent, wie sein jüngerer Bruder Charlie Sheen. Er ist arbeitswütig, vielseitig und unberechenbar. Emilio Estevez ist das schwarze Schaf seiner Familie, ein Außenseiter auch in Hollywood, dessen Talente unbestritten, häufig aber auch überschätzt sind. Von gedrungener Statur, klein und mollig, mit klaren Augen macht er auf den ersten Blick einen durchschnittlichen Eindruck. Doch schon vergleicht man ihn mit Orson Welles oder Warren Beatty, beide – wie er – vor und hinter der Kamera tätig.

Emilio Estevez (Betonung auf der zweiten Silbe) wurde 1962 als Sohn des Schauspielers Martin Sheen in Manhattan geboren. Aufgewachsen allerdings ist er in Los Angeles – das Kind eines Hollywood-Stars *(Apocalypse Now, Wall Street).* Es gibt unzählige Beispiele, bei denen die Kinder unter der Berühmtheit ihres Vaters oder ihrer Mutter litten und eine eigene Karriere immer mit der der Eltern verglichen wurde. Martin Sheen, einer der intelligentesten Stars von Hollywood, wußte um dieses Problem und half seinen vier Kindern – Emilio, die jüngeren Söhne Ramon und Charlie und Tochter Renée – schon zu Beginn ihrer Schauspielerkarrieren, diesem Klischee zu entkommen. Seinem Ältesten riet er, den eigentlichen Familiennamen anzunehmen. »Wenn du Sheen gebrauchst und Erfolg hast, wirst du dich immer fragen, ob ein Teil dieses Erfolges nicht auf meinen Namen zurückzuführen ist. Nimm Estevez, und die Leistung gehört ganz dir.«[1)] Der Sohn nahm den Rat seines Vaters an. Noch heute aber versucht er, sich – in der Öffentlichkeit – gegen seine Abstammung aufzulehnen. »Ich schäme mich seiner nicht. Aber meistens ist es nicht Emilio Estevez auf der Straße, es ist Martin Sheens Sohn. Je mehr ich mich davon löse, um so mehr er-

kennt die Öffentlichkeit Emilio Estevez. Ohne die ihm anhängende Identifizierung wird sie also von mir als Emilio Estevez denken.«[2)]
Emilio, der noch während er zur High School ging, Schauspielunterricht erhielt und Workshops besuchte, hatte ebenso wie seine Geschwister im Vater den besten Lehrer und Berater. »Er ist da, wenn ich mit ihm über eine Situation sprechen muß. Er hat mich bei all meinen Entscheidungen extrem unterstützt. Er war einfach da.«[3)] Noch im Kindesalter hatte Emilio begonnen, wie später auch sein jüngerer Bruder Charlie, Super-8-Filme zu drehen. Kaum hatte er die High School verlassen, fand er sich schon im Fernsehen wieder, in dem Nachmittags-Special *Seventeen Going on Nowhere.* Andere kleine Fernsehauftritte folgten, darunter am meisten beachtet der in *In the Custody of Strangers.* Emilio spielt den Sohn einer Mittelklassefamilie, der nach einer Anklage wegen Trunkenheit mit einigen Schwerverbrechern ins Gefängnis gesperrt wird. Vergeblich versucht ihn sein Vater, gespielt von Martin Sheen, sofort wieder frei zu bekommen. Gleich anschließend spielte Emilio dann in dem Film *Tex* Johnny, den Freund von Matt Dillon. Diese Verfilmung des S. E. Hinton-Romans gab Emilio wenig Gelegenheit, als jugendlicher Rebell schauspielerisches Vermögen zu demonstrieren, denn er war völlig auf den Star Matt Dillon zugeschnitten. Während der Dreharbeiten aber las er S. E. Hintons Roman »That Was Then … This Is Now« und beschloß, sich die Verfilmungsrechte zu sichern. »Ich glaubte, es würde ein besserer Film als ›Tex‹ werden, deshalb sprach ich mit Hinton über eine Adaptierung. Es war lustig, denn zu dieser Zeit besaß ich noch nicht einmal als Schauspieler Glaubwürdigkeit. Ich dachte, einen Autor zu engagieren, der es adaptieren sollte, doch ich hatte einige freie Zeit und schrieb selbst eine Rohfassung.«[4)]
Der neunzehnjährige Emilio Estevez bekam die Verfilmungsrechte, doch bis es zu der Realisierung seines Drehbuchs kam, mußte er noch warten. Er nutzte die Zeit, als Schauspieler an Glaubwürdigkeit zu gewinnen. Gleich im Anschluß an *Tex* wirkte er wieder in einer Hinton-Verfilmung mit, in Francis Coppolas *The Outsiders,* in dem neben ihm ein Großteil

Der zornige Außenseiter. Emilio Estevez

von Hollywoods neuen Gesichtern mitspielte. Erneut verkörperte Estevez, ein wenig pummelig, mit viel Pomade im Haar, in Lederjacke, T-Shirt und Jeans, den Typ des jugendlichen Rebellen. Die Rolle des Two-Bit Matthews war nur ein nebengeordneter Part, doch Estevez gelang es, in seinen Szenen die Aufmerksamkeit auf sich zu lenken. Meist ist er mit einer Bierflasche zu sehen, aus der er andauernd trinkt. Two-Bit ist Mitglied der »Greasers«, einer Bande aus dem armen Viertel einer Kleinstadt in Oklahoma. Sie liegen ständig im Kampf mit den reichen »Socs«. So hart sich Two-Bit gibt, es verdeckt nicht, daß in ihm noch ein Kind steckt. Aus großen, staunenden Augen schaut Two-Bit in die Welt, deren Komplexität sich ihm weitgehend verschließt. Seine liebste Beschäftigung ist, vor dem Fernsehapparat zu sitzen, Comic-Shows anzuschauen, Bier zu trinken und Kuchen zu essen. In einer präzisen Mischung aus kindlicher Unschuld und ahnungsloser Sorglosigkeit spielt Estevez seine Figur, von der er deutlich macht, daß ihre Attitüde des jugendlichen Rebellen nur eine äußerliche ist.

Doch Estevez ging es früh darum, nicht als rebellischer Teenager festgelegt zu werden. In dem (ursprünglich) für das Fernsehen inszenierten vierteiligen Episodenfilm *Nightmares* verkörpert er J. J. Cooney, einen Computerspielbegeisterten sechzehnjährigen Jungen, der eines Nachts (aus Geldmangel) in den Spielsalon einbricht, um endlich den »Bishop of Battle« zu besiegen. Es gelingt ihm tatsächlich, doch mit seinem Sieg befreit er die Monster und sitzt am nächsten Morgen an des Bishops Stelle. In dem allzu durchsichtig und unglaubwürdig konstruierten Film blieb einzig Estevez' natürliche Darstellung in Erinnerung. Sie hob seine Episode über die anderen, konnte aber nicht die grundlegenden Mängel des Streifens überdecken.
Das Drehbuch eines unbekannten Filmemachers ermöglichte Emilio Estevez 1984 seine erste Hauptrolle. Alex Cox bot ihm den Part des Punks Otto an, in seinem schrägen, futuristischen *Repo Man.* »Ich fiel auf meinen Arsch vor Lachen; das Skript war einfach hysterisch«, erinnerte sich Estevez. »Ich sagte mir, ich muß diesen Film machen, nur wußte ich überhaupt nichts von der Punk-Bewegung. Ich fing also an, mir die Musik anzuhören und in Clubs zu gehen. Ich begann zu verstehen, worum es bei der Punk-Bewegung ging und was mit meinem Bruder (Ramon, d. A.) zu dieser Zeit los war. Für mich war es also auf einer persönlichen Ebene ein sehr wichtiger Film.«[4)] Estevez spielt in Cox' Erstlingsfilm den Punk Otto, der als Repo Man angelernt wird, der also halblegal irgendwelchen Schuldnern die Autos pfändet. Ein Chevrolet Malibu, Baujahr '64, gefahren von einem schrägen Atomwissenschaftler, ist eines seiner Suchobjekte. Was Punk Otto nicht weiß, ist, daß sich im Kofferraum außerirdische Wesen verbergen und daß der Beruf des Repo Man noch manch andere Gefahr in sich birgt. Die wilde Mischung aus Action, Science-fiction, Horror und Sozialdrama wurde bei ihrem Kinostart ein Flop, erlebte aber auf Videokassette eine erfolgreiche Karriere. Nach weiteren Erfolgen in Europa kam der Film in den USA erneut in die Kinos und wurde plötzlich zum Renner. Estevez wurde populär. »Ich wollte als der Antiheld meiner Generation bekannt werden. Im Otto in

›Repo Man‹ steckt mehr von mir selbst als in anderen Rollen, die ich gespielt habe. Er sieht, wie die Punk-Szene auseinanderfällt, und entschließt sich zu etwas Neuem. Die Lebensweise des Repo Man war der nächste Schritt. Am Ende des Films ist er bereit, sich etwas anderem zuzuwenden.«[5)] Emilio Estevez nahm die Devise von Otto wörtlich. In dem Millionenerfolg *The Breakfast Club* von John Hughes spielte er gleich anschließend einen sportlichen Schüler, der mit einigen anderen in der Schule nachsitzen muß. Ihre Aggressionen kehren sich gegen sie selbst, doch am Ende erkennen sie gemeinsam, wie sehr sie jeweils unter ihren Eltern und deren Anforderungen leiden. Estevez wollte zunächst die Rolle des jugendlichen Rebellen übernehmen, doch Regisseur Hughes lehnte ab. Der stämmige Emilio akzeptierte schließlich den Part des Andrew, eines Sportlers, der im Laufe der Geschichte erkennen muß, daß es wohl besser ist, sich auf seinen

Emilio Estevez und Ally Sheedy in ›The Breakfast Club‹

Verstand anstatt auf seine Muskeln zu verlassen. Im Gegensatz zu anderen High-School-Filmen erwies sich *The Breakfast Club* als seriöses und vielschichtiges Unterfangen. Hughes, der wichtigste Regisseur der neuen Schauspielergeneration und der Entdecker einiger ihrer Stars, bemühte sich um eine ernsthafte Darstellung jugendlicher Problematik. Das hinderte ihn nicht, seinen Film mit Humor und Unterhaltungswerten zu versehen. Durch den Erfolg des Films sah sich Estevez plötzlich als neuer Star. Nun endlich konnte er sich die Verfilmung von S. E. Hintons »That Was Then ... This Is Now« erlauben. Wieder führte ein Neuling Regie, der frühere Schauspieler Christopher Cain, von wenigen Kennern mittlerweile als einer der bedeutendsten amerikanischen Filmemacher gepriesen, der nur das Pech hat, daß seine Filme selten in die Kinos kommen. Emilio Estevez kannte Cain noch aus seiner Jugend, als der der Trainer ihrer Baseball-Mannschaft (mit Charlie Sheen, Sean Penn, Rob Lowe) in Malibu war.

Der Roman von S. E. Hinton ist ihr zweiter in ihrer Reihe über das Ende der Jugend und den Verlust der Unschuld. Wie *The Outsiders, Tex* und *Rumble Fish* ist auch *That Was Then ... This Is Now* in den späten sechziger Jahren angesiedelt. Der Drehbuchautor Emilio Estevez verlagerte das Geschehen in die Achtziger. Für die Story bedeutete das keinen Bruch, wohl aber für die Atmosphäre nostalgischer Romantik, wie sie in den beiden Coppola-Filmen zu spüren war. Estevez spielt in Cains Film die Rolle des Waisenjungen Marty, der im Hause seines Freundes Byron (Craig Sheffer) aufwächst. Als der das Mädchen Cathy (Kim Delaney) kennenlernt, reagiert er mit Eifersucht. Die beiden Freunde entfernen sich immer mehr voneinander, Byron nimmt einen Job an, während Marty sich verzweifelt gegen das Erwachsenwerden wehrt. Er setzt Cathys Bruder unter Drogen, wird von der Polizei verfolgt und landet schließlich im Erziehungsheim. Die Rolle des Marty war natürlich die dankbarere; Emilio Estevez legte sie als Opfer an. Doch die fehlende emotionale Tiefe machte aus seiner Rolle eine nahezu psychotische Figur.[6)]

Der Abschied von der Jugend, der erste Schritt ins Erwachsenendasein war auchThema von *St. Elmo's Fire,* der als eine Art Gegenstück zu den oberflächlichen High-School-Filmen angelegt war. Sieben College-Absolventen treffen sich in den Monaten nach ihrem Abschluß immer wieder in der St. Elmo's Bar und hören vom Leben der anderen. Jeder von ihnen macht schwierige Zeiten durch. Überzeugungen werden aufgegeben, Fassaden fallen, Träume zerplatzen, Schatten werden übersprungen – eben alle Schwierigkeiten und Freuden durchlebt, die das Erwachsenendasein bietet. Emilio Estevez spielt Kirbo Kager, der Jura studiert und in St. Elmo's Bar als Aushilfskellner arbeitet. Als er seinen früheren Schulschwarm, nun angehende Ärztin, im Krankenhaus wiedertrifft, wacht seine alte Leidenschaft wieder auf und entwickelt sich zur spätpubertären Fixierung. Seine beruflichen Ambitionen leiden unter seinem Nachspionieren und seiner Angeberei, doch am Ende lernt er seine – humorvolle – Lektion. »Ich war schon sehr früh abgestempelt als ein sehr ernsthafter dramatischer Schauspieler«, äußerte sich Estevez über seinen ersten mehr oder weniger komischen Part. »Wir sehnen uns alle nach den kraftvollen, dramatischen Rollen, aber Abwechslung und Gleichgewicht sind wichtig für eine Karriere. Diese Rolle ist fast schon ›Slapstick‹, denn Kirbo steigert sich immer mehr in eine Besessenheit hinein – bis zu dem Punkt, an dem es langsam ungesund wird. Kirbo stellt das Romantische in jedem von uns dar, allerdings bis zum Extrem.«[7)] Der Film von Joel Schumacher blieb an der Oberfläche der von ihm skizzierten Probleme, wurde aber ein großer Erfolg in den USA. Der relative Mißerfolg in außeramerikanischen Ländern lag vor allem an der mangelnden Übertragbarkeit der beschriebenen Situation. Das *Brat Pack* als Reservoir für eine Reihe neuer, junger Schauspieler aber hatte sich bewährt. Denn die sieben Hauptdarsteller erwiesen sich als veritable Schauspieler und nicht nur als Klischeefiguren. Im Ensemble der Jungstars fiel Emilio Estevez indes deutlich ab. Sein Freund Rob Lowe etwa, bis dahin meist als Schönling gehandelt, zeigte eine erstaunliche Leistung. Auch seine damalige Freundin Demi

Moore, zuvor Fotomodell, bewies außer attraktivem Äußeren darstellerische Fähigkeiten. Daß Emilio Estevez' schauspielerische Fähigkeiten wohl nicht mehr als bescheiden sind, erwies sich bei seinem nächsten Film *Maximum Overdrive,* dem Regiedebüt des Horror-Autors Stephen King.
Es lag sicherlich nicht allein an der Schwäche von Kings Story um Maschinen, die durch Kometeneinfluß zu aggressivem Leben erwachen, und der Einfallslosigkeit seiner Regiearbeit, daß Emilio Estevez als James-Dean-Verschnitt eine mehr als blasse Figur machte. Das Drehbuch hatte ihn im Stich gelassen, doch er wußte seinen Freiraum überdies zu keiner Zeit zu nutzen. Nicht viel besser erging es dem jungen Star unter seiner eigenen Regie. 1986 schrieb und inszenierte er *Wisdom.* An seiner Seite übernahm Freundin Demi Moore, mit der er sich am 6. Dezember desselben Jahres verheiraten wollte, die Hauptrolle. Estevez spielt einen jungen Vorbestraften, der vergeblich um Arbeit nachfragt und aus lauter Frustration mit seiner Freundin (Moore) übers Land zieht und Banken ausraubt. Die Beute verteilen beide an bedürftige Farmer. Der *Bonny and Clyde*-Verschnitt erhielt vernichtende Kritiken, obgleich Regie-Veteran Robert Wise bei der Inszenierung geholfen hatte, und verschwand schnell aus den Kinos. Estevez zeigte sich unbeeindruckt. »Man muß das nächste Projekt abgeschlossen haben, bevor das, an dem man gerade arbeitet, herauskommt.«[8)] Sein nächstes Regieprojekt wird deshalb vermutlich der auf einem eigenen Drehbuch beruhende *Clear Intent* sein. Zuvor jedoch bewies Emilio Estevez einen guten Riecher für Erfolge. In der Action-Komödie *Stakeout* spielt er an der Seite von Richard Dreyfuss einen jungen Polizisten, der seinen Partner bei der Überwachung einer Frau davor zu bewahren versucht, sich in das Observierungsprojekt zu verlieben. Erfolglos. Estevez recherchierte intensiv bei der Polizei von Los Angeles, um seine Rolle möglichst authentisch erscheinen zu lassen. Doch sein Part erwies sich nur als Nebenrolle. Das Feld gehörte Richard Dreyfuss, dessen Auftritte solistische Kabinettstückchen darstellten und dem gegenüber Emilio wenig Möglichkeiten besaß, eine schauspielerische Eigenständigkeit zu ent-

James Dean stand Pate. Emilio Estevez und Laura Harrington in ›Maximum Overdrive‹

wickeln. Was sich bereits in *St. Elmo's Fire* gezeigt hatte, in einer mehr oder weniger komischen Rolle, zeigte sich auch hier – Estevez besitzt keinerlei darstellerische Techniken. Seine Stärke liegt in der Darstellung eines bestimmten Typen

Voyeure unter sich. Richard Dreyfuss und »sidekick« Emilio Estevez auf der Lauer in ›Stakeout‹

– des rebellischen Jugendlichen. »Eigentlich ist es für mich das erste Mal, daß ich auf der Leinwand einen ausgewachsenen Mann darstelle. Zudem habe ich noch eine Komödie gedreht. Also war der Film für mich eine echte Lernerfahrung.

Richards Timing ist absolut unschlagbar, und durch die Zusammenarbeit mit ihm habe ich ein Gefühl für Komödien entwickeln können. Ich habe begriffen, wie wichtig Timing ist.«[9]) Der überraschende, enorme Erfolg von *Stakeout* brachte Emilio Estevez' Karriere einen gewaltigen Schub. Er bleibt sicherlich eines der interessantesten neuen Gesichter Hollywoods, doch seine weitere Laufbahn bleibt ebenso ungewiß. Zu wechselhaft sind seine Leistungen, zu unberechenbar der Star. Zuletzt interessierte ihn mehr die Politik. Zusammen mit seinem politisch schon immer engagierten Vater war er in einer Abrüstungskampagne von Prominenten aus dem Showbiz aktiv.

Anmerkungen

[1]) Colette Maude. Emilio's Fire. In: Photoplay, December 1985
[2]) Thomas Wiener. Out Here on His Own. In: American Film, March 1985
[3]) ebda.
[4]) ebda.
[5]) Colette Maude, a.a.O.
[6]) Vgl. Rezension von Pam Cook. In: Monthly Film Bulletin Vol. 53, No. 635, December 1986
[7]) Presseheft »St. Elmo's Fire – Die Leidenschaft brennt tief«
[8]) Douglas Thompson. Power in the Pack. Emilio set to become the new Czar of Hollywood. In: Daily Express, 4.11.1986
[9]) Presseheft »Die Nacht hat viele Augen« (Stakeout)

Filmographie

1982

In the Custody of Strangers (TV)
Regie: Robert Greenwald
Darsteller: Martin Sheen, Jane Alexander, EMILIO ESTEVEZ, Kenneth McMillan, Ed Lauter, Matt Clark

Tex
Regie: Tim Hunter
Darsteller: Matt Dillon, Meg Tilly, Jim Metzler, Bill McKinney, Frances Lee McCain, Ben Johnson, EMILIO ESTEVEZ (Johnny)

The Outsiders (Die Outsider)
Regie: Francis Coppola
Darsteller: C. Thomas Howell, Ralph Macchio, Matt Dillon, Patrick Swayze, Rob Lowe, Diane Lane, EMILIO ESTEVEZ (Two-Bit Matthew), Tom Cruise

1983

Nightmares (Alpträume)
Episode THE BISHOP OF BATTLE
Regie: Joseph Sargent
Darsteller: Cristina Raines, Joe Lambie, EMILIO ESTEVEZ (J. J. Cooney), Mariclare Costello, Louis Giambalvo

1984

Making the Grade (TV)
Regie: Dorian Walker
Darsteller: Judd Nelson, Jonna Lee, Carey Scott, Dana Olsen, Gordon Jump, Walter Olkewicz, EMILIO ESTEVEZ

Repo Man (Repo Man)
Regie: Alex Cox
Darsteller: EMILIO ESTEVEZ (Otto), Harry Dean Stanton, Fox Harris, Olivia Barash, Tom Finnegan

The Breakfast Club (Breakfast Club – Der Frühstücksclub)
Regie: John Hughes
Darsteller: EMILIO ESTEVEZ (Andrew Clark), Judd Nelson, Anthony Michael Hall, Molly Ringwald, Paul Gleason, Ally Sheedy

1985

That Was Then ... This Is Now
Regie: Christopher Cain
Drehbuch: EMILIO ESTEVEZ
Darsteller: EMILIO ESTEVEZ (Mark Jennings), Craig Sheffer, Kim Delaney, Jill Schoelen, Barbara Babcock, Roman Sheen

St. Elmo's Fire (St. Elmo's Fire – Die Leidenschaft brennt tief)
Regie: Joel Schumacher
Darsteller: EMILIO ESTEVEZ (Kirbo), Rob Lowe, Demi Moore, Andrew McCarthy, Judd Nelson, Ally Sheedy, Mare Winningham

Maximum Overdrive (Rhea M – Es geschah ohne Warnung)
Regie: Stephen King
Darsteller: Emilio Estevez (Bill Robinson), Pat Hingle, Laura Harrington, Yeardley Smith, John Short

1986

Wisdom (Wisdom)
Regie und Drehbuch: EMILIO ESTEVEZ
Darsteller: EMILIO ESTEVEZ, Demi Moore, Tom Skerritt, Veronica Cartwright, William Allen Young, Charlie Sheen

1987

Stakeout (Die Nacht hat viele Augen)
Regie: John Badham
Darsteller: Richard Dreyfuss, EMILIO ESTEVEZ (Bill Reimers), Madeleine Stowe, Aidan Quinn, Forest Whitaker

Young Guns
Regie: Christopher Cain
Darsteller: EMILIO ESTEVEZ, Lou Diamond Phillips, Kiefer Sutherland, Charlie Sheen, Dermott Mulroney, Terence Stamp, Jack Palance

1988

Ask the Dust
Regie: Daniel Vigne
Darsteller: EMILIO ESTEVEZ

Weitere TV-Filme ohne Angaben
Seventeen Going on Nowhere (1980 ?)
To Climb a Mountain (1981 ?)

Michael J. Fox

»Michael repräsentiert jene Art von Optimismus, Unschuld, Reinheit und Charme, die wir im Film seit den dreißiger und vierziger Jahren nicht mehr gesehen haben.«

Herbert Ross

Er ist das typische Produkt einer Zuschauergeneration, die vor dem Fernseher aufwuchs. Außer seiner geringen Größe von 1,62 Meter weist Michael J. Fox keine Besonderheiten auf. »Ich weiß, daß man mir nicht dieselben Rollen wie Robert Redford anbietet. Was soll's? Es gibt andere Vorteile.«[1)]
Er hat das Aussehen und die Erscheinung des netten Jungen von nebenan, wirkt ebenso austauschbar und beliebig. Seine Filme sind allesamt Unterhaltung der leichten bis sehr leichten Art, und doch hat das stets wippende Energiebündel Erfolg. Er ist das Idol der Yuppie-Generation.
Sein letzter Hit an den Kinokassen hieß *The Secret of My Success.* Michael J. Fox spielte darin einen Jungen vom Lande, der beschließt, sein Glück in der großen Stadt zu versuchen. Nach allerlei Enttäuschungen und Tiefs steht er schließlich an der Spitze der Firma, bei der er als Bürobote angefangen hatte. Außerdem hält er seine Traumfrau in den Armen. Die Story dieses Yuppie-Märchens ähnelte auf verblüffende Weise dem Aufstieg ihres Hauptdarstellers. 1962 im kanadischen Vancouver als Sohn eines Soldaten und späteren Polizisten geboren, zog Michael J. Fox mit seinen Eltern und vier Geschwistern von Stützpunkt zu Stützpunkt. Mit fünfzehn Jahren spielte er in dem TV-Film *Witch of Westminster Crossing* die Rolle eines zehnjährigen. Es war der Beginn seiner Schauspielerkarriere. Noch während er zur Schule ging, trat er an lokalen Theatern in Vancouver auf und spielte zwei Jahre lang eine Rolle in der TV-Show *Leo and Me.* Ironischerweise fiel Fox zur gleichen Zeit auf der High School durch das Dramaexamen. Sein Schauspielcoach bescheinigte ihm Unfä-

higkeit. Für Michael war dies der Anlaß, die Schule mit dem Einverständnis seiner Eltern aufzugeben. Es war ein Entschluß, den er nicht bereuen mußte. »Aber ich glaube, ich würde gerne irgendwann einmal aufs College gehen. Ich habe immer geglaubt, die Mentalität eines Schriftstellers zu haben, doch zwischen meinem Verstand und meiner Hand gibt es Verbindungen, die noch nicht vollständig erschlossen sind. Ich würde gerne zur Schule gehen und anfangen, diese Wege zu entwickeln.«[2)] Dazu wird er wohl kaum noch Zeit haben. Denn Erfolg verpflichtet.

1979 wirkte Fox, dessen Name damals noch nicht den Zusatz J. aufwies, in dem Fernsehfilm *Letters from Frank* mit. Die Hauptrollen spielten die großartigen Charakterdarsteller Art Carney und Maureen Stapleton. Sein erster Auftritt in einem »richtigen« Film bewog ihn, nach Hollywood umzuziehen. Nur dort konnte er als Schauspieler reüssieren. Gastrollen in TV-Serien wie *Lou Grant, Trapper John, M. D.* oder *Family* mit Matthew-Boderick-Vater James folgten. Auch im Kino kam er an, wenn auch nur in einer winzigen Rolle in der Disney-Produktion *Midnight Madness.* Zum ersten Male wirkte er bei dieser idiotischen College-Comedy in einem Genre mit, dessen eigentlicher Star er wurde: die Teenie-Klamotte. Für Fox kein Grund zur Resignation. Während andere Schauspieler wie Tom Cruise, Sean Penn oder Rob Lowe erfolgreich nach Fluchtwegen aus den Klischees suchten, die man ihnen anhängte, beschränkte sich Fox auf deren Variation. »Ich halte sie für großartig«, äußerte er sich über die Teenie-Filme. »Es war Zeit, denn viele der sogenannten Jugendfilme handelten nicht von wirklichen Kids ... Endlich werden junge Leute als Menschen anerkannt. Ihre Erlebnisse sind so reizvoll und attraktiv und eine solche Entdeckung, daß alles nur so explodierte.«[3)] Als sich sein Erfolg in Hollywood abzeichnete, ergänzte Fox seinen Namen um den Buchstaben J., als eine Geste gegenüber dem (körperlich ebenfalls kleinen) Schauspieler Michael J. Pollard. »Er ist ein Darsteller, den ich sehr bewundere, weil er eine echte Präsenz und Charisma besitzt und beweist, daß man nicht der *leading man* sein muß, um diese Wirkung zu erzielen. ›Bonnie and Clyde‹ (in

Der Kleinste wurde zum Größten. Michael J. Fox in ›The Secret of My Success‹

dem Pollard eine Hauptrolle spielte, d. A) ist dafür ein gutes Beispiel. Ich glaube, ich sah mich immer als Charakterdarsteller. Vielleicht habe ich auch nur eine Zuneigung zu Underdogs.«[4] Fox' Karriere machte einen großen Schritt vorwärts, als er eine Rolle in der vom Bestseller-Autor Alex Haley (»Roots«) kreierten Miniserie *Palmerstown USA* erhielt. Der Erfolg brachte aber auch Nachteile. Tatsächlich kam für den jungen Darsteller eine Zeit, in der er schon alles aufgeben wollte. Eine kleine Rolle in dem brutalen, gewalttätigen kanadischen Schülerfilm (einer mehr) *Class of 1984* bedeutete keine Erleichterung. Weitere Rollen blieben aus, die sechzigtausend Dollar Honorar von *Palmerstown USA* waren restlos verbraucht, seine Schulden summierten sich schnell auf dreißigtausend Dollar. Er mußte seine Möbel verkaufen, um überhaupt überleben zu können. Da erreichte ihn ein Anruf seines Agenten, der ihm mitteilte, daß er in der TV-Serie *Family Ties* die Rolle des Alex P. Keaton spielen könnte. »Da war ich also und sagte meinem Agenten, daß es soundso viele Tausende pro Woche sein müßten. Dabei wünschte ich mir, ich hätte einen Dollar und neunundneunzig Cents, um mir ein Chicken-Sandwich zu kaufen.«[5)]

Die Serie wurde ein durchschlagender Erfolg. Michael J. Fox spielt den Sohn der Familie, Alex. Während seine Eltern Liberale der Achtundsechziger-Generation sind, ist Alex konservativ und reaktionär und verkörpert die Ideale der Ellbogengesellschaft. »Als ich das Drehbuch zum ersten Mal las, dachte ich, dieser Typ ist wirklich ein Dreckskerl. Ich kann ihn wahrscheinlich gar nicht spielen ... Wie kann man einen Siebzehnjährigen mögen, der das Wall Street Journal aus Spaß liest ... Aber hinter dieser mittelalterlichen, rechtslastigen Fassade sah ich eine Möglichkeit, Alex menschlicher, gefühlvoller zu machen. Ich dachte, man kann an diese Dinge glauben und trotzdem ein netter Kerl sein.«[6)] Michael J. Fox verlieh seiner Figur tatsächlich menschliche Züge und ließ in den überwiegend improvisierten Auftritten so viel Witz erkennen, daß es schwerfällt, Alex ernst zu nehmen. Doch viele tun es. »Ich war erschrocken, als mich einige amerikanische Faschisten-Organisationen baten, Mitglied zu werden. Grund dafür waren Alex' vage rechtslastige Aussagen.«[7)] Der Riesenerfolg der Serie, die immer noch läuft, machte aus Michael über Nacht einen (Fernseh-)Star. Die Fanbriefe addierten sich zu Zehntausenden. Drei Wochen im Monat arbeitete er für *Family Ties,* längere Pausen nutzte er, um in anderen Projekten mitzuspielen. Doch nach wie vor – trotz seiner anschließenden Erfolge – betrachtete er die Serie als festes Standbein. »Die Show ist für mich eine Art Zuhause, und ich betrachte sie als Job, während die Filme meine Projekte sind. Viele Leute haben zur Sendung beigetragen, und wir arbeiten alle sehr gut zusammen. Es wäre unfair gegenüber den anderen, wenn ich einfach abhauen und sagen würde: ›Jetzt bin ich ein großer Filmstar.‹«[8)]

Eines der ersten »Projekte«, an dem er in einer Drehpause

mitwirkte, war der unsäglich einfältige *High School U.S.A.*, eine fürs Fernsehen gedrehte Schülerklamotte, wie der Titel schon hinreichend andeutet. Bei den Dreharbeiten lernte Fox die Schauspielerin Nancy McKeon kennen, die lange Jahre seine Freundin war. 1984 arbeitete er noch einmal mit ihr zusammen. Wieder war es eine Teenie-Komödie, *Poison Ivy,* allerdings mit verändertem Schauplatz. Diesmal war es ein Sommercamp, in dem sich die ärmliche, stereotype Handlung abspielte. 1985 wurde für Michael J. Fox aber ein wichtiges und arbeitsreiches Jahr. Die Schwangerschaft einer *Family Ties*-Kollegin und die dadurch erzwungene Unterbre-

An die Wand gedrängt. Michael J. Fox in einer Phase der Erfolglosigkeit in ›Class of 84‹

chung ermöglichte es ihm, die Hauptrolle in *Teen Wolf* anzunehmen. »Ich hatte fünf Wochen frei und dachte, daß ich einen Film machen sollte. Es mußte etwas mit einer kurzen Drehzeit sein, mit geringem Budget, doch das meiste, was man mir angeboten hatte, handelte von einem Teenager, der nach Tijuana geht und dort seine Unschuld verliert.«[9)]

Teen Wolf ist eine jener Komödien um den netten Jungen von nebenan, die Fox' Popularität ausmachen. In der High School ist er einer unter vielen, seine Annäherungsversuche an die Schulschönheit ernten nur ein müdes Lächeln. Mit seinem Basketballteam ist Scott Howard (Fox) anderen Mannschaften hoffnungslos unterlegen, und er ist schon bereit, alles aufzugeben. Doch in den letzten Tagen spürt er häufiger ein unangenehmes Kratzen, entdeckt einige seltsame Haare an seinem schmächtigen Körper und muß schließlich in einer Vollmondnacht feststellen, daß er sich in einen Werwolf verwandelt hat. Der zunächst entsetzte Scott bemerkt schnell, daß seine Verwandlung auch Vorteile in sich birgt. Mitten in einem Basketballspiel, als er sich mal wieder über die Chancenlosigkeit ärgert, wird er erneut zum Werwolf. Vor dem verblüfften und dann begeisterten Publikum wird er zum Star. Jeder will ihn als Wolf sehen. Aber natürlich merkt Scott, daß dabei sein wahrer Charakter verlorengeht. Er beschließt, sich nicht mehr bewußt in einen Werwolf zu verwandeln. Erfolg hat er am Ende dennoch. »Ich mochte die Idee und wollte unbedingt bei etwas arbeiten, das Special-Effects enthielt. Der Gebrauch von Masken und Prothesen war eine interessante Erfahrung.«[10)] Der Film ließ kein Klischee des Genres aus und vertrat auch dessen konservative Moral. Michael J. Fox indes ließ zum ersten Male so etwas wie Leinwandpräsenz erkennen, wenn auch noch reichlich blaß. Der für verhältnismäßig wenig Geld gedrehte Film wurde mit mehr als vierzig Millionen Dollar Einspielergebnis dennoch ein großer Erfolg. Doch obwohl der Film im Trend der simplen Teenager-Komödien lag, war der Grund für den Erfolg ein anderer.

Steven Spielberg hatte Michael J. Fox für seine Produktion von *Back to the Future* engagiert, die der Regisseur Robert

Zemeckis (*Romancing the Stone*/Auf der Jagd nach dem grünen Diamanten) inszenierte. »Michael schien ideal für die Rolle, und er hat ein großartiges Gefühl für das Timing bei einer Komödie«, urteilte Zemeckis.[11] »Er hat einen großen Sinn für Humor. Seine trockene Art bei Alex in ›Family Ties‹ ließ mich die Show Woche für Woche anschauen«, meinte

Spielberg über ihn.[12] Fox mußte aber ablehnen, seine *Family Ties*-Verpflichtung ließ es nicht zu. Seine Rolle übernahm der junge Darsteller Eric Stoltz. Nach sechs Wochen wurde er gefeuert. Michael J. Fox entschloß sich, die Rolle des Marty McFly doch zu übernehmen. Von zehn Uhr morgens bis sechs Uhr nachmittags drehte er *Family Ties,* von halb sieben abends bis halb drei in der Früh stand er für *Back to the Future* vor der Kamera. Und das drei Monate lang. Eine einzigartige Kraftanstrengung. »Ich wußte, daß es eine grausame Zeit werden würde, aber was sollte ich sagen? ... ›Tut mir leid, Steven, ich bin zu erschöpft.‹ Am Ende machte es mir sogar Spaß. Ich dachte, wenn ich das in meinem Alter nicht schaffen würde, könnte ich gleich das Geschäft aufgeben. Glücklicherweise sind Alex von ›Family Ties‹ und Marty von ›Back to the Future‹ zwei unterschiedliche Charaktere, und es war leicht, sie auseinanderzuhalten.«[13] Die Story des witzigen Films erzählt von Marty McFly, einem typischen netten Jungen im Amerika der achtziger Jahre, der in einem De-Lorean-Flitzer dreißig Jahre in die Vergangenheit zurückkatapultiert wird. In die Zeit des Rock'n'Roll. Seine zukünftigen Eltern sind noch nicht verheiratet, und Marty, der mit seinem Wissen aus den Achtzigern zum Helden der Kleinstadt wird, muß erleben, wie sich seine Mutter (Lea Thompson) in ihn statt in seinen Vater (Crispin Glover) verliebt. Mit Müh' und Not kann er eine Korrektur der Zukunft verhindern. Schließlich gelingt auch die Rückreise mit Hilfe des verrückten Erfinders (Christopher Lloyd), der ihn auf die Zeitreise geschickt hatte.

Die Komik in *Back to the Future* resultiert vor allem aus den Kontrasten. Die fünfziger Jahre, vor allem ihre Konsumgüter und Lebenseinstellung, werden aus der Sicht eines aufgeweckten Jungen mit dem Wissen um die Zukunft gesehen. Umgekehrt auch sein Staunen angesichts originaler Relikte der Fünfziger. Die fehlende Zeit zur intensiven Vorbereitung auf seine Rolle geriet Michael J. Fox zum Vorteil. »Ich glaube, es war einer dieser wenigen Filme, bei denen es ideal war, keine Zeit für die Hausaufgaben zu haben, sich alte ›Life‹-Magazine anzuschauen oder so etwas. Marty durfte überhaupt nichts über die Zeit, die er besucht, wissen, und das tat ich auch nicht.«[14] So geriet dem Schauspieler sein unschuldiges Aussehen zum Vorteil, denn Fox hüpft durch die Ausstattung wie ein verlorenes Kind. Eine der gelungensten Szenen ist sein Auftritt mit einer Rock'n'Roll-Band. Nicht nur sein freieres Gitarrenspiel im expressiven Stil der siebziger Jahre irritiert zunächst das Publikum, um es kurz darauf zu begeistern; vor allem sein Entengang à la Chuck Berry reißt die Kids von damals aus den Stühlen. Es ist auch Fox' Lieblingsszene. »Ich wollte schon immer ein Rock'n'Roll-Star sein ... Als ich vierzehn oder fünfzehn war, spielte ich in Garagenbands. Ich war eher ein Gitarrist der Sorte Hacker, was heißt, ich war nicht gut, aber entschlossen. Als ich mit dem Schauspielen anfing, hörte ich mit der Musik auf. Aber

›Back to the Future‹ wurde einer der größten Kassenschlager aller Zeiten. (V. l. n. r.) Christopher Lloyd, Michael J. Fox, Lea Thompson

als ich diese Szene im Drehbuch sah, wußte ich, daß sie für mich war.«[15] Der Film wurde ein immenser Erfolg und zählt zu den erfolgreichsten überhaupt. Mittlerweile dürfte sein Einspielergebnis bei mehr als zweihundert Millionen Dollar liegen. Sogar *Rambo 2* mußte dem quirligen Whiz Kid Marty weichen. Michael J. Fox schoß endgültig ins Firmament der Superstars auf. Aus dem Schauspieler wurde eine Pop-Ikone. Sich dessen wohl bewußt, wählte er als sein nächstes »Projekt« ein Drehbuch von Paul Schrader. Das hatte zwei Vorteile. Zum einen konnte er wieder Gitarre spielen, denn er verkörperte einen jungen Rockmusiker, zum anderen hoffte er, sich auch als Schauspieler abseits seichter Unterhaltung zu profilieren. Denn *Light of Day* sollte ein düsterer Film werden. Der kommerzielle Mißerfolg war eigentlich programmiert. Denn aus einem Low-Budget-Film wurde durch die eineinhalb Millionen Dollar Gage für Fox ein teurer Film.
Zweihundertfünfzigtausend Dollar hatte sein Honorar bei *Back to the Future* betragen, auf zwei Millionen sollte es nach *Light of Day* steigen. Hinzu kam ein mit viereinhalb Millionen dotierter Werbevertrag mit Diet Pepsi. Seine Einnahmen für 1986 und 1987 wurden vom *Forbes Magazine* auf siebzehn Millionen Dollar geschätzt. 1985 hatten ihn die amerikanischen Kinobesitzer zum aufsehenerregendsten neuen Star des Jahres gewählt, die Fanbriefe bestätigten dies so zahlreich wie nie zuvor. Michael J. Fox war auf dem Zenith seiner noch jungen Karriere. »Ich habe Angst, daß mir irgendwer einmal sagt, es war alles ein Mißverständnis, und mir einen Fußtritt gibt.«[16] Als Folge seiner Ängste kennt der kleine große Mann von Hollywood kaum Freizeit. Es werden ihm Affären mit Kolleginnen nachgesagt, wie mit Helen Slater, doch Fox ist in erster Linie ein Workaholic.
Paul Schraders *Light of Day,* der ursprünglich »Born in the USA« heißen sollte, resultiert aus der Vergangenheitsbewältigung seines Autors und Regisseurs. Nur vordergründig erzählt der Film die Geschichte einer Rockband, sein eigentliches Thema sind die familiären Probleme der Rasniks. Verzweifelt versucht Joe (Fox), die Familie zusammenzuhalten, seinen Fabrikjob und außerdem Musik zu machen. Seine ster-

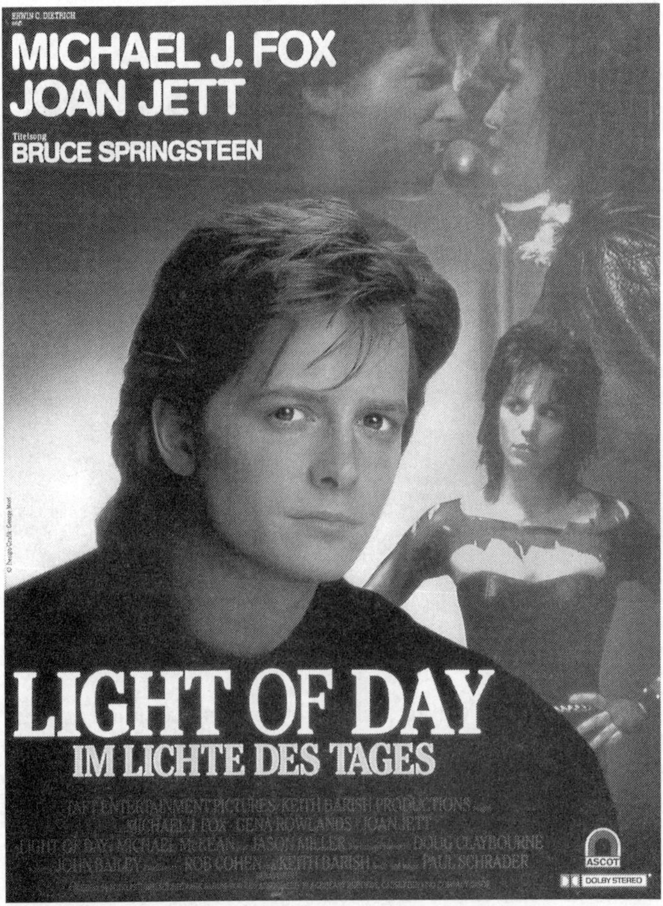

Michael J. Fox' größter Flop bislang

bende Mutter (Gena Rowlands) und seine Schwester Patti (Joan Jett) haben andauernd Streit, und Joe muß mitansehen, wie ihr Trio auseinanderfällt. Es war für Michael J. Fox die größte Herausforderung seiner schauspielerischen Entwicklung. »Obwohl ich vieles von dem, was Paul gemacht hatte, mochte, war es doch ein bißchen abseits der herkömm-

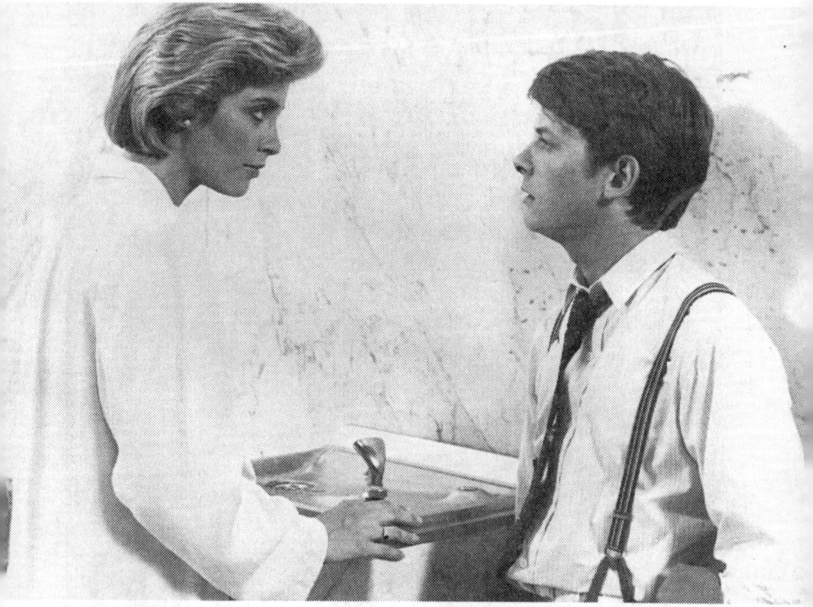

Der Kleine auf dem Weg nach oben. Michael J. Fox und Helen Slater in ›The Secret of My Success‹

lichen Pfade. Ich wußte nicht, wie sich das für mich auswirken würde.«[17] Es sollte sich schlecht auswirken. Zwar bewies Michael J. Fox, daß er Gitarre spielen konnte, doch schauspielerisch war er glatt überfordert. Zu keiner Zeit verkörperte der nette Junge von nebenan – das Idol der Yuppies – einen Arbeiter von überzeugender Manier. Hinzu kam, daß Schraders Film völlig mißglückte. Es wurde Michaels erster großer Flop in seiner Karriere.
Doch schon wenig später hatte das quirlige Energiebündel die Scharte ausgebügelt. *The Secret of My Success* entwickelte sich zum Überraschungshit des Jahres 1987. Mit der Story des sozialen Aufsteigers, der es mit Fleiß und Witz bis ganz nach oben schafft, konnten sich viele identifizieren. Und mit dem Darsteller ohnehin. Michael war in seinem Element. Ohne schauspielerisch allzu große Anforderungen er-

füllen zu müssen, brachte er das Klischee, auf dem sein Erfolg beruht, wieder zu spritzigem Leben. »Ich mag es, Leute zum Lachen zu bringen, und wenn ich eine dramatische oder komische Rolle spiele, versuche ich das so hinzukriegen, daß die Leute etwas von sich selbst in dieser Rolle entdecken.«[18)] Das Geheimnis seines Erfolges? Gewiß, denn Michael verkörpert nicht nur den amerikanischen Traum, er verkörpert auch die Unschuld. In seinem anschließenden Film *Bright Lights, Big City* den Sydney Pollack produzierte, läuft er aber Gefahr, diese zu verlieren. Der auf dem gleichnamigen Roman von Jay McInerney basierende Film handelt vom Drogenuntergrund und hatte auch schon Tom Cruise interessiert. Michael J. Fox hat sich wieder einer Herausforderung gestellt. »Ich wollte schon wissen, wie weit ich als Darsteller würde gehen können. Eines dieser Skripts brachte mich buchstäblich zum Weinen, das andere zum Lachen. Solange ich so unterschiedliche Dinge machen kann, bin ich glücklich.«[19)] Als nächstes wird er sich wohl wieder auf ein sicheres Terrain zurückziehen. Denn möglicherweise kommt es zu einer Fortsetzung von *Back to the Future.* Dieses Zurück in die Zukunft könnte dann auch für Michael J. Fox selber gelten. Wie lange indes die Pop-Ikone den Schauspieler ersetzen kann, bleibt offen. Aber vielleicht ist es ja gerade ein Ausdruck seiner Fangeneration, daß sie verlernt hat, Qualität zu erkennen.

Anmerkungen

1) Colette Maude. The Smell of Success. In: Photoplay July 1987

2) Emily Benedek. A Conversation With Michael J. Fox. Past, Present and ›Back to the Future‹. In: Rolling Stone, 29.8.1985

3) ebda.

4) Allan Hunter. Michael J. Fox, Interview. In: Films and Filming, February 1986

5) Colette Maude, a.a.O.

6) Pat Moore. The Horrible Heart-Throb. Alex takes pleasure in being a pain. In: The Star, 20.7.1985

7) ebda.

8) Allan Hunter, a.a.O.

9) ebda.

10) ebda.

[11] Lisa Dewson. Fox on the Run. In: Photoplay, February 1986
[12] ebda.
[13] ebda.
[14] Allan Hunter, a.a.O.
[15] Lisa Dewson, a.a.O.
[16] Lucy Robinson. Flying Fox! But tip-top Michael fears a fall. In: Mirror Weekend, 26.6.1987
[17] Steve Pond. Trading Places. In: Rolling Stone, 15.1.1987
[18] Presseheft »Das Geheimnis meines Erfolges«
[19] ebda.

Filmographie

1979

Letters from Frank (TV; Kanada)
Regie: Edward Parone
Darsteller: Art Carney, Maureen Stapleton, Mike Farrell, Lew Ayres, MICHAEL J. FOX

1980

Midnight Madness
Regie: David Wechtler, Michael Nankin
Darsteller: David Naughton, Debra Clinger, Eddie Deezen, Brad Wilkin, MICHAEL J. FOX

Palmerstown USA (TV-Serie, 16 Folgen)
Created by: Alex Haley, Norman Lear
Darsteller: Jonell Allen, Beeson Carroll, MICHAEL J. FOX, Bill Duke, Janice St. John

1981

Class of 1984 (Die Klasse von 1984) (Kanada)
Regie: Mark Lester
Darsteller: Perry King, Merrie Lynn Ross, Roddy McDowell, Timothy Van Patten, Stefan Arngrim, MICHAEL J. FOX (Arthur)

1982

Family Ties (TV-Serie)
Created by: Lloyd Garber
Darsteller: Meredith Baxter Birney, Michael Gross, MICHAEL J. FOX (Alex P. Keaton), Justine Bateman, Tina Yothers

1983

High School U.S.A. (TV)
Regie: Rod Amateau
Darsteller: MICHAEL J. FOX, Nancy McKeon, Todd Bridges, Lauri Hendler, Dana Ploto, Bob Denver

1984

Poison Ivy (Das total ausgeflippte Sommercamp) (TV)
Regie: Larry Elikann
Darsteller: MICHAEL J. FOX, Nancy McKeon, Caren Kaye, Robert Klein, Adam Baldwin, Cary Guffey

1985

Teen Wolf (Teen Wolf)
Regie: Rod Daniel
Darsteller: MICHAEL J. FOX (Scott Howard), James Hampton, Scott Paulin, Susan Ursitti, Jerry Levine

Back to the Future (Zurück in die Zukunft)
Regie: Robert Zemeckis
Darsteller: MICHAEL J. FOX (Marty McFly), Christopher Lloyd, Crispin Glover, Lea Thompson, Wendy Jo Sperber

1986

Light of Day (Light of Day – Im Lichte des Tages)
Regie: Paul Schrader
Darsteller: MICHAEL J. FOX (Joe Rasnik), Gena Rowlands, Joan Jett, Michael McKean, Jason Miller

1987

The Secret of My Success (Das Geheimnis meines Erfolges)
Regie: Herbert Ross
Darsteller: MICHAEL J. FOX (Brentley Foster), Helen Slater, Richard Jordan, Margaret Whitton, Fred Gwynne

Bright Lights, Big City (Die grellen Lichter der Großstadt)
Regie: James Bridges
Darsteller: MICHAEL J. FOX (Jamie Conway), Kiefer Sutherland, Phoebe Cates, Tracy Pollan, Dianne Wiest, Jason Robards

1988

Casualities of War (in Arbeit)
Regie: Brian De Palma
Darsteller: MICHAEL J. FOX, Sean Penn

Back to the Future II (geplant)
Regie: Robert Zemeckis
Darsteller: MICHAEL J. FOX (Marty McFly), Christopher Lloyd

(Gast-)Auftritte in den TV-Serien
Witch of Westminster Crossing,
Leo and Me (zwei Jahre lang),
Lou Grant, Family und **Trapper John, M. D.**

Steve Guttenberg

Seine Fangemeinde junger Mädchen im Alter zwischen dreizehn und fünfzehn würde ihm am liebsten bei jeder Gelegenheit um den Hals fallen. Steve Guttenberg zählt zu den absoluten Lieblingen anspruchsloser Teenager. Seine Karriere ist dabei geprägt von einem merkwürdigen Dualismus. Durch überaus dumme Komödien wurde er zum Star und schuf sich einen Freiraum, der ihm höherwertige Rollen ermöglichte. Die allerdings werden vom breiten Publikum kaum wahrgenommen. Sind seinen Fans seine komplexeren Rollen ein Greuel, können sich andere nicht vorstellen, wie ein Klamaukdarsteller sich als ernsthafter Schauspieler profilieren will. Doch seine ausgeprägte Durchschnittlichkeit, sein Jedermann-Appeal, die braunen Kraushaare und Knopfaugen machen ihn zum Sympathieträger, zum austauschbaren zudem.
Steve Guttenberg wurde als Sohn eines Polizisten in Brooklyn, New York, am 24. August 1958 geboren. Der Abkömmling russisch-deutscher Vorfahren wuchs in Massapequa, Long Island auf. Während er als Bote in einer Werbeagentur arbeitete und Schauspieler beobachtete, die sich für eine Rolle in einem Spot bewarben, kam dem damals Sechzehnjährigen die Idee, es selbst in dem Metier zu versuchen. »Warum ich nicht auch?« fragte er sich und war fortan entschlossen, Schauspieler zu werden. Seine kleinbürgerliche Familie war erstaunt, hatte aber keine Einwände. Steve Guttenberg wurde in New York an der durch den Film *Fame* berühmt gewordenen School for the Performing Arts aufgenommen. Zur gleichen Zeit absolvierte er die letzten zwei Jahre der High School. Erste Schauspielpraxis bekam er durch Auftritte in Schulproduktionen und ein Engagement am Off-Broadway, in dem Stück »A Lion in Winter«. Anschließend trat er dem Juilliard Workshop bei, wo er unter John Houseman studierte. Später schlossen sich Schauspielkurse am Neighborhood Playhouse und Actors' Studio an.

Steve Guttenberg als unfreiwilliger Ersatz-Vater in ›Three Men and a Baby‹

Lehrer waren unter anderem Uta Hagen und Lee Strasberg. Um das alles finanzieren zu können, arbeitete er in den verschiedensten Jobs. Ohne sich auf Beziehungen oder Bekannte – sieht man von seinem Patenonkel ab – stützen zu können, entschloß er sich im Sommer 1976, nach Los Angeles zu gehen. Er wollte eine Karriere im Kino machen.
Steve Guttenberg zeigte eine ungewöhnliche Energie und Phantasie, bevor er seine erste Rolle bekam. Noch immer kannte er keine Seele in Hollywood. Dennoch rannte er den Besetzungsagenten die Türen ein. Und schließlich – Frechheit siegte. »Ich war der Schrecken der Sicherheitsbeamten. Ich stolzierte zu Paramount, und als mich einer nach meinem Namen fragte, sagte ich: ›Wie ist Ihr Name, *mein* Vater ist der Präsident dieser Studios.‹ Mensch, muß der einfältig gewe-

sen sein. Er sagte nur ›O. k.‹, und ich marschierte geradewegs in die Requisiten-Abteilung. Fand ein leeres Büro, klaute Papier, Bleistifte, fand Schreibtisch und Stuhl und begann, wichtige Leute anzurufen. Dann hörte ich den Gesprächen in der Kantine zu … Eines Tages schließlich ging ich ins

Mit Schnauzer als Jung-Manager in der Komödie ›Surrender‹

Büro eines berühmten Besetzungsagenten. Nachdem ich fünfmal rausgeschmissen worden war, sagte ich ihm meinen Namen, sagte, ich sei der Gucci der jungen Schauspieler, und er solle mir einen Augenblick seiner Zeit widmen.«[1] Die Aufdringlichkeit zahlte sich aus. Steve Guttenberg bekam seine erste Rolle.

In dem Fernsehfilm *Something for Joey* spielte er an der Seite so renommierter Charakterdarsteller wie Geraldine Page. Der Film um ein Brüderpaar, von dem einer an Leukämie erkrankt ist, machte auf den jungen Darsteller aufmerksam. Gleich im Anschluß erhielt er die Hauptrolle in *The Chicken Chronicles,* einer jener dümmlichen High-School-Komödien, in der es einzig darum geht, die Mädchen ins Bett zu kriegen. Steve Guttenberg mußte nach dem Reinfall des Films wohl gespürt haben, daß man mit solchen Rollen keine erfolgreiche Schauspielerkarriere aufbauen kann, vor allem nicht, wenn man am Actors' Studio studiert hat. Er kehrte nach New York zurück und begann ein Studium der Zahnmedizin. In New York erreichte ihn ein Anruf des Regisseurs Franklin Schaffner. Er bot ihm die Rolle des jungen Antifaschisten Barry Kohler in seinem Film *The Boys from Brazil* an. Guttenberg wollte zunächst nicht glauben, daß er neben Schauspielstars wie Laurence Olivier, Gregory Peck und James Mason auftreten sollte. Leider erfüllte der Film nichts von dem, was Besetzung und Vorlage versprachen. Die Story um eine Naziverschwörung mit geklonten Hitlersöhnen, vom SS-Arzt Mengele (Peck) ersonnen, ist ebenso konfus wie fragwürdig. Guttenberg, der die Morde an biederen Familienvätern, den Pflegevätern der neuen Nazibrut, recherchiert, muß im Verlauf der Story sein Leben lassen, nicht ohne zuvor Laurence Olivier seine Entdeckung ins Ohr geflüstert zu haben. Zwar konnte Guttenberg auch hier nicht sonderlich überzeugen, er war aber auch nicht der Schlechteste in einem Ensemble, das darstellerische Highlights setzen wollte aber nur eine Armenvorstellung gab. Seine Karriere aber brachte der Film in Schwung. Befremdlich dabei nur, daß seine nächsten Filme sämtlich Mißerfolge waren.

Die der britischen Erfolgsserie *Billy Liar* nachempfundene

Steve Guttenberg und Valerie Perrine in ›Can't Stop the Music‹

TV-Serie *Billy* bot ihm zwar die Titelrolle, wurde indes nach wenigen Folgen wieder eingestellt. Der Tennisfilm *Players* demonstrierte die darstellerische Eintönigkeit aller Beteiligten, darunter Maximilian Schell. In *Can't Stop the Music* verkörperte Guttenberg einen Jungkomponisten, dessen Songs zu Disco-Rennern werden. Der Streifen war als Promotion-Film der auf Schwulengruppe getrimmten *The Village People* gedacht und demonstrierte doch nur die Ärmlichkeit von Musik und filmischer Umsetzung. Nur in dem TV-Film *To Race the Wind* konnte Guttenberg als blinder Jurastudent, der sich von seinem Schicksal nicht unterkriegen läßt, überzeugen. Auch in dem TV-Spiel *Miracle on Ice* machte er als Jim Craig eine gute Figur. Die Story des Films handelt von dem amerikanischen Eishockey-Team, das bei der Winter-

olympiade 1980 in Lake Placid überraschend die Goldmedaille holte. 1982 schließlich bestätigte Guttenberg seine beiden letzten darstellerischen Leistungen. Ja, er erwies sich sogar als talentierter Schauspieler.
Regisseur Barry Levinson besetzte ihn in seinem melancholischen und komischen *Diner* in der Rolle des Footballfans Eddie, der kurz vor seiner Heirat steht, aber darauf beharrt, daß seine Zukünftige erst einen Footballtest macht. »Ich habe lange auf ein Drehbuch wie dieses gewartet ... Ich glaube, uns gelang ein ausreichendes Maß an Realität, während wir zugleich viel Komisches machten. Aber es gibt keine Punkte in der Geschichte, die das Publikum nicht glauben kann.«[2)] Sieht man von seiner anschließenden Hauptrolle in dem unsäglichen *The Man Who Wasn't There* einmal ab, in dem er wieder einen Mann spielt, der kurz vor der Hochzeit steht und dem ein Mittel, das unsichtbar macht, alle Pläne durcheinanderwirft, war Guttenberg auf dem besten Wege, ein überzeugender Schauspieler zu werden. Kein Star, nur einer unter vielen. In der Fernsehproduktion *The Day After*, der aufsehenerregenden Story vom Leben nach einem Atombombenkrieg, verkörperte er einen jungen, radioaktiv verseuchten Medizinstudenten (was er selber immer noch war), der trotzdem nicht aufgibt. Der honorige Film hatte bei seiner Ausstrahlung im US-Fernsehen achtzig Millionen Zuschauer. In Europa kam er in die Kinos und wurde auch hier ein Erfolg.
Einen noch größeren Erfolg erzielte Steve Guttenberg mit seinem nächsten Film. Nun war er ein Star, aber kein Schauspieler mehr. *Police Academy* spielte weltweit eine halbe Milliarde Mark ein und zählte zu den kassenstärksten Filmen überhaupt. Im Stile derb-deftiger Militärklamotten werden da die Abenteuer eines bunten Haufens Polizeischüler geschildert. Der Streifen ist purer Slapstick, seine Gags zielen häufig unter die Gürtellinie. Guttenberg spielte die Hauptfigur. Mit ihm konnte sich das Publikum als einzigem identifizieren, alle anderen Figuren waren nichts als Klischees. »Er ist einer dieser Typen«, urteilte Guttenberg über seinen Charakter, »mit dem es toll ist, zusammenzusein. Und wenn du

ihn brauchst, weil am nächsten Morgen deine Frau ins Krankenhaus gebracht werden muß, dann wird er da sein.«[3] In einer unmittelbar anschließend gedrehten Fortsetzung nahm Guttenberg seine Rolle des Carey Mahoney wieder auf. Obwohl er der Sohn eines Polizisten war und vor Ort recherchierte, besteht seine Darstellung aus nicht viel mehr als Grimassieren. Der schauspielerische Anspruch wurde in dem Maße aufgegeben, wie die weiteren Folgen der *Police Academy*-Reihe an ohnehin kaum vorhandenem Niveau noch verloren. Guttenberg war zum König der Klamotte geworden, eine Rolle, die ihn enorm reich machte (er ist prozentual am Einspielergebnis beteiligt), aber ihm auch künstlerische Freiheit bescherte. »Es brachte mir weniger Rollenfestlegungen, mehr Raum und Freiheit. Viele Leute kennen mich aus

Steve Guttenberg (links) ist der Anführer der Idioten-Truppe in ›Police Academy‹

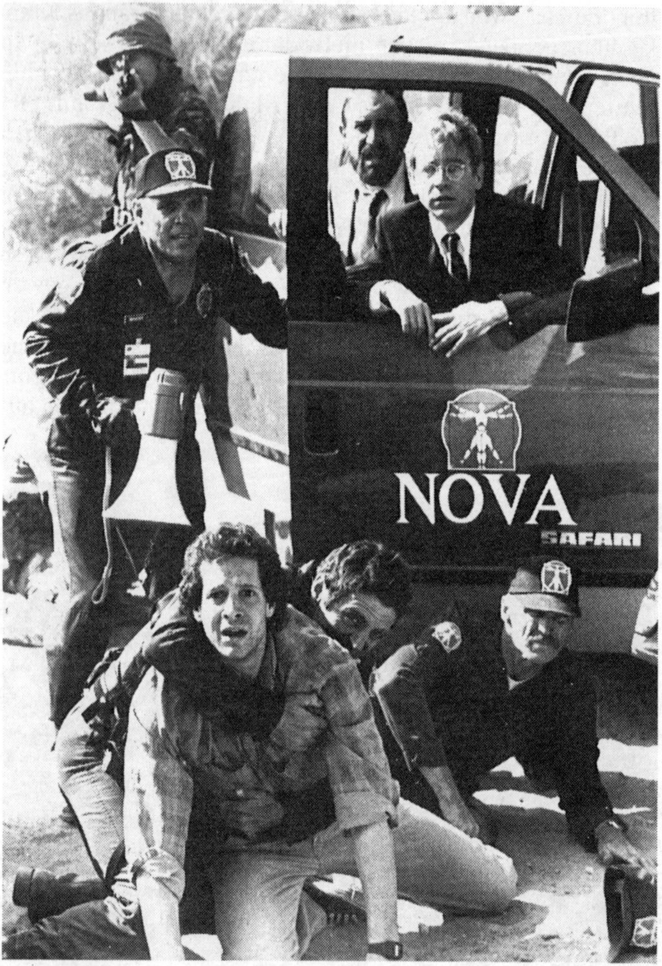

Steve Guttenberg (am Boden) in ›Short Circuit‹

diesen Filmen, und sie sind geneigt, mich in anderen Rollen zu akzeptieren, nur weil sie mich mögen und Spaß mit mir haben.«[4)] Fünf Folgen hat diese filmische Goldmine bislang auf den Markt geworfen, doch trotz der enorm gestiegenen

Popularität folgte das überwiegend junge Publikum seinem Star Guttenberg, der in vier Teilen mitspielte, nur bedingt. Hübsche Komödien wie *Cocoon,* in der Guttenberg einen romantischen Küstenschiffer spielte, oder *Short Circuit,* in der ein Roboter den Darstellern die Schau stahl, wurden zu Erfolgen. Seine Ausflüge in die dunkleren Seiten der menschlichen Natur, wie in seinem bislang besten Film *The Bedroom Window,* kamen nicht an. Nach dem Mißerfolg dieses spannenden Thrillers zog sich Guttenberg wieder auf das sichere Terrain der leichten bis seichten Komödie zurück. In *Surrender* spielte er einen Yuppie, in dem US-Remake des französischen *Trois hommes et un couffin* (Drei Männer und ein Baby) einen der drei Väter des ungewollten Babys, das das Leben der eingefleischten Junggesellen völlig durcheinanderbringt. Steve Guttenbergs Perspektive ist, vor allem nach dem überragenden Erfolg von *Three Man and a Baby,* eindeutig. Im Fach der leichten Komödie liegt seine Zukunft. In ernsten Rollen will ihn niemand sehen, und es scheint, als seien seine diesbezüglichen Fähigkeiten auch begrenzt. Für einen Schauspieler ist das im Grunde tragisch. Für Steve Guttenberg mit dem Jedermann-Appeal, gesichtslos und nett, ist es ein Glück.

Anmerkungen

[1] Audrey Smith. Steve Guttenberg. Back on the Beat. In: Videoplay

[2] US-Presseheft »Diner«

[3] US-Presseheft »Police Academy«

[4] Ian Black. What a Gas! The drop-out dentist who copped a fortune. In: Mirror Week, 20.7.1987

Filmographie

1977

Something for Joey (TV)
Regie: Lou Antonio
Darsteller: Geraldine Page, Gerald S. O'Loughlin, Marc Singer, STEVE(N) GUTTENBERG

The Chicken Chronicles
Regie: Francis Simon
Darsteller: STEVE(N) GUTTENBERG, Ed Lauter, Lisa Reeves, Meredith Baer, Branscombe Richmond

The Boys from Brazil (The Boys from Brazil)
Regie: Franklin Schaffner
Darsteller: Gregory Peck, Laurence Olivier, James Mason, Lili Palmer, Uta Hagen, STEVE(N) GUTTENBERG (Barry Kohler), Denholm Elliott, Bruno Ganz

1979

Billy (TV-Serie)
Darsteller: STEVE GUTTENBERG (Billy Liar)

Players
Regie: Anthony Harvey
Darsteller: Ali MacGraw, Dean-Paul Martin, Maximilian Schell, Pancho Gonzales, STEVE GUTTENBERG (Rusty)

1980

Can't Stop the Music (Can't Stop the Music)
Regie: Nancy Walker
Darsteller: »The Village People«, Valerie Perrine, Bruce Jenner, STEVE GUTTENBERG (Jack Morell), Paul Sand

To Race the Wind (TV)
Regie: Walter Grauman
Darsteller: STEVE GUTTENBERG, Randy Quaid, Mark L. Taylor, Lisa Eilbacher, Barbara Barrie

1981

Miracle on Ice (TV)
Regie: Steven Hilliard Stern
Darsteller: Karl Malden, Andrew Stevens, STEVE GUTTENBERG (Jim Craig), Jerry Houser, Jessica Walter

1982

Diner (Diner)
Regie: Barry Levinson
Darsteller: STEVE GUTTENBERG (Eddie), Daniel Stern, Mickey Rourke, Kevin Bacon, Timothy Daly, Ellen Barkin

Mit Tahnee Welch in ›Cocoon‹

The Man Who Wasn't There (Hochzeit mit Hindernissen)
Regie: Bruce Malmuth
Darsteller: STEVE GUTTENBERG (Sam Cooper), Jeffrey Tambor, Art Hindle, Morgan Hart, Lisa Langlois

1983

The Day After (The day after – Der Tag danach) (TV)
Regie: Nicholas Meyer
Darsteller: Jason Robards, JoBeth Williams, STEVE GUTTENBERG (Stephen Klein), John Cullum, John Lithgow, Amy Madigan

1984

Police Academy
(Police Academy – Dümmer als die Polizei erlaubt)
Regie: Hugh Wilson
Darsteller: STEVE GUTTENBERG (Carey Mahoney), G. W. Bailey, George Gaynes, Kim Cattrall, Bubba Smith, Michael Winslow

1985

Police Academy 2: Their First Assignment
(Police Academy 2 – Jetzt geht's erst richtig los)
Regie: Jerry Paris
Darsteller: STEVE GUTTENBERG (Carey Mahoney), Bubba Smith, David Graf, Michael Winslow, Bruce Mahler

Bad Medicine
Regie: Harvey Miller
Darsteller: STEVE GUTTENBERG, Alan Arkin, Julie Hagerty, Joe Grifasi, Bill Macy

Cocoon (Cocoon)
Regie: Ron Howard
Darsteller: Don Ameche, Wilford Brimley, Hume Cronyn, Brian Dennehy, STEVE GUTTENBERG (Jack Bonner), Maureen Stapleton

Police Academy 3: Back in Training
(Police Academy 3 – Und keiner kann sie bremsen)
Regie: Jerry Paris
Darsteller: STEVE GUTTENBERG (Carey Mahoney), Bubba Smith, David Graf, Michael Winslow, Bobcat Goldthwait

Short Circuit (Nummer 5 lebt)
Regie: John Badham
Darsteller: Ally Sheedy, STEVE GUTTENBERG (Crosby), Fisher Stevens, G. W. Bailey, Austin Pendleton

1986

Police Academy 4: Citizens on Patrol
(Police Academy 4 – ... und jetzt geht's rund)
Regie: Jim Drake
Darsteller: STEVE GUTTENBERG (Carey Mahoney), Bubba Smith, Michael Winslow, David Graf, G. W. Bailey, Bobcat Goldthwait

1987

The Bedroom Window (Das Schlafzimmerfenster)
Regie: Curtis Hanson
Darsteller: STEVE GUTTENBERG (Terry Lambert), Elizabeth McGovern, Isabelle Huppert, Paul Shenar, Frederick Coffin, Wallace Shawn

Surrender (Nicht jetzt, Liebling)
Regie: Jerry Belson
Darsteller: Sally Fields, Michael Caine, STEVE GUTTENBERG (Marty), Peter Boyle, Jackie Cooper, Iman

Three Men and a Baby (Noch drei Männer, noch ein Baby)
Regie: Leonard Nimoy
Darsteller: Tom Selleck, STEVE GUTTENBERG (Michael), Ted Danson, Nancy Travis, Margaret Colin

In dem schwarzen Thriller ›The Bedroom Window‹ gerät Steve Guttenberg in Mordverdacht. Hier in einer Szene mit Elizabeth McGovern.

Amazon Women on the Moon (Amazonen auf dem Mond)
Regie: John Landis, Joe Dante, Carl Gottlieb, Robert K. Weiss, Peter Horton
Darsteller: Michelle Pfeiffer, B. B. King, Russ Meyer, STEVE GUTTENBERG, Carrie Fisher, Steve Allen

1988

High Spirits
Regie: Neil Jordan
Darsteller: Peter O'Toole, Daryl Hannah, STEVE GUTTENBERG (Jack), Beverly D'Angelo, Liam Neeson

Weitere Auftritte in TV-Filmen und -Serien:
Police Story (1975–78),
Doc (seit 1975),
No Soap, Radio

Tom Hanks

»Ich halte ihn für einen großartigen ›leading man‹, wie Jack Lemmon oder James Stewart – ein lustiger, sympathischer Typ.«

Ron Howard

Seine Anhänger sind nicht die ganz jungen Kids. Tom Hanks ist ein Star der *Mitte.* Sein Publikum sind die Fünfundzwanzig- bis Dreißigjährigen, er ist im selben Alter (geboren 1958), war verheiratet, ist geschieden, hat zwei Kinder und trägt Anzug mit Krawatte, wenn er nicht gerade in seiner Freizeit in Jeans herumläuft. Er ist nicht das jüngste von Hollywoods neuen Gesichtern, und sein Erfolg kam überraschend. Denn nichts schien darauf hinzudeuten, daß aus dem unbekannten Darsteller einer kurzlebigen Fernsehserie einer der populärsten und in den letzten Jahren vielbeschäftigtsten Kinostars werden würde. Seine Domäne ist die Komödie, doch auch im ernsteren Fach weiß er sich zu behaupten.
»Ich habe schon einen bizarren Körper, einen großen Hintern und dicke Schenkel«, beschrieb er selbst sein Äußeres, erstaunt darüber, daß einer wie er zum Star aufsteigen konnte. »Ich habe eine dämlich aussehende Nase, herunterhängende Ohren, Augen, die aussehen, als sei ich halber Chinese und eine komische Farbe haben. Ich habe wirklich kleine Hände und Füße, lange Arme, schmale Schultern und einen Bauch, auf den ich achten muß. Mein Haar läßt mich wie einen Talmudschüler aussehen.«[1)] Obwohl Tom Hanks also keinerlei Voraussetzungen zum Matinee-Idol besitzt, ist er genau das geworden. Nicht zu Unrecht vergleicht ihn der Schauspieler und Regisseur Ron Howard mit Jack Lemmon und James Stewart. Wie diese beiden zeigt auch Hanks eine Mischung aus Unschuld, Offenherzigkeit und sympathischer Ausstrahlung, die ihn zwar nicht zum Trottel werden läßt, ihn aber in komische Situationen bringt. Hanks ist kein Schauspieler mit großer Mimik, er hat keine Technik, nur Gefühl. Und darin

ist er einem James Stewart sehr nahe. »Was ich an Jimmy Stewart mag, ist sein lustiges Aussehen – nicht sehr attraktiv, aber auch nicht schlecht. Er hat eine piepsige Stimme, die man leicht imitieren kann, und er geht komisch. Aber man glaubt ihm und mag ihn. Wie Jack Lemmon. Er kann in dummen Komödien mitspielen und sich dann rumdrehen und ein sehr ernstes Stück machen.«[2)]
Tom Hanks hat das Prinzip seiner Vorbilder übernommen. Noch liegt sein darstellerischer Schwerpunkt bei Komödien, doch schon versucht er sich häufiger auch an ernsten Sujets, versucht, auch in dramatischen Rollen zu überzeugen. »Ein Komiker muß sich seiner (...) Arbeit zuerst als Schauspieler nähern, und erst dann als Komiker. Für mich ist die Komödie die gefährlichste Form des Schauspielens. Wenn man die Leute vor einem nicht zum Lachen bringt, hat man versagt. Mit einem Drama kann man die Leute auf verschiedene Weise ansprechen. Ich bin ein irgendwie ›bekloppter‹ Typ, und als ich mit der Schauspielerei anfing, sprang zuerst meine komödiantische Fähigkeit ins Auge.«[3)] Der als Sohn eines Restaurantbesitzers und Coffee-Shop-Betreibers im kalifornischen Oakland geborene Hanks entdeckte noch auf der High School die Schauspielerei. Er wirkte in einer Aufführung der California State University mit und wurde von dem Regisseur Vincent Dowing anschließend eingeladen, an dessen Great Lakes Shakespeare Festival teilzunehmen. »Ich war in der Lage, in vier oder fünf jede Nacht wechselnden Stücken mitzuspielen, und ich arbeitete mit wirklichen Profis. Es war ein gutes Training, weil es nicht theoretisch war; es war das wirkliche Leben. Ich machte das drei Jahre lang, und es stellte sich als seltene Gelegenheit heraus. Nach der ersten Spielzeit war ich offiziell ein Schauspieler, in der Gewerkschaft und alles. Und am Ende wußte ich, daß Schauspielen das war, was ich wollte.«[4)] Eine Theaterpause nutzte er, um in einem ersten Film mitzuwirken, in dem billigen Horrorfilm *He Knows You're Alone*. Es war Hanks erster und bislang letzter Auftritt in einem Film, der nicht eine Spur Humor und Menschlichkeit besaß. Die Aufmerksamkeit der Kritiker erregte er dennoch. Nicht nur durch den Cleveland Critic Award als bester

Vollblut-Komiker und Matinee-Idol Tom Hanks in ›Nothing in Common‹

Darsteller in Shakespeares »The Two Gentlemen of Verona«, sondern vor allem durch seine Hauptrolle in der satirischen Fernsehserie *Bosom Buddies.* »Als ich ihn am ersten Tag am Drehort sah, dachte ich: ›Zu schade, daß er nicht lange beim Fernsehen bleiben wird.‹ Ich wußte, daß er innerhalb von zwei Jahren ein Filmstar sein würde«, erinnerte sich deren Produzent Ian Praiser.[5)] Die Serie wurde von der Kritik sehr wohlwollend aufgenommen, das Publikum war anderer Meinung. *Bosom Buddies* verschwand rasch wieder vom Bildschirm. Doch nun waren Produzenten auf den jungen Darsteller aufmerksam geworden, der zwar etwas zerknautscht aussah, aber einen überaus sympathischen Eindruck machte. Hanks erhielt einen Gastauftritt in der populären TV-Serie *Happy Days.* Einer der *Happy Days*-Stars ist Ron Howard, der gerade eine Komödie als Regisseur vorbereitete. Er war von der leisen Komik seines unbekannten Kollegen überzeugt und engagierte ihn für seinen Film *Splash.* Da anfäng-

lich Skepsis über den Erfolg des Films herrschte – immerhin wirkte außer der aufstrebenden Daryl Hannah kein Star mit –, wurden alle Beteiligten doch überrascht vom Ausmaß des Erfolgs. *Splash* war der *sleeper hit* der Saison 1984 und Tom Hanks auf einmal in aller Munde.
Als kleiner Junge ist Nichtschwimmer Allen Bauer (Hanks), Obstgroßhändler und gerade von seiner Freundin verlassen, schon einmal bei einem Sturz ins Wasser von einer Meerjungfrau gerettet worden. Als ihm das gleiche Mißgeschick erneut geschieht, ist sie wieder zur Stelle, erwachsen wie er und vor allem sehr sexy. Sie folgt ihm nach New York und bringt ihm die verlorenen Kreditkarten. Dabei verwandelt sich ihre Flosse in schlanke lange Beine, und Allen ist hingerissen. Er verliebt sich in Madison (Hannah), wie sie sich nennt, ohne ihr Geheimnis zu kennen. Ein zielstrebiger Wissenschaftler ist währenddessen auf der Jagd nach ihr und schafft es, Madison zu entdecken. Bevor die Meerjungfrau aber endgültig in den Klauen der Wissenschaft verendet, kann Allen sie mit Hilfe seines Bruders (John Candy) befreien. Dann folgt er ihr ins Meer. *Splash* ist ein modernes Märchen, das Phantasie, Realität und einen Schuß Erotik gelungen miteinander zu einer romantischen Komödie verbindet. Tom Hanks überzeugte in seiner Rolle als ebenso verliebter wie verwirrter Junggeselle und verstand es, den Widerspruch seiner Figur als verlassener Jungmann und erfolgreicher Playboy miteinander zu vereinbaren. Über all dem ein Ausdruck von Unschuld, der die Figur des Allen Bauer zum Sympathieträger machte. Noch einmal einen Junggesellen, dem von seinen Freunden am Vorabend der Hochzeit eine Party organisiert wird, spielte Hanks gleich anschließend in dem niveaulosen *Bachelor Party.* Der Streifen fiel ebenso durch wie ein Jahr darauf das Remake der französischen Komödie *Le grand blond avec une chaussure noire* (1972; Der große Blonde mit dem schwarzen Schuh), *The Man With One Red Shoe* von Stan Dragoti, in dem Hanks mehr unbeholfen als komisch den Violinisten Richard Drew spielt, der unversehens in eine Agentenklamotte gerät. Auch mit seinen nächsten beiden Filmen hatte Hanks wenig Glück. In *Volunteers* spielte er einen

reichen College-Absolventen, Playboy und Spieler, der sich auf der Flucht vor seinen Gläubigern ins Peace-Corps flüchtet und als Entwicklungshelfer in Thailand eingesetzt wird. In der Steven-Spielberg-Produktion *The Money Pit* verkörperte er einen gestreßten Hausbesitzer, der bei der Renovierung des frisch erworbenen Eigenheims von einem Farbtopf in den nächsten fällt und sich zusätzlich noch mit dem Seitensprung seiner Frau herumplagen muß. Der Film von Richard Benjamin fand zwar ein Publikum, nicht zuletzt aufgrund von Hanks' liebevoll dargestelltem, zerbeultem Charakter, war jedoch gemessen an den Einspielergebnissen anderer Spielberg-Produktionen eine Enttäuschung. »Es gibt eine Menge Dinge, die man überlegen muß, bevor man eine Rolle annimmt«, erläuterte Hanks sein Auswahlprinzip. »Eins ist na-

Das häusliche Glück in Gestalt von Shelley Long trägt Tom Hanks in ›The Money Pit‹ auf den Händen

türlich, eine gute Rolle zu bekommen. Ich bin ein eigennütziger Schauspieler, ich mag gute Rollen. Manchmal macht ein Schauspieler einen Film wegen seiner Geschichte oder seiner Botschaft. Manchmal wegen der daran beteiligten Leute. Manchmal ist es das Geld. Wenn du Glück hast, kommt alles zusammen. Für mich ist die kreative Herausforderung wichtiger, als herumzukommen, eine gute Zeit zu haben und Freunde zu finden. Der Glamour beim Filmemachen ist gegenüber dem kreativen Aspekt zurückgetreten. Von hier an ist es die Schauspielerei, die gesehen wird.«[6] Seine schauspielerischen Qualitäten, die zudem seiner Erscheinung kongenial entsprachen, bewies und entwickelte Hanks 1986 in zwei eher dramatischen Filmen. *Nothing in Common* beschreibt den Zerfall eines typischen Yuppies, als er mit der Scheidung seiner Eltern und der lebensbedrohenden Krankheit seines Vaters konfrontiert wird. »Tom machte, was keiner für möglich gehalten hatte«, sagte der Regisseur Garry Marshall, selbst aus dem Komödienfach und Erfinder von *Happy*

Der Versuch, in ›Every Time We Say Goodbye‹ in ein anderes Rollenfach zu wechseln, schlug für Tom Hanks (r.) fehl

Ein neues Komiker-Duo der Zukunft? Dan Aykroyd und Tom Hanks in der Polizisten-Klamotte ›Dragnet 87‹

Days. »Es ist hart, wenn du von etwas wie ›Bachelor Party‹ kommst und dir dann jemand sagt: ›Hey, Junge! Wein' mal!‹ Aber er machte es.«[7] In dem altmodischen israelischen Rührstück *Every Time We Say Goodbye* von Moshe Mizrahi schlüpfte Hanks in die Rolle des kanadischen Bomberpiloten David Bradford, der 1942 seine Verletzungen in einem Militärhospital in Jerusalem auskuriert und dort die schüchterne Sarah (Cristina Marsillach) kennen- und liebenlernt. Ihre junge Liebe aber stößt auf größte Schwierigkeiten, denn Sarah gehört den sephardischen Juden an, und die akzeptieren keinen Nichtjuden als Schwiegersohn. Für den jungen Star aus Hollywood bedeuteten die Dreharbeiten in Israel ungewohntes Terrain. »Auf intime, druckfreie Weise zu arbeiten, ist etwas Neues für mich, wir waren in keinem Studio mit

Parkplätzen, Verwaltern und Managern. Wir gingen einfach raus, um einen Film zu machen, wobei Moshe Mizrahi sich darauf konzentrieren konnte, Regisseur zu sein und kein Manager. Und ich kann mich darauf konzentrieren, Schauspieler zu sein und kein Filmstar. Vielleicht sind europäische Schauspieler so etwas gewohnt, ich war's nicht.«[8] Hanks Anstrengungen wurden indes nicht belohnt. *Every Time We Say Goodbye* gelangte kaum in die Kinos. Beim nächsten Film kehrte Hanks zurück ins sichere komische Fach. Die Leinwandversion der legendären Fernsehserie *Dragnet* wurde zu einem der größten Kassenerfolge der Kinosaison 1987.
An der Seite von Dan Aykroyd, dem seit dem Tode von John Belushi ein geeigneter Partner fehlt, spielte Tom Hanks, entgegen seinem sympathisch-verknautschten Image, einen jungen, unkonventionellen Polizisten, der sich in Verkleidungen gefällt und hilft, den Machtansprüchen eines verrückten Predigers (Christopher Plummer) einen Strich durch die Rechnung zu machen. Die Rolle bot dem Charakterkomiker Hanks keinen Spielraum zur Entfaltung. Er hinterließ einen äußerst blassen Eindruck, konnte zu keiner Zeit seine marginale Rolle mit Leben ausfüllen. Der riesige Erfolg des Films täuschte darüber hinweg. Doch Hanks hatte von jeher andere Gedanken, soweit sie seine Karriere betrafen. »Meine Hoffnungen handeln von Langlebigkeit. Das ist der einzige echte Maßstab für meine Karriere, soweit es mich betrifft. Innerhalb dessen muß es eine Vielfalt geben, von Film zu Film, von Rolle zu Rolle. Mit Geschick und Glück kann ich hoffentlich eine Art von Arbeitsbibliothek anlegen wie Jack Lemmon oder James Stewart – das wäre für mich die ideale Karriere.«[9]

Anmerkungen

[1] A. M. How to Look Like a Page out of Esquire. Step 1: Assume the timeless style and roguish charm of Tom Hanks. In: Esquire, Man at His Best, March 1987

[2] US-Presseheft »Every Time We Say Goodbye«

[3] ebda.

[4] ebda.

[5] Susan Orlean, Tom Hanks's Common Touch. In: Rolling Stone, 19.9.1986
[6] US-Presseheft »Every Time We Say Goodbye«
[7] Susan Orlean, a.a.O.
[8] US-Presseheft »Every Time We Say Goodbye«
[9] Lisa Dewson. Who is Tom Hanks? In: Photoplay, September 1984

Filmographie

1980–81

Bosom Buddies (TV-Serie)
Created by: Chris Thompson
Darsteller: Peter Scolan, TOM HANKS

1981

He Knows You're Alone
Regie: Armand Mastroianni
Darsteller: Don Scardino, Caitlin O'Heaney, Elizabeth Kemp, Tim Rolfing, Patsy Pease, TOM HANKS

1982

Mazes and Monsters (TV; Kanada)
Regie: Steven Hillard Stern
Darsteller: TOM HANKS, Wendy Crawson, David Wallace, Chris Makepeace, Vera Miles, Susan Strasberg

1983

The Dollmaker
Regie: Daniel Petrie
Darsteller: Jane Fonda, Levon Helm, Amanda Plummer, Susan Kingsley, Geraldine Page, TOM HANKS

1984

Splash (Splash – Jungfrau am Haken)
Regie: Ron Howard
Darsteller: TOM HANKS (Allen Bauer), Daryl Hannah, Eugene Levy, John Candy, Dody Goodman, Shecky Green

Bachelor Party (Bachelor Party)
Regie: Neal Israel
Darsteller: Tom Hanks (Rick Gassko), Tawny Kitaen, Adrian Zmed, George Grizzard, Barbara Stuart, Robert Prescott

1985

The Man With One Red Shoe (Der Verrückte mit dem Geigenkasten)
Regie: Stan Dragoti
Darsteller: Tom Hanks (Richard Drew), Dabney Coleman, Lori Singer, Charles Durning, Carrie Fisher, Jim Belushi

Volunteers (Alles hört auf mein Kommando)
Regie: Nicholas Meyer
Darsteller: Tom Hanks (Lawrence Bourne III), John Candy, Rita Wilson, Tim Thomerson, Gedde Watanabe, George Plimpton

The Money Pit (Geschenkt ist noch zu teuer)
Regie: Richard Benjamin
Darsteller: Tom Hanks (Walter Fielding), Shelley Long, Alexander Godunov, Maureen Stapleton, Joe Mantegna

1986

Nothing in Common (Sie haben nichts gemeinsam)
Regie: Garry Marshall
Darsteller: Tom Hanks (David Basner), Jackie Gleason, Eve Marie Saint, Hector Elizondo, Barry Corbin, Bess Armstrong

Every Time We Say Goodbye (Liebe ist nur ein Spiel auf Zeit)
Regie: Moshe Mizrahi
Darsteller: Tom Hanks (David Bradford), Cristina Marsillach, Benedict Taylor, Anat Atzmon, Gila Almagor, Monny Moshanov

1987

Dragnet 87 (Schlappe Bullen beißen nicht)
Regie: Tom Mankiewicz
Darsteller: Dan Aykroyd, Tom Hanks (Streebek), Christopher Plummer, Harry Morgan, Alexandra Paul, Jack O'Halloran

1988

Punchline (Der Knalleffekt)
Regie: David Seltzer
Darsteller: Sally Fields, Tom Hanks (Steven), Mark Rydell, Paul Mazursky, Barry Sobel

Gastauftritt in TV-Serie **Family Ties** und **Happy Days**

Daryl Hannah

»Ich halte sie nicht für naiv. Sie ist einfach unglaublich sensibel und ist noch nicht vom Geschäft hart gemacht worden.«

Ron Howard

Von allen neuen Gesichtern Hollywoods hat Daryl Hannah die vielleicht ungewöhnlichste Karriere hinter sich. Kaum Fernsehen, kaum Nebenrollen – der Aufstieg zum Star und Sexidol kam mit einem Plantschen im Wasser. Völlig nackt, aber von den langen blonden Haaren so gut bedeckt, daß es auch für Kinder ab sechs zugelassen werden konnte, schwamm sie als Meerjungfrau in der romantischen Komödie *Splash* an die Ufer der Filmmetropole Hollywood; ein scheues, junges Wesen mit extrem langen Beinen, dem Unschuld und Naivität im Gesicht geschrieben standen und dessen Durchbruch nicht eben schauspielerische Verausgabung voraussetzte. »Unter Wasser redet man nicht, und bei einer Liebesszene preßt man einfach die Gesichter aufeinander – das ist alles«, meinte Daryl Hannah über ihren dennoch beeindruckenden Auftritt.[1)]

Ihre Rolle als Meerjungfrau war die Erfüllung eines Kindheitstraums. Vielleicht war sie deshalb so überzeugend und ließ Zuschauer und Kritiker mit offenen Mündern zurück. »Meine Familie fuhr häufig zu Weihnachten in Urlaub, meist in ein Hotel auf den Bahamas. Meine Freundin und ich spielten gewöhnlich Meerjungfrauen. Ich schwöre bei Gott, wir banden unsere Beine zusammen und taten, als seien wir Meerjungfrauen in diesem wunderschönen Pool.«[2)] Schon früh war das Leben der 1961 geborenen Daryl Hannah von Träumen und Phantasie bestimmt. Als sie sieben Jahre alt war, ließen sich ihre Eltern scheiden. Ihre Verunsicherung wurde noch größer, als ihre Mutter 1973 den Industriellen Jerry Wexler heiratete, einen Bruder des Kameramanns und Regisseurs Haskell Wexler. Mit ihrer Familie wurde sie aus

Eine natürliche Schönheit, auch im Steinzeit-Gewand, Daryl Hannah (Mitte)

dem Mittelschichtsmilieu in das der Superreichen katapultiert, was bei ihr fast zu einem Trauma führte. »Plötzlich hatte ich meinen eigenen, großen Raum und ein eigenes Badezimmer, wo wir uns vorher zu dritt das meines Bruders hatten teilen müssen. Ich hatte das Gefühl, für jemand anderen gehalten zu werden – daß sie mich jeden Augenblick zurückgeben würden ... Ich brauchte lange, um mich einzufügen, um zu realisieren, daß mein Leben so aussehen würde. Ich hatte lange eine paranoide oder *lebendige* Imagination, daß alles nicht wirklich sei. Ich glaube, das ist einer der Gründe für meinen starken Wunsch zu arbeiten: sicher zu sein, daß ich, wenn man uns zurückbrächte, in der Lage wäre, meinen Bruder und meine Schwester zu unterhalten.«[3)] Fortan galt ihr Streben deshalb ihrer finanziellen Unabhängigkeit. Schon als

Vierjährige hatte sie zu tanzen angefangen. Später trainierte das hochaufgeschossene, dünne Mädchen bei der renommierten Ex-Ballerina Maria Tallchief. »Daryl hätte eine, wie man es nennt, Balanchine-Ballerina werden können«, erinnerte sich ihre Lehrerin. »Sie hat die Figur, lange Beine, kleiner Kopf, und sie ist schön. Sie war sehr talentiert.«[4)] Doch die junge Schülerin hielt nicht viel von der strengen Disziplin, der sich Ballettänzerinnen unterwerfen müssen. Sie wanderte ab in leichtere Gefilde und begann Step- und Jazztanz zu lernen. Ihre Klassenkameradinnen an der High School nannten sie »Bohnenstange« oder »Zahnstocher«, Daryl wurde zur Außenseiterin und flüchtete sich in Träumereien. Irgendwann, sie hatte gerade den Film *Singin' in the Rain* gesehen, hatte sie die plötzliche Idee, Schauspielerin zu werden.

Sie nahm kurz Unterricht im heimatlichen Chicago, denn sie wußte, wohin sie nach der High School gehen mußte und was sie machen wollte. »Als ich mich entschlossen hatte, daß ich Filme machen wollte, war Hollywood der Ort, wo ich sein wollte.«[5)] Ihre religiöse Familie war entsetzt, ihre Tochter an die Tinseltown zu verlieren, die als Sündenpfuhl galt, doch ein Studium an der USC beruhigte sie. Daryl Hannah aber, naiv und unerfahren, mußte sich plötzlich in einer fremden Welt zurechtfinden und machte gleich ihre Erfahrungen. Eine Einladung nach Las Vegas für Modellaufnahmen entpuppte sich als Vorwand. Entsetzt stellte sie fest, als Nymphchen, blond und blauäugig, älteren Männern angeboten zu werden. Sie trat die Flucht an. Ein winziger Auftritt in Brian De Palmas Thriller *The Fury* war ebensowenig dazu angetan, ihren Wunsch, den Film zu erobern, wahr werden zu lassen. Daryl Hannah kehrte Hollywood den Rücken, um bald darauf, diesmal mit einer Empfehlung ihrer Eltern, wieder zurückzukehren. Sie erhielt Schauspielstunden bei Susan Saint James und hatte endlich erste Erfolge. Als Teenager in dem Slasher-Film *The Final Terror/Campsite Massacre* wird ihr von einer psychopathischen Kreatur im Wald die Kehle durchgeschnitten. Mitleidende in diesem Billigst-Horror-Streifen war ihre Freundin Rachel Ward, mit der sie damals das Ap-

partement teilte und darüber hinaus den Komplex, aus einer reichen Familie zu stammen, aber für sich selbst sorgen zu wollen.
Das konnte Daryl Hannah dann in den nächsten Jahren. Größere Rollen in unbedeutenden Filmen folgten. Immerhin gab ihr das Gelegenheit, mit bekannten, bald sogar mit berühmten Schauspielerinnen zusammenzuarbeiten. In *Hard Country* war es Kim Basinger, in dem TV-Film *Paper Dolls* Joan Collins. Hannahs eigene darstellerische Qualität aber war nicht gefragt. Eindruck machten allein ihre blonden Haare und ihre langen Beine. Ein neues Sexidol schien geboren. Sie, die Nacktaufnahmen heute ablehnt und dies ausdrücklich zum Bestandteil ihrer Verträge macht, durfte ihren kindli-

Die kühle, futuristisch schöne Replikantin in ›Blade Runner‹ ist Daryl Hannahs erste »hautenge« Rolle. Mit Rutger Hauer

chen Sex zuerst als Replikantin in dem futuristischen Thriller *Blade Runner* zeigen, bei dem Regisseur Ridley Scott sie in ein hautenges Kostüm steckte, das mehr offenbarte als verhüllte. In der anschließend gedrehten Teenie-Komödie *Summer Lovers* des *Grease*-Regisseurs Randal Kleiser waren ebenso mehr ihre körperlichen Vorzüge gefragt als ihre darstellerischen. Daryl Hannah spielte eine junge Frau, die mit ihrem Freund zum Urlaub auf eine griechische Insel gekommen ist und dort miterleben muß, wie ihr Begleiter eine andere Frau kennenlernt. Schließlich wird daraus eine Menage à trois, und der Regisseur setzte sein ganzes Können dabei ein, seine beiden weiblichen Hauptdarstellerinnen ihr Bikinioberteil ablegen zu lassen. Nicht viel besser erging es Daryl Hannah auch in ihren nächsten Filmen. In dem Debütwerk von James Foley, *Reckless,* ist sie das begehrenswerte Objekt einer James-Dean-Kopie (Aidan Quinn). Und in *Splash* bedeckte sie ihre Reize nur mit ihren (festgeklebten) Haaren.

Mit Mickey Rourke beim Lunch in ›The Pope of Greenwich Village‹

Daryl Hannah als blondes Gift in ›Legal Eagles‹

Doch Ron Howards Meerjungfrauenmärchen bot ihr zum ersten Mal Gelegenheit, in einigen Szenen darstellerisch aufzufallen. Einer der Höhepunkte der weltweit erfolgreichen Komödie war ihr Aufenthalt in einem Kaufhaus, wo sie in der Fernsehabteilung Sprache und Verhalten eines Amerikaners anhand der Werbespots lernt. Hannah und ihr Co-Star Tom Hanks wurden durch *Splash* fast über Nacht zu Stars. Die hochaufgeschossene Blondine mußte erleben, wie ihr Privatleben zum Gegenstand der Öffentlichkeit wurde, vor allem, weil sie meist allein gesehen wurde. »Sie *glauben* nicht«, erzählte sie einem Interviewer, »mit wem ich schon ausgegangen sein soll. Als ich zuerst nach Hollywood kam, verstanden die Leute überhaupt nicht, daß ich mit niemandem ausging, und ich *ging* mit keinem aus. Fürchterliche Geschichten wurden über mich erzählt, daß ich drogensüchtig sei oder so etwas. Wirklich verrückte Dinge – daß ich auf die eine oder andere Weise pervers sei. (...) Tatsächlich ging ich schon in der High School mit *niemandem* aus und besonders nicht, als ich hierher zog ...«[6] Ihr Lebensgefährte aber war schon früh der Rockbarde Jackson Browne, in dessen Video für »Tender Is the Night« sie mitwirkte.

Durch *Splash* zum Star geworden, konnte sich Daryl Hannah in der Folge die Rollen aussuchen. Dabei bewies sie wenig Talent. In der mild-ironischen Gangsterballade *The Pope of Greenwich Village* spielte sie zwar an der Seite so hervorragender Darsteller wie Eric Roberts, Mickey Rourke und Geraldine Page, hatte aber nicht viel mehr zu tun, als dekorativ ihre langen Beine zu strecken (in einem Ballettstudio) und vor Rourke aufreizend ihre Kleider herabzulassen. In der Steinzeitsaga *The Clan of the Cave Bear* brabbelte sie eine unverständliche Ursprache und schlug sich als Geschöpf einer höheren Zivilisationsstufe tapfer durch eine rauhe Männerwelt. Auch beschränkte sich ihre Garderobe, der Zeit entsprechend, auf einige kunstvoll drapierte Lappen und Felle. Daryl Hannah war denn auch nicht sonderlich glücklich mit ihren Auftritten, ebensowenig wie später mit ihrer Rolle als Performance-Künstlerin Chelsea Deardon in *Legal Eagles.* Denn ihr Auftritt beschränkte sich darauf, dem männlichen Hauptdarsteller den Kopf zu verdrehen. Immerhin war das Robert Redford. Wie es einer verführerisch agierenden, also gefährlichen Blondine im Hollywood-Kino angemessen ist, litt ihre Rollenfigur unter einem Kindheitstrauma, das sich im Verlaufe dieser romantischen Komödie um Rechtsanwältinnen, Staatsanwälte und gestohlene Kunstwerke dann noch aufklärt. Ihren beiden Co-Stars Robert Redford und Debra Winger konnte Daryl Hannah schauspielerisch wenig entgegensetzen. Zu sehr war ihre Rolle durch Klischees bestimmt und ihre darstellerische Ausdrucksbreite zu beschränkt, um ein Klischee vergessen zu machen.

Ihren schauspielerischen Fähigkeiten entsprach dagegen im Jahr darauf die Titelrolle in der Steve-Martin-Komödie *Roxanne,* auch wenn sie die ersten Minuten wieder nackt durchs

Gebüsch hüpfen muß (sie trug einen speziellen, hautfarbenen Anzug in diesen Szenen). Hannah spielte eine Astrologin, die sich in eine ländliche Kleinstadt zur Beobachtung der Himmelswelt zurückzieht (nachdem eine Beziehung gescheitert ist) und dort zum (zunächst) unerreichbaren Liebesobjekt des örtlichen Feuerwehrchefs C. D. Bales (Martin) wird, der durch eine besonders auffallende Nase gekennzeichnet ist. Doch Roxanne verguckt sich zunächst in einen Muskelprotz, ebenfalls Feuerwehrmann (Rick Rossovich), dessen Liebesbriefe bei ihr eine romantische Ader angesprochen haben. Was sie nicht weiß, ist, daß in Wirklichkeit C. D. Bales der Verfasser ist. Am Ende aber erkennt sie in dieser frei nach »Cyrano de Bergerac« gedrehten Komödie, daß ein intelligenter Kopf, wenn auch durch eine riesige Nase verunziert,

Astrologin Daryl Hannah weist dem langnasigen Steve Martin in ›Roxanne‹ den Weg

In dem Börsenthriller ›Wall Street‹ war Daryl Hannah nur Dekoration. Mit Regisseur Oliver Stone (l.) und Charlie Sheen

einem Hohlkörper vorzuziehen ist. *Roxanne* ist eine spritzige, romantische Komödie mit wohlausgeklügelten Gags und hervorragend eingesetzten Slapstick-Elementen. Daryl Hannah verlieh ihrer Figur, wie damals in *Splash,* ein Eigenleben im Rahmen ihrer schauspielerischen Ausdrucksmöglichkeiten. Die waren anschließend wenig gefragt in einem Film, von dem sie sich mehr versprochen hatte. In Oliver Stones packendem Finanz-Thriller *Wall Street,* der von der korrumpierenden Kraft des Geldes handelt, gab sie nicht mehr als eine dekorative Beigabe ab. Börsenhandel und Geldmanipulationen sind eben Männersache, und so wurde *Wall Street* zu einem ausgesprochenen Männerfilm. Gemäß ihrer Funktion als dekorative Ergänzung spielte sie die Rolle einer Innenarchitektin, die sich so lange mit dem jungen Bud Fox (Charlie Sheen) einläßt, wie dieser Erfolg hat. Als er den verliert, verläßt sie ihn. Für den Film ist dies ebensowenig ein Verlust, wie ihr Auftritt (sie entstieg einmal mehr dem Meer) eine Bereicherung war. Daryl Hannah wird es in Zukunft schwer haben, sich im Kino zu behaupten. Noch lebt sie von ihrer Natürlichkeit und unschuldigen Jugendlichkeit, doch schon *Wall Street* deutete an, daß sie blaß bleibt, wenn sie ihre Stärken aufgibt und etwa in die ungewohnte Rolle einer *femme fatale* schlüpft. Daryl Hannah ist keine Darstellerin, die über ein Reservoir schauspielerischer Nuancen verfügt. Sie bleibt ein Typ: blond, blauäugig, langbeinig und vor allem auf eine sympathisch-aparte Weise ungeheuer erotisch.

Anmerkungen

1) Bert Reisfeld. How Madison, the Mermaid, made a Splash, In: Photoplay, August 1984
2) Christopher Connelly, Who is this Daryl Hannah anyway? In: Rolling Stone, 26.4.1984
3) ebda.
4) ebda.
5) ebda.
6) ebda.

Filmographie

1978

The Fury (Teufelskreis Alpha)
Regie: Brian De Palma
Darsteller: Kirk Douglas, John Cassavetes, Carrie Snodgress, Charles Durning, Amy Irving, Fiona Lewis, DARYL HANNAH (Pam)

1981

The Final Terror/Campsite Massacre
Regie: Andrew Davis
Darsteller: John Friedrich, Adrian Zmed, DARYL HANNAH (Windy), Rachel Ward, Ernest Harden jr.

Hard Country
Regie: David Greene
Darsteller: Jan-Michael Vincent, Kim Basinger, Michael Parks, Gailard Sartain, Tanya Tucker, DARYL HANNAH

1982

Paper Dolls (TV)
Regie: Edward Zwick
Darsteller: Joan Collins, Joan Hackett, Jennifer Warren, DARYL HANNAH, Marc Singer, Antonio Fargas

Blade Runner (Der Blade Runner)
Regie: Ridley Scott
Darsteller: Harrison Ford, Rutger Hauer, Sean Young, Edward James Olmos, M. Emmet Walsh, DARYL HANNAH (Pris)

Summer Lovers
Regie: Randal Kleiser
Darsteller: Peter Gallagher, DARYL HANNAH (Cathy Featherstone), Valerie Quennessen, Barbara Rush, Carole Cook

1983

Reckless (Reckless/Jung und rücksichtslos)
Regie: James Foley
Darsteller: Aidan Quinn, DARYL HANNAH (Tracey Prescott), Kenneth McMillan, Cliff De Young, Lois Smith

1984

Splash (Splash – Jungfrau am Haken)
Regie: Ron Howard
Darsteller: Tom Hanks, DARYL HANNAH (Madison), Eugene Levy, John Candy, Dody Goodman, Shecky Green

The Pope of Greenwich Village (Der Pate von Greenwich Village)
Regie: Stuart Rosenberg
Darsteller: Eric Roberts, Mickey Rourke, DARYL HANNAH (Diane), Geraldine Page, Kenneth McMillan, Tony Musante, Burt Young

1985

The Clan of the Cave Bear (Ayla und der Clan des Bären)
Regie: Michael Chapman
Darsteller: DARYL HANNAH (Ayla), John Doolittle, James Remar, Pamela Reed, Thomas G. Waites

1986

Legal Eagles (Staatsanwälte küßt man nicht)
Regie: Ivan Reitman
Darsteller: Robert Redford, Debra Winger, DARYL HANNAH (Chelsea Deardon), Brian Dennehy, Terence Stamp, Steve Hill

1987

Roxanne (Roxanne)
Regie: Fred Schepisi
Darsteller: Steve Martin, DARYL HANNAH (Roxanne), Shelley Duvall, Rick Rossovich, Fred Willard, Michael J. Pollard

Wall Street (Wall Street)
Regie: Oliver Stone
Darsteller: Michael Douglas, Charlie Sheen, DARYL HANNAH (Darien Taylor), Martin Sheen, Hal Holbrook, Terence Stamp

1988

High Spirits
Regie: Neil Jordan
Darsteller: Peter O'Toole, DARYL HANNAH (Mary), Steve Guttenberg, Beverly D'Angelo, Liam Neeson

C. Thomas Howell

»Nur wenige Schauspieler haben das Zeug, wirklich große Stars zu werden. C. Thomas Howell gehört zweifelsohne dazu.«

Ann-Margret

Ganze sechs Jahre war er alt, als er das erste Mal als Schauspieler zu sehen war – in der Fernsehsendung *The Little People.* Doch aus C. Thomas Howell wurde kein Kinderstar. Er ließ sich sogar einige Zeit, bevor er wieder in einem Film mitwirkte. Dann wurde er mit nur einer Rolle zum Idol der Teenager, ein schmächtiger Junge, fast scheu, dessen Verletzbarkeit offenlag und irgendwie Beschützerinstinkte auslöste. Bis heute scheint Howell, unabhängig von den unterschiedlichen Rollen, die er spielte, diesem Image verhaftet zu sein. Sein Auftreten weckt große Sympathie bei seinen Fans, und meist hatte er das Glück, in Filmen mitzuwirken, die dem Bild, das sich seine jungen Anhänger von ihm gemacht haben, entsprachen.
Wie so viele andere der neuen Gesichter Hollywoods, vor allem des *Brat Pack,* hatte auch Howell seinen Durchbruch 1982 mit dem Film *The Outsiders.* Er spielte die Hauptrolle in dieser Verfilmung eines S. E. Hinton-Romans um die Schwierigkeiten des Erwachsenwerdens. Seine Rolle war vielleicht die wichtigste, denn aus seiner Perspektive wird die Geschichte erzählt. Howell ist Ponyboy, der jüngste der Curtis-Brüder. Bei einer Schlägerei mit den verfeindeten »Socs« tötet sein Freund Johnny (Ralph Macchio) einen der Angreifer. Sie verstecken sich in einer alten Kirche, kehren aber in die Stadt zurück. Doch ihr Freund Dallas (Matt Dillon) bringt sie wieder in ihr Versteck, das inzwischen brennt und in dem einige kleine Kinder eingeschlossen sind. Unter Lebensgefahr retten Ponyboy und Johnny die Kinder. Ponyboy, zum Helden aufgestiegen, bittet seine älteren Brüder (Patrick Swayze, Rob Lowe), ihn beim anstehenden, völlig sinnlosen

Dallas (Matt Dillon) rettet seinem Freund Ponyboy (C. Thomas Howell) in ›The Outsiders‹ das Leben.

Entscheidungskampf gegen die »Socs« mitmachen zu lassen. Als er und Dallas dem bei der Rettungsaktion schwer verletzten Johnny ihren Sieg berichten wollen, werden sie Zeuge seines Todes. Dallas dreht durch und wird später vor den Augen Ponyboys von der Polizei erschossen. »Die Kindheit ist so golden wie der Sonnenuntergang«, liest er am Ende in einem Brief von Johnny. Mit dem Tod seiner beiden Freunde kommt auch für Ponyboy das Ende seiner Kindheit. C. Thomas Howell spielte seine Rolle sehr authentisch, er überzeugte in seiner Mischung aus Unschuld und Rebellion. Immer bemüht, es seinen beiden Brüdern nach dem Tod ihrer Eltern recht zu machen, ihnen durch seine Taten zu imponieren und als Mitglied ihrer Bande, der »Greasers«, anerkannt zu werden, muß er am Ende erkennen, daß es wichtiger ist, seine eigene Persönlichkeit zu finden und zu bewahren. Howell, gerade sechzehn Jahre alt, verstand es vorzüglich, den Prozeß des Erwachsenwerdens deutlich zu machen. Auf seinem jungen Gesicht zeichnete sich der Schmerz darüber ab, die Unschuld zu verlieren. Gleich in seiner ersten Rolle von Bedeutung stellte er seine Fähigkeiten als Charakterdarsteller unter Beweis. Doch, wie seine nächsten Filme zeigten, wurde daraus keine Entwicklung. Eher das Gegenteil war der Fall. C. Thomas Howell verfiel immer mehr ins Klischee des sympathischen Jungen, der entweder unerfahren ist oder trotz seiner Erfahrung es noch nötig hat, beschützt (oder bemuttert) zu werden.

Ponyboy, dieser Name seiner Erfolgsrolle, charakterisierte auf ironische Weise Howells Kindheit. Christopher Thomas Howell wurde am 7. Dezember 1966 als Sohn eines bekannten Stuntman und Rodeoreiters in Van Nuys, Kalifornien geboren. Noch bevor er gehen konnte, war er sattelfest. Nach seinem Auftritt in der Fernsehshow *The Little People* im Alter von sechs Jahren war er häufig in Werbespots zu sehen. Winzige Gastauftritte in TV-Serien folgten, doch sein eigentliches Interesse gehörte dem Beruf des Vaters. Sechs Jahre lang begleitete er ihn auf Rodeo-Veranstaltungen, wurde von 1978 bis 1981 zum All Around Cowboy der California und der Kern County Junior Rodeo Association gewählt. Neben seinem Vater führte er auch beim Fernsehen zahlreiche Stunts aus, doch dann fiel sein Foto einem Besetzungsagenten für Steven Spielbergs *E. T. – The Extraterrestrial* in die Hände. C. Thomas Howell bekam seine erste Rolle in einem großen Kinofilm. Er spielte einen der radfahrenden Jungen aus der Nachbarschaft. Da war er dreizehn Jahre alt. Nach seinem anschließenden Erfolg in Coppolas *The Outsiders* spielte er dann in dem gewalttätigen, antikommunistischen Hetzfilm *Red Dawn* von John Milius einen High-School-Schüler, der sich einer Partisanentruppe anschließt und die Russen bekämpft, die die USA besetzt haben. Sein Image des beschützenswerten Jungen mit dem unschuldigen Ausdruck fand hier auf eine ebenso perfide wie clevere Weise Bestätigung. Denn der friedliebende Robert greift nicht von sich aus zum Gewehr, es sind die brutalen Sowjets, die seine Unschuld bedrohen. Auch in dem absurden Action-Film *Tank* muß Howell beschützt werden. Dies erledigt sein Vater (James Garner), ein Panzerkommandant, der dafür sogar sein Kriegsgerät benutzt und fast die halbe Stadt einäschert, um seinen unge-

C. Thomas Howell mit Nymphe Diane Lane in ›The Outsiders‹

rechterweise inhaftierten Sohn zu retten. Das erste Mal in eine ältere Frau (Jamie Lee Curtis) verlieben durfte C. Thomas Howell sich dann in *Grandview U.S.A.* Geschickt verstand es Regisseur Randal Kleiser, Howells unschuldige Erscheinung mit dem angeblich mütterlichen Instinkt und Liebesbedürfnis einer (natürlich) emanzipierten Frau zu kombinieren. Bevor Howell, drei Jahre älter, in *A Tiger's Tale* die gleiche Erfahrung noch einmal machen durfte, versuchte er sich zunächst im Komödienfach. Ein typisches High-School-Sujet bot in *Secret Admirer* dazu allerdings nicht die beste Gelegenheit. Im Mittelpunkt des Liebesreigens steht der attraktive, liebenswerte Michael (Howell), der einen Liebesbrief erhält und glaubt, er stamme von der Schulschönheit. Der Brief landet schließlich, nach zahlreichen Umwegen, über

C. Thomas Howell (2. v. r.) lauscht seinem Regisseur John Milius (l.) bei den Dreharbeiten zu dem Hetzwerk ›Red Dawn‹

Dem tödlichen Verfolger knapp entkommen: C. Thomas Howell (Mi.) in ›Hitcher‹

die Eltern bei eben dieser Schönheit, die Michael daraufhin zum Zuge kommen läßt. Einige weitere Verwirrungen und Verwechslungen folgen, bevor Michael realisiert, daß der Brief von dem Nachbarmädchen (Lori Loughlin) stammt. Das Happy-End bleibt nicht aus.

»Jede Rolle, die ich gespielt habe, stellte für mich eine weitere offene Tür dar. Wenn ich da durchging, eröffnete sich mir eine völlig neue Welt, die zu entdecken war. Das mag ich an der Schauspielerei, daß es immer wieder etwas zu lernen gibt.«[1)] Zum ersten Male eine *erwachsene* Figur spielte der junge Howell, achtzehn Jahre alt, in dem überaus spannenden Thriller *Hitcher.* Von einem geheimnisvollen Killer verfolgt, gerät er selbst in den Verdacht, ein Mörder zu sein. Um sich aus der Schlinge zu ziehen, bleibt ihm nur, seinen todbringenden Verfolger (Rutger Hauer) selbst zu erledigen. Doch der steht immer wieder auf. In dem auf dem Kriminalfilmfestival von Cognac prämierten Erstlingsfilm von Robert Harmon, der die meiste Zeit auf einer Wüstenstraße spielt, war deutlich zu erkennen, wie Howell in eine anspruchsvollere Rolle hineinwuchs. Während der Dreharbeiten ständig von einer Schauspiellehrerin betreut, entwickelte er, der nie eine schauspielerische Ausbildung erhalten hatte, erstmals wieder seit *The Outsiders* ein Gefühl für dramatische Darstellung. Seine neu gewonnenen Fähigkeiten prüfte er anschließend in einer ungewöhnlichen Komödienrolle.

Soul Man erzählt von dem künftigen Studenten Mark Watson (Howell), Sohn reicher Eltern, die beschließen, ihn entgegen seiner Erwartung das nötige Studiengeld selbst verdienen zu lassen. Doch Mark hat einen besseren Einfall. Er bewirbt sich um ein Stipendium. Das hat nur einen Haken, der Geförderte muß ein Farbiger sein. Also kauft er sich eine Kraushaarperücke und schminkt sich entsprechend. Mark bekommt das Stipendium und rückt in die Universität ein. Doch das Leben eines Schwarzen ist anders als das eines reichen Weißen. Zudem lernt er noch die attraktive Studentin Sarah (Rae Dawn Chong) kennen, der er, wie sich später herausstellt, die Förderung vor der Nase weggenommen hatte. »In neun von zehn Skripts, die ich angeboten bekomme, geht es nur ums Biertrinken oder um Typen, die eine Braut nach der anderen ins Bett holen. ›Soul Man‹ war eine wirkliche Herausforderung, weil es ungeheuer schwer ist, einen Menschen anderer Hautfarbe überzeugend zu verkörpern. Und dazu noch in einer Komödie.«[2)] Howell gelang es tatsächlich, in dieser ansonsten eher dümmlichen und von Rassismus nicht ganz freien Verwechslungskomödie schauspielerische Präsenz zu beweisen, wenngleich er neben seinen beiden schwarzen Co-Stars Chong und James Earl Jones dann doch reichlich blaß wirkte. Der insgesamt recht aseptische Film von Steve Miner wurde nicht nur in den USA ein Riesenerfolg, er fand auch in Deutschland großen Anklang.

C. Thomas Howell hat mittlerweile die Zwanzig überschritten. Er kommt in das Alter, in dem die Stars des *Brat Pack* ihre größten Erfolge hatten. Seine Rollen entsprechen jetzt seinem tatsächlichen Alter. Noch aber kann er, wie z. B. in dem Film *A Tiger's Tale* des Kirk-Douglas-Sohns Peter, sein Image des schutzbedürftigen, unschuldigen Jungen bewahren. Nach *Grandview U.S.A.* verliebte er sich zum zweiten Mal in eine ältere Frau (Ann-Margret). Durch seine Aufdringlichkeit und Hartnäckigkeit gelingt es ihm schließlich auch, sie zu erobern. Danach entwickelt er sich zum langweiligen Ehemann. Der Titeltiger spielte nur eine symbolische, keine dramatische Rolle. Ob er, wie seine Partnerin Ann-Margret behauptet, das Zeug zu einem Superstar hat, bleibt abzuwarten. Es wird nicht zuletzt von seinem Geschick abhängen, die geeigneten Rollen zu finden, die seinen Wechsel von dem schutzbedürftigen Jungen zu einem charaktervollen jungen Mann glaubhaft machen.

Mit Ann-Margret in ›A Tiger's Tale‹

Anmerkungen

[1] US-Presseheft »Soul Man«
[2] Deutsches Presseheft »Soul Man«

Filmographie

1977

It Happened One Christmas (TV)
Regie: Donald Wrye
Darsteller: Marlo Thomas, Wayne Rogers, Orson Welles, Cloris Leachman, Barney Martin, Ceil Cabot, C. Thomas Howell

1982

E. T., The Extra-Terrestrial (E. T., Der Außerirdische)
Regie: Steven Spielberg
Darsteller: Dee Wallace, Henry Thomas, Peter Coyote, Robert MacNaughton, Drew Barrymore, C. Thomas Howell (Tyler)

The Outsiders (Die Outsider)
Regie: Francis Coppola
Darsteller: C. Thomas Howell (Ponyboy Curtis), Ralph Macchio, Matt Dillon, Patrick Swayze, Rob Lowe, Diane Lane, Emilio Estevez, Tom Cruise

1983

Two Marriages (TV-Serie)
Created by: Carol Sobieski
Darsteller: Karen Carlson, Tom Mason, Michael Murphy, Janet Eilber, John McLiam, C. Thomas Howell

Red Dawn (Die rote Flut)
Regie: John Milius
Darsteller: Patrick Swayze, C. Thomas Howell (Robert), Lea Thompson, Charlie Sheen, Darren Dalton, Jennifer Grey

Tank (Der Tank)
Regie: Marvin J. Chomsky
Darsteller: James Garner, G. D. Spradlin, Shirley Jones, C. Thomas Howell (Billy), Mark Herrier, Sandy Ward

1984

Grandview U.S.A.
Regie: Randal Kleiser
Darsteller: Jamie Lee Curtis, C. THOMAS HOWELL, Patrick Swayze, Jennifer Jason Leigh, Ramon Bieri

1985

Secret Admirer (Crazy Love – Liebe schwarz auf weiß)
Regie: David Greenwalt
Darsteller: C. THOMAS HOWELL (Michael Ryan), Lori Loughlin, Kelly Preston, Dee Wallace Stone, Cliff De Young, Leigh Taylor-Young

Hitcher (Hitcher – Highway-Killer)
Regie: Robert Harmon
Darsteller: Rutger Hauer, C. THOMAS HOWELL (Nash), Jennifer Jason Leigh, Jeffrey DeMunn, Henry Darrow

1986

Soul Man (Soul Man)
Regie: Steve Miner
Darsteller: C. THOMAS HOWELL (Mark Watson), Ayre Gross, Rae Dawn Chong, James Earl Jones, Melora Hardin

1987

A Tiger's Tale (Tiger's Tale – Ein Tiger auf dem Kissen)
Regie: Peter Douglas
Darsteller: Ann-Margret, C. THOMAS HOWELL (Bubber), Charles Durning, Kelly Preston, Ann Wedgeworth

Into the Homeland (TV)
Darsteller: C. THOMAS HOWELL (Tripp Wesley)

Gastauftritte u. a. in TV-Serie **The Little People/The Brian Keith Show** (1972–73) und After-School Special **Thunder**

Timothy Hutton

»Er hat eine große Bereitschaft, zu lernen und die Weisheit anderer zu akzeptieren.«

Robert Redford

Gleich am Anfang seiner steilen Karriere standen die höchsten Auszeichnungen, die Fernsehen und Film zu vergeben haben. Für seine Rolle in der TV-Produktion *Friendly Fire* gewann er einen Emmy, für die in Robert Redfords Regiedebüt *Ordinary People* erhielt er einen Oscar als bester männlicher Nebendarsteller. Es dürfte nicht die letzte Auszeichnung für Timothy Hutton gewesen sein, denn seine Laufbahn unterscheidet sich von der seiner Altersgenossen in einem entscheidenden Punkt: Er wählt Rollen, die einen Anspruch besitzen und schauspielerische Herausforderungen darstellen. High-School-Komödien und banale Teenie-Späße sind in seiner Filmographie nicht zu finden. Seine bisherigen Rollen waren schwierig und seine Leistungen brillant. Timothy Hutton ist ein Schauspieler, dessen Größe aus einem ständigen Konflikt zwischen Idealen und Emotionen rührt, er kombiniert amerikanische Offenheit mit intellektueller Redlichkeit.
Der 1960 geborene Timothy Tarquin Hutton ist der Sohn des Fernsehstars Jim Hutton, dessen bekannteste Rolle die des Ellery Queen war. Als Timothy drei Jahre alt war, ließen sich seine Eltern scheiden, und seine Mutter zog mit ihren beiden Kindern zunächst in eine Kleinstadt in Connecticut, später dann nach Berkeley. Nach einem Besuch bei seinem Vater entschloß sich Timothy, zu ihm nach Los Angeles zu ziehen. »Es war hart, ohne ihn aufzuwachsen. Aber ich bin froh, daß ich die Möglichkeit hatte, ihn kennenzulernen, denn wenn ich mich nicht entschlossen hätte, nach Los Angeles zu ziehen, wäre er immer eine Art Weihnachtsmann geblieben, der ab und zu kam und plötzlich starb. Aber in den wenigen Jahren, bevor er starb, wurde er für mich sehr *normal.* Und ich bin sicher, daß ihm die Möglichkeit, seinen Sohn kennenzu-

Regisseur Robert Redford und sein »Oscar«-preisgekrönter Hauptdarsteller Timothy Hutton bei den Dreharbeiten von ›Ordinary People‹

lernen, mehr als alles andere bedeutete, bevor er starb.«[1] Timothy Hutton begleitete seinen Vater von Beginn an zu den Dreharbeiten. »Ich sah ihm bei der Arbeit zu, aber ich dachte nie: ›Oh, ich will so wie er sein.‹ Aber irgendwie wußte ich, daß ich in der aufregenden Atmosphäre eines Studios sein wollte. Sie machten mich zum Mädchen für alles und jeden. Den ganzen Tag lang brachte und trug ich etwas und konnte sehen, wie jeder auf seine Weise ein Spezialist war.«[2] Seinen ersten Auftritt hatte Timothy Hutton noch auf der High School, als Nathan in »Guys and Dolls«. Er stellte sich als ein Naturtalent heraus, besuchte nie eine Schauspielschule und war doch von Beginn an ein überzeugender Darsteller. Sein einziger Lehrer war sein Vater. »Ich lernte von ihm mehr als von allen anderen. Er war ein großartiger Lehrer, ohne mich wirklich zu unterrichten.«[3] Erste professionelle Erfahrungen machte Hutton im Fernsehen.

Schon hier zeigte sich, daß ihm an leichten Aufgaben nicht gelegen war. Sein erster großer Erfolg wurde *Friendly Fire,* einer der ersten Filme, der es wagte, sich mit dem Vietnamtrauma auseinanderzusetzen. *Friendly Fire* handelt von einer amerikanischen Durchschnittsfamilie, deren Sohn in Vietnam unter merkwürdigen Umständen ums Leben gekommen ist (Hutton spielte den jüngeren Sohn). Ihre Nachforschungen über das Schicksal des Toten decken eine verheerende Schlappe der Armee auf, die alles daran setzt, diese zu verheimlichen. Die Familie verliert ihren Glauben an die Gerechtigkeit des Krieges und die Honorigkeit des Staates. Doch sie macht sich auch zu Außenseitern in ihrer konservativen Kleinstadtatmosphäre. Hutton entpuppte sich als Darsteller, der durch Sensibilität und Intensität beeindruckte und damit viele verblüffte. Die anfänglichen Ressentiments, die ihm von den Besetzungsagenten entgegengebracht wurden, die in ihm nur einen weiteren Schauspielersohn sahen, der mit dem bekannten Namen seines Vaters hausieren ging, ohne selbst Talent zu besitzen, schlugen um in Bewunderung. Dennoch war es für den jungen Schauspieler nicht selbstverständlich, gute Rollen zu bekommen. Als Robert Redford seinen ersten Film besetzte, suchte er lange nach einem geeigneten Darsteller für die Rolle des unglücklichen Conrad. Hutton mußte sich in langwierigen Proben und durch häufiges Vorlesen den Part regelrecht verdienen.

Ordinary People wurde trotz seines komplexen und traurigen Themas ein großer Erfolg. Nach einem Selbstmordversuch und anschließendem Klinikaufenthalt wieder zu Hause, versucht Conrad (Hutton), zu einem normalen Leben zurückzufinden. Jahrelang litt er darunter, von seiner Mutter (Mary Tyler Moore) nicht akzeptiert zu werden, nachdem sein älterer Bruder bei einem Bootsunfall ums Leben kam, er aber überlebte. Während sich sein Vater (Donald Sutherland) um einen Zugang zu seinem Sohn bemüht, aber in all seiner Beredsamkeit nicht die richtigen Worte findet, weist seine Mutter ihn weiter zurück. Erst ein Psychiater (Judd Hirsch) kann

Conrad von seinen Schuldgefühlen befreien, doch die »ganz normale« Familie zerbricht an ihren inneren Konflikten. »Der neunzehnjährige Timothy Hutton drückt die Ängste und den Trotz, die Unstetigkeit und die Wut immer natürlich

Hinter der militärischen Fassade verbirgt sich ein sehr rebellischer Geist. Timothy Hutton in ›Taps‹

und nachvollziehbar aus«, schrieb die Kritik.[4] Seine Oscarpreisgekrönte Darstellung machte Hutton zu einem Idol der Jugendlichen, die viel von ihren eigenen häuslichen Problemen in der Figur des Conrad wiederfanden. Sein überzeugender Auftritt wurde zwar häufig mit seiner Trauer über den kurz zuvor erfolgten Krebstod seines fünfundvierzigjährigen Vaters in Verbindung gebracht, doch er lehnte derartige Vermutungen stets ab und verwies auf seine schauspielerische Technik, die ihn in die Haut der darzustellenden Figur schlüpfen läßt.

Auch in seinem nächsten Film, *Taps,* spielte Hutton eine Rolle, zu der viele Jugendliche eine Beziehung hatten. *Taps* ist die Geschichte einer Rebellion unter den Kadetten der Militärakademie von Bunker Hill, die einem Einkaufszentrum weichen soll. Brian Moreland (Hutton) organisiert seine Mitschüler (darunter Sean Penn und Tom Cruise) zum Widerstand – sie besetzen ihre Schule. Doch ihr Protest wird von der Nationalgarde gebrochen, wobei Brian den Tod findet.

Noch im gleichen Jahr stellte sich Timothy Hutton einer neuen Herausforderung. Neben den großartigen Henry Fonda und Cloris Leachman wirkte er in der Live-TV-Show *The Oldest Living Graduate* mit. Die große Resonanz führte zu einer Theaterproduktion des gleichen Stückes, bei der Hutton seine darstellerischen Fähigkeiten noch verbesserte. Nach wie vor genoß er keinen Unterricht, doch er war in der Lage, jede Rolle zu spielen. Das mußte schließlich auch Sidney Lumet anerkennen, der vor allem als ein Schauspieler-Regisseur einen Namen hat. Für seinen Film über das Schicksal des Rosenberg-Sohnes Daniel hatte er nie an Hutton gedacht, lehnte sogar ein Vorsprechen ab. Doch Hutton ließ nicht locker, bezahlte den Flug zu Lumet aus eigener Tasche und hatte die Rolle nach zwanzig Minuten Vorsprechtermin in der Tasche. Ethel und Julius Rosenberg stammten aus einer jüdischen Einwandererfamilie und wurden 1953 wegen Verrats von Atomgeheimnissen an die Sowjetunion hingerichtet. Das Urteil war schon damals umstritten, denn es fiel in die Zeit der McCarthy-Hysterie, den Höhepunkt des kalten Krieges, und die Beweislage war außerdem sehr schwam-

Auf der Suche nach der Urzeit stapft Timothy Hutton durch die Papp-Kulissen von ›Iceman‹

mig. Nach einem Roman von E. L. Doctorows drehte Lumet seinen Film *Daniel,* der die fiktive Geschichte der beiden Rosenberg-Kinder erzählt. Nach dem Selbstmordversuch seiner Schwester (Mandy Patinkin) macht sich Daniel (Hutton) auf die Suche nach den Gründen. Die liegen in der Vergangenheit ihrer Eltern, deren Leben und Prozeß er rekonstruiert. Der Film behandelte eines der dunkelsten Kapitel der amerikanischen Justizgeschichte und wurde von Publikum und Kritik vehement abgelehnt. »›Daniel‹ war niemals ein politischer Film«, äußerte sich Hutton. »Es war nie ›Oh, mein Gott, mir tun die Rosenbergs leid‹. Ich wußte nichts von ihnen. Als das alles passierte, war ich noch nicht geboren, doch natürlich kannte ich sie. Doch es war die Rolle selbst, die so verschie-

Spion Hutton bei der Arbeit. ›The Falcon and the Snowman‹

den von allem war, was ich gemacht hatte.«[5] Hutton betrieb intensive Studien im jüdischen Milieu, er besuchte Synagogen, beobachtete religiöse Zeremonien und studierte die Geschichte. Seine überaus intensive Darstellung verhinderte nicht, daß *Daniel* nicht nur in den USA auf scharfe Ablehnung stieß. Offenbar wurde ein Tabu berührt, über das noch nicht diskutiert werden konnte. Gewissermaßen als Ablenkung spielte Timothy Hutton anschließend in seinem ersten Genrefilm, *Iceman.* Für seine Rolle eines Anthropologen, der in der Antarktis einen eingefrorenen prähistorischen Menschen entdeckt, ihn auftaut und dann vergeblich versucht, ihn vor der modernen Welt zu bewahren, betrieb er

ausgiebige Recherchen. Doch seine Rolle bot keine allzu große Möglichkeit, dem Klischee des Sci-fi-Wissenschaftlers zu entkommen. Der Film von Fred Schepisi war zwar auf höherem Niveau als vergleichbare Werke, blieb letztlich aber doch dem Genre verhaftet.
Wiederum eine wahre Geschichte, die mit Spionage zu tun hatte, bot ihm seine folgende Rolle als Christopher Boyce in *The Falcon and the Snowman.* Boyce entdeckt durch Zufall während seiner Arbeit am Computer die Machenschaften des CIA in Australien. Es empört ihn zu sehen, wie der amerikanische Geheimdienst in anderen Ländern tätig war. Von seinem Freund (Sean Penn), einem kleinen Drogendealer, läßt er sich überreden, das brisante Material an die Sowjets zu verkaufen. Doch die beiden Amateure werden von der Lawine, die sie ausgelöst haben, selbst überrollt. Sie werden festgenommen und 1977 zu lebenslanger bzw. vierzigjähriger Haft verurteilt. Boyce gelang noch einmal die Flucht, doch wenig später wird er wieder gefaßt. Der Fall des Falken und des

Kim Cattrall und Hutton in ›Turk 182!‹

Schneemanns erregte seinerzeit die amerikanische Öffentlichkeit, die nicht glauben wollte, daß ein so typisch amerikanischer Junge wie Boyce sein eigenes Land verraten konnte. Sein durch die Studentenrebellionen und Vietnamdemonstrationen geprägtes moralisches Gewissen führte eher noch zu einer härteren Strafe. »Mehr junge Leute sollten so handeln wie er«, meinte Hutton über Boyce, mit dem er sich bei seiner Vorbereitung auf seine Rolle angefreundet hatte. »Keine Geheimnisse verkaufen, aber politisch und sozial bewußter sein. Die Leute sollten sich selber erlauben, mehr zu fühlen, zu denken, sich mehr Gehör zu verschaffen. Und wenn sie spüren, daß sie ihren Standpunkt nicht durchsetzen können, dafür sorgen, daß sie es schaffen. Das ist alles, was Chris gemacht hat. Ich glaube nicht eine Minute lang, daß er groß war oder recht hatte, aber ich respektiere und anerkenne jemanden, der sich in seinem Alter über etwas aufregt und seine Gefühle gewinnen läßt. Denn das sieht man bei jungen Leuten nicht sehr häufig.«[6)] Der Film in der Regie von John Schlesinger rief ebenso wie *Daniel* Kontroversen hervor, verlor jedoch durch den Versuch, das Schicksal des Falken (Hutton) zu einer moralischen Parabel zu stilisieren, an Glaubwürdigkeit. Gegen die Ungerechtigkeiten und Machenschaften der Politiker wandte sich Timothy Hutton auch in seiner nächsten Rolle. *Turk 182!* erzählt von einem Jungen (Hutton), dessen Bruder (Robert Urich) bei einem Feuerwehreinsatz außer Dienst verletzt wird und aufgrund formaler Bestimmungen keinen Schadenersatz erhält. Durch phantasievolle und phantastische Aktionen macht er in der Folge die Stadtverwaltung und den Bürgermeister zum Gespött der Bevölkerung, die ihn zum Helden kürt. Hutton hatte diese Rolle in dem Glauben angenommen, daß es ein ernsthafter Film werden würde oder wenigstens eine schwarze Komödie, doch als der *Porky*-Regisseur Bob Clark die Regie übernahm, sah er sich mit einer Komödie konfrontiert, die nicht mehr seinen eigenen Ansprüchen standhielt. *Turk 182!* wurde zu einem Comic-Strip, in dem Hutton fehl am Platze wirkte. Der Film wurde denn auch ebensowenig ein Erfolg wie sein anschließender. Doch das hatte andere Gründe.

Rückkehr der Romantik. Timothy Hutton küßt Kelly McGillis in ›Made in Heaven‹

Made in Heaven ist eine zuckersüße, romantische Komödie um Engel, die wieder zur Erde zurückkehren können. Ein Märchen, von seinem Regisseur Alan Rudolph absichtsvoll stilisiert, eine Hommage an die Traumfabrik der Dreißiger und Vierziger, wunderschön, doch eben auch fürchterlich altmodisch. Hutton spielte eine Doppelrolle. Nachdem er als junger Mann bei einem Unfall ums Leben und in den Himmel gekommen ist, verliebt er sich in den Engel Annie (Kelly McGillis). Er darf ihr auf die Erde folgen und dort bleiben, wenn es ihm gelingt, sie innerhalb von dreißig Jahren wiederzufinden. Was natürlich der Fall ist. »Mike ist ein typischer Amerikaner, offen und geradeheraus«, äußerte sich Hutton über seine Rollen. »Er ist sehr ernst und aufrichtig, aber unfreiwillig komisch. Im Gegensatz dazu hat Elmo mehr Bezie-

hung zur Wirklichkeit. Er hat sehr genaue Vorstellungen und Theorien über alle möglichen Dinge. Ich habe beide sehr gerne gespielt. Und tatsächlich hat dieser Film einen Reichtum, wie ich ihn bis dahin nie erlebt habe.«[7] In einer Nebenrolle spielte übrigens (ungenannt und kaum erkennbar) Timothy Huttons Ehefrau Debra Winger.
Noch wartet er auf einen weiteren Oscar. Noch auch wartet er wieder auf einen großen Erfolg im Kino. Doch Timothy Hutton ist zweifelsohne schon jetzt einer der bedeutendsten Schauspieler seiner Generation. Sein Bestreben, möglichst keine Rolle zu wiederholen, führt zu interessanten, vielleicht nicht immer gelungenen Ergebnissen. Doch er bleibt der sehenswerteste Star unter den neuen Gesichtern Hollywoods.

Anmerkungen

1) Christopher Connelly. Tim Hutton Strikes Back. In: Rolling Stone, 28.3.1985
2) Minty Clinch. An Ordinary Star. In: Ms, London, 2.3.1981
3) Joan Goodman. America's Repugnance in Face of Its Own History. In: The Times, 21.1.1984
4) Anne Fredriksen. Eine ganz normale Familie. In: Lothar R. Just (Hrsg.). Das Filmjahr 1981/82. München 1981
5) Joan Goodman, a.a.O.
6) Christopher Connelly, a.a.O.
7) Deutsches Presseheft »Made in Heaven«

Filmographie

1978

Zuma Beach (TV)
Regie: Lee H. Katzin
Darsteller: Suzanne Somers, Steven Keats, Michael Biehn, Mark Wheeler, Rosanna Arquette, TIMOTHY HUTTON

1979

Friendly Fire (Fürs Vaterland zu sterben) (TV)
Regie: David Greene
Darsteller: Carol Burnett, Ned Beatty, Dennis Erdman, Sam Waterston, TIMOTHY HUTTON, Fanny Spiess

The Best Place to Be (TV)
Regie: David Miller
Darsteller: Donna Reed, Efrem Zimbalist jr., Stephanie Zimbalist, Mildred Dunnock, John Philip Law, TIMOTHY HUTTON

And Baby Makes Six (TV)
Regie: Warris Hussein
Darsteller: Colleen Dewhurst, Warren Oates, Maggie Cooper, Mildred Dunnock, TIMOTHY HUTTON, Allyn Ann McLerie

Young Love, First Love (TV)
Regie: Steven Hillard Stevens
Darsteller: Valerie Bertinelli, TIMOTHY HUTTON, Arlen Dean Snyder, Fionnula Flanagan

1980

Ordinary People (Eine ganz normale Familie)
Regie: Robert Redford
Darsteller: Donald Sutherland, Mary Tyler Moore, Judd Hirsch, TIMOTHY HUTTON (Conrad), Elizabeth McGovern

1981

Taps (Die Kadetten von Bunker Hill)
Regie: Harold Becker
Darsteller: George C. Scott, TIMOTHY HUTTON (Brian Moreland), Ronny Cox, Sean Penn, Tom Cruise, Brendan Ward

The Oldest Living Graduate (TV)
Regie: Jack Hofsiss
Darsteller: Henry Fonda, Cloris Leachman, George Grizzard, Penelope Milford, Harry Dean Stanton, TIMOTHY HUTTON

1983

Daniel (Daniel)
Regie: Sidney Lumet
Darsteller: TIMOTHY HUTTON (Daniel), Mandy Patinkin, Lindsay Crouse, Edward Asner, Ellen Barkin, Julie Bovasso

1984

Iceman (Der Mann, der aus dem Eis kam)
Regie: Fred Schepisi
Darsteller: TIMOTHY HUTTON (Dr. Stanley Shepard), John Lone, Lindsay Crouse, David Sommer

1985

The Falcon and the Snowman (Der Falke und der Schneemann)
Regie: John Schlesinger
Darsteller: TIMOTHY HUTTON (Christopher Boyce), Sean Penn, Lori Singer, Pat Hingle, Joyce van Patten, Macon McCalman

Turk 182! (Das Schlitzohr)
Regie: Bob Clark
Darsteller: TIMOTHY HUTTON (Jimmy Lynch), Robert Urich, Kim Cattrall, Robert Culp, Darren McGavin, Steven Keats, Peter Boyle

1987

Made in Heaven (Made in Heaven)
Regie: Alan Rudolph
Darsteller: TIMOTHY HUTTON (Mike Shea/Elmo Barnett), Kelly McGillis, Maureen Stapleton, Ann Wedgeworth, James Gammon, Mare Winningham, Don Murray

Destiny
Regie: Gregory Nava
Darsteller: William Hurt, TIMOTHY HUTTON, Stockard Channing

1988

The Evangelist (geplant)
Produktion: TIMOTHY HUTTON
Darsteller: TIMOTHY HUTTON

Außerdem **Sultan and the Rock Star** (TV, Walt Disney)

Rob Lowe

Er ist der Schönste. Weit und breit. Seine Gesichtszüge sind so ebenmäßig, daß man glaubt, sie stammen von einem Schönheitschirurgen. Seine Augen strahlen so blau, daß man geneigt ist zu glauben, er trage gefärbte Kontaktlinsen. Sein Körper ist so wohlgeformt, wie es nur ein spezielles Training zustande bringt. Sein Manko ist, daß ihm sein unverschämt gutes Aussehen im Wege steht. Rob Lowe ist vermutlich der einzige Hollywood-Star, der in seinen Verträgen schon mal den Passus findet, wenigstens einmal in einem Film sein T-Shirt auszuziehen. Rob Lowe ist einfach das männliche Sexsymbol unter den jungen Stars von Tinseltown.
Bevor er 1982 in *The Outsiders* seine erste Filmrolle hatte, war der damals gerade Achtzehnjährige schon ein Schauspiel-Veteran. Am 17. März 1964 in Dayton, Ohio, geboren, trat er noch als Kind im örtlichen Fernsehen auf. »Ich fing mit der Schauspielerei an, als ich neun war. Ich sah das Musical ›Oliver‹ und dachte, das muß Spaß machen.«[1] Doch seine Karriere kam erst richtig in Schwung, als sich seine Eltern scheiden ließen, und der Zwölfjährige mit seiner Mutter nach Los Angeles zog. Noch immer ein Teen, konnte er bald auf seine Mitwirkung in mehr als dreißig Theaterstücken verweisen. Die Zahl seiner Auftritte in den Nachmittags-TV-Shows bleibt unübersehbar. Lowe besuchte nie eine Schauspielschule, die Praxis war seine Universität, hier holte er sich sein Rüstzeug, das bei seinem Aussehen keiner von ihm verlangte. Doch er blieb unermüdlich, getrieben von einer Vision. »Ich wußte immer, daß ich Schauspieler werden wollte. Es war mein Traum, es gab nichts anderes, was ich tun wollte.«[2] Er spielte in Serien und Specials wie *Schoolboy Father, A Matter of Time* (das sogar mit einem Emmy ausgezeichnet wurde) und an der Seite von Eileen Brennan in *A New Kind of Family.* Neben anderen Angehörigen des *Brat Pack* bekam er dann eine Rolle in *The Outsiders.* Eine kleine Rolle nur, als Sodapop Curtis, der seinen jüngeren Bruder

Von den Teenagern vergöttert. Rob Lowe – der Schöne

Ponyboy (C. Thomas Howell) immer gegenüber dem älteren (Patrick Swayze) verteidigt. Obgleich er weniger durch seine darstellerische Leistung (dazu blieb die Rolle zu beschränkt) auffiel, machte er doch Eindruck. Denn man konnte ihm noch soviel Pomade ins Haar schmieren und ihn zum Rocker stilisieren, sein ungewöhnliches Aussehen, das ihn geradezu für Liebhaber- und Herzensbrecherrollen prädestinierte, machte aus seinen Mitspielern eine Bande von Durchschnittstypen, für die kein Mädchen einen Blick riskierte. Doch daß Rob Lowe mehr zu bieten hatte, bewies er an der Seite von Gena Rowlands in dem Fernsehfilm *Thursday's Child.* Er spielte einen Teenager, dem eine Herztransplantation bevorsteht, was aus einem normalen Familienleben ein Drama macht. Für seine Leistung wurde er gar für einen Golden Globe nominiert. Das brachte ihm anschließend eine stereotype Rolle in dem noch stereotyperen College-Film *Class* ein. Lowe spielt den Sohn von Jacqueline Bisset, in die sich sein Zimmergenosse auf dem College (Andrew McCarthy) ver-

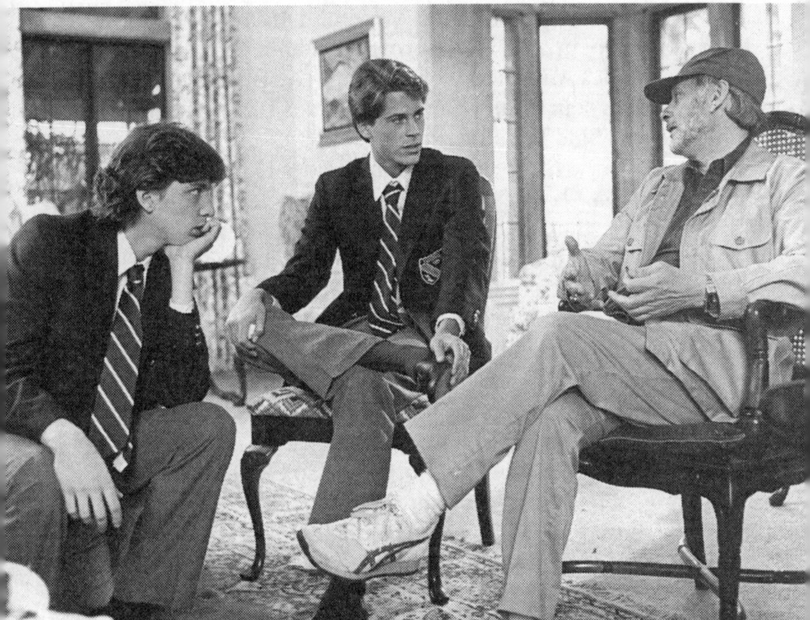

Andrew McCarthy und Rob Lowe im Gespräch mit ›Class‹-Regisseur Lewis John Carlino

liebt. Als er herausfindet, daß seine Mutter ein Verhältnis mit seinem besten Freund hat, bricht er jeden Kontakt ab. Nachdem dann seine Mutter freiwillig in die Nervenheilanstalt gegangen ist, stellt sich in einer Prügelei auch wieder die Freundschaft der Zimmergenossen her. Zusammen werden sie in Harvard studieren. Der dilettantisch inszenierte Streifen fiel verdientermaßen an der Kinokasse durch. Während Bissets Karriere einen empfindlichen Knick erhielt, zeigte die von Lowe und McCarthy unaufhaltsam nach oben. Einige Zeit später wurde ihnen sogar eine Fortsetzung angeboten, doch beide lehnten ab. Das erste Mal selbst den Liebhaber spielen durfte Rob Lowe dann in der Komödie *The Hotel New Hampshire.* Dort betört er nicht nur eine Terroristin (Amanda Plummer) und Nastassja Kinski als »Bär«, seine eigentliche Liebe gilt seiner Schwester (Jodie Foster). Der auf dem gleichnamigen Bestseller von John Irving basierende Film zeigte erneut, daß Rob Lowe mehr kann, als die meisten aufgrund seines Aussehens vermuteten. Die *Washington Post* verglich sogar sein Charisma mit dem eines Türgriffs. Ein Irrtum, wie sich bald herausstellen sollte.

Schon in *Oxford Blues,* einem Remake des Komödienklassikers *A Yank at Oxford* (Regie: Jack Conway; 1938), bewies Lowe, daß er seinem Image entkommen konnte. Wenigstens teilweise. Denn in dieser Geschichte eines jungen Amerikaners, der in Oxford studiert, versucht ins Ruderteam zu kommen und sich in eine britische Lady verliebt, gab es so viele Klischees, daß es keinem Darsteller wirklich gelang, sich aus seiner stereotypen Rolle zu befreien. Doch Lowes eigentlicher Durchbruch, der ihn zum Superstar bei seinen jungen Anhängern/innen werden ließ, erfolgte in dem *Brat Pack*-Gemeinschaftsfilm *St. Elmo's Fire.* Lowe spielte einen jungen Saxophonisten, dessen Ehe bereits gescheitert ist und der in den wenigen Jahren nach seinem Schulabschluß noch nicht zu seiner Verantwortung gefunden hat. »Diese Rolle ist etwas Neues für mich«, erklärte er. »Man ist eigentlich immer der Gefahr ausgesetzt, auf den speziellen Typus festgelegt zu werden, den man am mühelosesten verkörpern kann. Ich habe immer versucht, so innovativ zu sein, wie das Drehbuch es

Wer ist der Schönste im ganzen Film? Die Wahl fällt Nastassja Kinski (l.) und Jodie Foster in ›The Hotel New Hampshire‹ schwer

mir eben noch gestattete. Aber man kann keine Rollen bekommen, wenn man den Leuten nicht als eventuell mögliche Besetzung einfällt. Vielleicht zeige ich in dieser Rolle allen etwas anderes, als sie erwartet hatten.«[3)] Das tat er tatsächlich. Nicht alleine, daß er bei dem Bruce-Springsteen-Saxophonisten Clarence Clemons sein Instrument spielen lernte, er erwies sich auch als Charakterdarsteller.
Seine Gage betrug zu dieser Zeit vierhunderttausend Dollar pro Film. »Ich nehme das Geld, weil es mir die Leute geben. Aber es ist lächerlich, daß ich so viel Geld bekomme, wenn andere Menschen viel härter arbeiten als ich und weniger verdienen, obgleich ihre Arbeit anstrengender ist. Ich sagte *anstrengender,* nicht wichtiger. Ich bin keiner dieser Schauspieler, die behaupten, es gäbe etwas Wichtigeres als Schauspie-

len.«[4] Die Skeptiker, die seine Fähigkeiten immer noch in Frage stellten, sahen sich durch seinen nächsten Film bestätigt. Als angehender Eishockey-Crack Dean Youngblood mußte Lowe erst seine inneren Schwächen überwinden, um als Profi endgültig anerkannt zu werden und Erfolg zu haben. Der der *success story Rocky* nachempfundene Film ließ ihm wenig Gelegenheit, seine zuvor bewiesenen Fähigkeiten als Charakterdarsteller zu demonstrieren. Um so mehr konnten sich seine zahlreichen Fans am wohltrainierten Körper ihres Idols delektieren, den dieser ihnen bei zahlreichen Dusch- und Umkleideszenen präsentierte. Auf seiner Karriereleiter, die er nun zielstrebig beschritt, war *Youngblood* nur ein weiterer Schritt. »Ich strebe die höchste Stufe des Erfolges in diesem Geschäft an. Etwas anderes kommt für mich nicht in Frage. (...) Deshalb ist meine Antwort, wenn Leute fragen, ›Fühlen Sie sich erfolgreich?‹, ›Nein‹. Ich habe überhaupt *nie* das Gefühl, erfolgreich zu sein. Ich bin noch nicht einmal auf halber Höhe. Ich kann keinen Augenblick anhalten, um mir auf die Schulter zu klopfen. Es wird nur härter und härter. Die Einsätze werden größer. Die Höhen höher und die Tiefen tiefer. Und je näher man dem Ziel kommt, desto tiefer ist der Sturz.«[5] Lowe änderte die Richtung seiner Karriere. Sich wohl der Abnutzung eines bestimmten Images bewußt, versuchte er in der Folge, sich vor allem als Schauspieler zu profilieren.

Weniger sein Gesicht als vielmehr sein Können war in dem Beziehungsdrama *About Last Night* gefragt, der nach dem Stück »Sexual Perversity in Chicago« von David Mamet entstand, Lowe spielte, zunächst noch seinem Bild des Mädchenschwarms treu, einen Aufreißer. Doch aus der Bekanntschaft mit Debbie (Demi Moore) wird Ernst, man beschließt, zusammenzuziehen. Das traute Leben zu zweit erweist sich als problematisch. Keiner der beiden scheint reif zu sein für eine richtige Partnerschaft. Nach geraumer Zeit trennen sich Danny und Debbie wieder. War es anfangs vor allem Danny, der die Beziehung in Frage stellte, ist nun er es, der unter der plötzlichen Einsamkeit leidet. Doch Debbie will nichts mehr von ihm wissen. Erst am Ende, als beide neue Erfahrungen gemacht haben, deutet sich ein Happy-End an. Erneut bewies Lowe in seiner Rolle des Danny, daß er es verstand, die engen Grenzen seiner Figur zu verlassen. Daß *About Last Night* eher seicht war als eine treffende Entlarvung der

Bei Clarence Clemons lernte Rob Lowe das Saxophonspiel

Single- und Yuppie-Mentalität, im Gegensatz zur Vorlage, war nicht Lowes Fehler. Die Moral des amerikanischen Publikums läßt *sexual perversity* im Kino nicht zu, vor allem nicht, wenn ein Schönheitsidol wie Rob Lowe darin mitwirkt. Einen weiteren, radikaleren Schritt weg von seinem Image unternahm Lowe dann in dem selten aufgeführten *Square Dance,* in dem er einen zurückgebliebenen Provinzjungen darstellte. »Ich kann mir keinen Charakter vorstellen, der mir weniger nahe stand als dieser. Ich wollte ihn wirklich spielen. Es gibt nur wenig derartige Rollen für einen Schauspieler, vor allem nicht für jemandem in meinem Alter.«[6] Es war nur eine Nebenrolle, doch sie bescherte dem durch rotgefärbtes Haar kaum wiederzuerkennenden Lowe endlich die darstellerische Anerkennung, auf die er so lange hatte warten müssen. Auch *Square Dance*-Regisseur Daniel Petrie mußte seine anfänglichen Vorbehalte aufgeben. Er hatte nicht geglaubt, daß der Mädchenschwarm Lowe die schwierige Rolle eines geistig zurückgebliebenen Jungen aus Texas bewältigen konnte. Zumal ihm sein Aussehen im Wege stand. Lowe machte sogar Probeaufnahmen – dies für eine Nebenrolle –, um den Part zu bekommen. Für den Regisseur Peter Bogdanovich stand schon lange die schauspielerische Qualität des jungen Stars fest. Er hatte ihn schon für seinen Film *Mask* in Betracht gezogen, »aber seine Augen waren einfach viel zu sexy«.[7] In Bogdanovichs Screwball-Comedy *Illegally Yours* werden diese Augen durch eine Brille gedämpft. Lowe ist tatsächlich kurzsichtig und trägt meist Kontaktlinsen. Bogdanovich zeigte seinem Darsteller klassische Screwball-Comedies wie *Bringing Up Baby* (Howard Hawks; 1938; Leoparden küßt man nicht) und *Twentieth Century* (Howard Hawks; 1934; Napoleon am Broadway), um ihm die Atmosphäre vorzuführen, die er mit *Illegally Yours* kreieren wollte. Lowe spielte den fünfundzwanzigjährigen Richard Dice, der nach einer gescheiterten Beziehung zu seiner Mutter nach Saint Augustine in Florida fährt und dort als Geschworener in einem Mordprozeß verpflichtet wird. Richard traut seinen Augen nicht, als er die des Mordes an einem Postboten Angeklagte erkennt. Es ist seine alte Jugendliebe (Colleen Camp).

Mit Jim Belushi im Yuppie-Milieu .. ›About Last Night‹

Bei seinem Versuch, ihr zu helfen und ihre Unschuld zu beweisen, gerät er in eine Reihe turbulenter Abenteuer. Die Dreharbeiten *on location* wurden massiv durch die zahlreichen Fans behindert. Zuvor noch hatte Lowe die Schlagzeilen wegen seiner Affäre mit der monegassischen Prinzessin Stephanie beherrscht, was ihm die gesteigerte Aufmerksamkeit auch der Yellow Press einbrachte. Und den Ärger mit seiner langjährigen Freundin Melissa Gilbert, mit der er aber mittlerweile verheiratet ist. *Illegally Yours* stand von Beginn an unter einem unglücklichen Stern. Der eigensinnige Bogdanovich warf alle Zeitpläne durcheinander und hatte zudem mit Lowe Auseinandersetzungen. Ebenfalls nicht vom Glück verfolgt war Lowes nächster Film, *Masquerade.* In dem Werk von Bob Swaim *(La balance)* spielte er einen Segellehrer, der in eine heiße Affäre mit einer reichen Erbin (Meg Tilly) und einen Mord verwickelt wird. »Das sind Rollen, die weder

Rob noch Meg zuvor gespielt haben. Rob war nie sexyer. Seine Fans werden den Film *lieben*«, meinte Swaim.[8] Sie taten es offensichtlich nicht, denn *Masquerade* fiel in den USA durch. Lowe kümmerte es nicht. Er hatte schon weitere Projekte. »Ich lerne die ganze Zeit über mich dazu. Wenigstens kann ich sehen, wohin ich in meiner Karriere gehe. Ich fange gerade an zu spüren, daß ich nur einen Platz geschaffen habe, eine Basis, von der aus ich operieren kann. Ich fühle, als wäre ich unter einem glücklichen Stern (lucky star) geboren.«[9] »Lucky Star« nannte Lowe auch seine eigene Produktionsgesellschaft, die seine weiteren Filme produzieren soll. Als erstes ist eine filmische Biographie des Rock'n'Rollers Eddie Cochran geplant. Die Hauptrolle in *Something Else* (so der Arbeitstitel) spielt natürlich Rob Lowe, mittlerweile intensiv damit beschäftigt, Gitarre spielen zu lernen. Der Film wird ein weiterer Baustein sein in der Karriere von Rob Lowe.

Der junge Star wird weiter beweisen, daß er mehr vorzeigen kann als nur ein hübsches Äußeres. Seine Vorbilder sind Robert Redford und Warren Beatty. Wie diese ist er politisch aktiv (Umweltschutz), wie diese ist er aber vor allem bestrebt, sich einen Platz in der Filmgeschichte zu schaffen – als Schauspieler, nicht als Schönling. Es bestehen wenig Zweifel, daß ihm dies gelingen wird.

Anmerkungen

[1] Dan Yakir. Rob Lowe Takes Off! In: Sunday Magazine, News of the World, 8.6.1986

[2] US-Presseheft »About Last Night«

[3] Deutsches Presseheft »St. Elmo's Fire – Die Leidenschaft brennt tief«

[4] Elizabeth Kaye. Ordinary People. In: Rolling Stone, 26.9.1985

[5] ebda.

[6] Splice No. 7, September 1987

[7] Stephen Schaefer. Not Just a Pretty Face. In: US, 7. September 1987

[8] Splice, a.a.O.

[9] US-Presseheft »About Last Night«

Filmographie

1982

The Outsiders (Die Outsider)
Regie: Francis Coppola
Darsteller: C. Thomas Howell, Ralph Macchio, Matt Dillon, Patrick Swayze, ROB LOWE (Sodapop Curtis), Diane Lane, Emilio Estevez

1983

Thursday's Child (TV)
Regie: David Lowell Rich
Darsteller: Gena Rowlands, Don Murray, Jessica Walter, ROB LOWE, Tracy Gold

Class (Class)
Regie: Lewis John Carlino
Darsteller: Jacqueline Bisset, ROB LOWE (Skip), Andrew McCarthy, Cliff Robertson, Stuart Margolin, John Cusack, Alan Ruck

1984

The Hotel New Hampshire (Hotel New Hampshire)
Regie: Tony Richardson
Darsteller: ROB LOWE (John Berry), Jodie Foster, Nastassja Kinski, Paul McCrane, Beau Bridges, Lisa Banes

Oxford Blues
Regie: Robert Boris
Darsteller: ROB LOWE (Nick Di Angelo), Ally Sheedy, Julian Sands, Amanda Pays, Michael Gough, Aubrey Morris, Gail Strickland

1985

St. Elmo's Fire (St. Elmo's Fire – Die Leidenschaft brennt tief)
Regie: Joel Schumacher
Darsteller: ROB LOWE (Billy), Demi Moore, Andrew McCarthy, Judd Nelson, Emilio Estevez, Ally Sheedy, Mare Winningham

1986

Youngblood (Bodycheck)
Regie: Peter Markle
Darsteller: ROB LOWE (Dean Youngblood), Cynthia Gibb, Patrick Swayze, Ed Lauter, Jim Youngs

About Last Night (Nochmal so wie letzte Nacht)
Regie: Edward Zwick
Darsteller: Rob Lowe (Danny), Demi Moore, Jim Belushi, Elizabeth Perkins, George DiCenzo, Michael Alldredge

1987

Square Dance
Regie: Daniel Petrie
Darsteller: Jason Robards, Jane Alexander, Winona Ryder, Rob Lowe (Rory), Deborah Richter, Guich Koock

Illegally Yours (Liebe auf den ersten Mord)
Regie: Peter Bogdanovich
Darsteller: Rob Lowe (Richard Dice), Colleen Camp

Masquerade
Regie: Bob Swaim
Darsteller: Rob Lowe, Meg Tilly, Kim Cattrall, Doug Savant

Auftritte in TV-Serien (After School) **Schoolboy Father, A Matter of Time,** mit Eileen Brennan **A New Kind of Family,** TV-Filme **Mean Jeans, Thrills and Chills**

Ralph Macchio

Die Welle der Kung-Fu-Filme war eigentlich bereits passé, als ein schmächtiges Bürschchen mit braunen Knopfaugen und offensichtlich italienischer Abstammung die asiatische Kampfsportart Karate noch einmal zu einem Erfolg machte. Zum größten überhaupt. Er begeisterte in aller Welt ein Publikum, das mit Hand- und Fußschlägen ansonsten wenig im Sinn hatte. Es waren nicht die Kampfszenen, die faszinierten. Es war dieser kleine Junge, der so unschuldig aussah und so schwach wirkte. Der sich aber durchsetzte und es der Welt zeigte. Was ihn so sympathisch machte, war seine Durchschnittlichkeit und der Umstand, daß er so offensichtlich beschützt werden mußte. Kein Muskelberg wie Sylvester Stallone, ebenfalls italienischer Abstammung, der in seinen *Rocky*-Filmen vorexerzierte, wie man Erfolg hat.

Erstaunlicherweise war es die Musik, die Ralph Macchio zum Schauspieler machte.

Schon im Alter von drei Jahren begann der Sohn eines Spediteurs, 1962 in Suffolk County, New York, geboren und in Long Island aufgewachsen, mit dem Steptanz. Der Knirps wirbelte noch über die Bühnen, als er schon zur Schule ging. Bei einem seiner Auftritte, die eher amateurhaft denn professionell wirkten, dafür aber die enorme Energie des Kleinen verrieten, sah ihn ein Agent. Er nahm sich des Jungen an. Als Sechzehnjähriger tauchte Ralph Macchio in einigen Werbespots auf, doch er hatte Höheres im Sinn. Eine Rolle in der TV-Familienserie *Eight Is Enough* war sein Sprung ins Schauspielgewerbe. Macchio hatte nie eine Ausbildung gemacht, ihm gelang es dennoch, sich als Darsteller zu bewähren. Immer noch auf der High School, bewarb er sich erfolgreich um eine Rolle in der Klamotte *Up the Academy.* Der ebenso turbulente wie geschmacklose Film über die Dummheiten eines Haufens völlig verblödeter Militärkadetten wurde dem Hauptdarsteller Ron Leibman so peinlich, daß er nach Fertigstellung des Films seinen Namen aus den Stabsangaben und

Die beiden unzertrennlichen ›Outsider‹ Ponyboy (C. Thomas Howell, l.) und Johnny Cade (Ralph Macchio)

von den Plakaten entfernt haben wollte. Ralph Macchio fällt in dem Ensemble schlechter Darsteller nicht weiter auf. Dem Regisseur Robert Downey gelang es, das Niveau aller Beteiligten auf ein Minimum herunterzudrücken. Um so überraschender war es, daß Francis Coppola Ralph Macchio in seinem Film *The Outsiders* mit der Hauptrolle des Johnny Cade betraute. »Ich hatte das Buch in der Schule gelesen und liebte es«, erinnerte sich Macchio. »Ich wollte die Rolle unbedingt. Ich hätte dafür sogar jemanden umgebracht.«[1)]

Johnny Cade ist Ponyboys (C. Thomas Howell) bester Freund. Beide zählen zu den Youngstern bei den »Greasers«, der Gang aus ihrem Viertel. Johnny hat kein Zuhause, wohin er gehen könnte. Er ist auch unter seinen Freunden ein Außenseiter, der auf Parkbänken schläft, dichtet und sich über sein Leben Gedanken macht. Bei einer Schlägerei mit den verfeindeten »Socs« tötet Johnny einen Gegner. Auf Rat von Dallas (Matt Dillon) verstecken er und Ponyboy sich in einer alten Kirche. Doch nach einiger Zeit kommen beide wieder in die Stadt, aber Dallas bringt sie zurück. Als sie die Kirche erreichen, steht das Gebäude in Flammen. Ohne zu zögern rennt Johnny hinein, um einige eingeschlossene Kinder zu retten. Seinen Mut bezahlt er am Ende mit dem Leben, als er seinen schweren Verbrennungen erliegt. Seine Lieblingslektüre war Margaret Mitchells »Gone With the Wind«, und in seinem letzten Brief an Ponyboy erweist er sich als Prophet. Johnny weiß, daß mit seinem Tod auch für seinen Freund die Jugend ihrem Ende entgegengeht. Macchio bewies in seiner Rolle tatsächlich darstellerische Qualitäten. Seine schmale

›The Karate Kid‹

Statur befähigte ihn natürlich, Schwächlinge oder Außenseiter zu spielen, doch er verkörperte den Johnny nicht ohne eine Spur Melancholie, die die mögliche Eindimensionalität einer solchen Figur vermied. »Schauspielen gefiel mir; ich dachte, es wäre einen Versuch wert. Nach ›The Outsiders‹ nahm ich es wirklich ernst.«[2)] Doch gleich seine nächste, erste richtige Hauptrolle schränkte seine neu entdeckte Liebe zur Schauspielerei erheblich ein. Denn der überraschende Erfolg von *The Karate Kid* brachte die unvermeidlichen Fortsetzungen mit sich – und in denen wurde Macchio nur noch *typecastet.*

The Karate Kid entstand unter der Regie des *Rocky*-Schöpfers John G. Avildsen. Er erzählte die gleiche Geschichte. Als der schmächtige und scheue Daniel (Macchio) mit seiner geschiedenen Mutter nach Kalifornien kommt, schlägt ihm an seiner neuen Schule nichts als Geringschätzung entgegen. Sein Annäherungsversuch an die Schulschönheit endet mit einer blutigen Nase, denn seine bescheidenen Karatekenntnisse reichen bei weitem nicht aus, um die örtliche Gang und deren Anführer in Schach zu halten. Als er eines Abends wieder kurz davor steht, verprügelt zu werden, kommt ihm ein alter Japaner (»Pat« Morita) mit nie gesehener Karatekunst zu Hilfe. Daniel wird alsbald sein Schüler und Freund. Ihm werden nicht nur Kampftechniken beigebracht, sondern vor allem östliche Lebensweisheiten. Beides befähigt Daniel am Ende, sich der entscheidenden Konfrontation mit seinen Gegnern zu stellen und sie letztlich, trotz unfairer Attacken, während einer Karatemeisterschaft zu besiegen. Daß er nun Erfolg bei der Schulschönheit hat, gehört zu den eisernen Regeln des Hollywood-Kinos. Ralph Macchio wurde als der *Karate Kid* zu einem Superstar bei den Jugendlichen. »Es ist ein erfrischender Film ohne Special-Effects und Gewalt«, äußerte sich der junge Star. »Natürlich hat er ein Happy-End – in den USA macht kein Film 70 Millionen Dollar, wenn der Mann verliert. Aber ich war vom Erfolg überrascht und auch von der Weise, wie der Regisseur verstand, die einfachsten Klischees funktionieren zu lassen, gerade mit genug ›schmaltz‹, aber nicht zuviel, um es kitschig werden zu lassen.

Der aufmüpfige Schüler (Macchio) und sein verständiger Lehrer (Nick Nolte) in ›Teachers‹

Für mich war nur der Titel schrecklich – wie wenig kreativ kann man sein? Aber es ist überall ein Hit, also sollte ich still sein.«[3)] Die Entwicklung Daniels zum Siegertypen, der trotz allem sehr durchschnittlich blieb, bot für viele Teenager genug Raum zur Identifikation – wer steht nicht auf seiten des Schwachen, vor allem, wenn dieser am Ende alle besiegt. Macchio spielte einen Sechzehnjährigen, obwohl er zu dieser Zeit bereits zwanzig Jahre alt war. Doch das sah man ihm zu keiner Zeit an. Auch in seinen folgenden Filmen stellte er immer wieder wesentlich Jüngere dar. So in *The Karate Kid II,* der ebenso erfolgreichen Fortsetzung. Inzwischen fast fünfundzwanzig Jahre alt, war er in dem Film erneut der schüchterne, schwächliche Teenager, der auf Okinawa seine große Liebe findet. Und der sich dort im Rahmen seines le-

bensgefährlichen Einsatzes für die unterdrückten Menschen wiederum einem Entscheidungskampf mit den Bösen stellen muß. Immerhin, *Karate Kid* begann, aus seinem Teenager-Alter herauszuwachsen.
Ebenfalls einen wesentlich Jüngeren verkörperte Macchio in dem High-School-Film *Teachers.* Eddie (Macchio) leidet unter seinem zerrütteten Elternhaus, zeigt sich an der Schule völlig uninteressiert und ist in kleine Gaunereien verwickelt. Nur der Lehrer Alex Jurel (Nick Nolte) gibt nicht auf, Eddie helfen zu wollen. Ihm gelingt es auch, den intelligenten Jungen für seine Umwelt zu interessieren, indem er ihn die schulischen Mißstände fotografieren läßt. Eddie revanchiert sich am Ende, als er für den vom Rausschmiß bedrohten Axel die Solidarität der Schüler organisiert. In diesem zwischen Komik und Aufklärung unentschlossenen, schwankenden Film gefiel Macchio durch seine eindringliche Darstellung des jungen Delinquenten. Glaubhaft verband er rebellischen Gestus mit der Verletzlichkeit des Außenseiters. Seine größte schauspielerische Herausforderung aber war der im gleichen Jahr gedrehte TV-Film *The Three Wishes of Billy Grier,* in dem Macchio einen Teenager verkörperte, der unter einer seltenen Krankheit leidet, die ihn innerhalb kürzester Zeit vergreisen läßt. Durch reichlich Make-up unterstützt, gelang Macchio dennoch eine beeindruckende Leistung, die dem ungelernten Star eine deutlich sichtbare schauspielerische Entwicklung abverlangte. Nur zum Teil konnte er aber seine neu erworbenen Fähigkeiten in seinen nächsten Film, *Crossroads,* hinüberretten.
Eugene (Macchio) ist ein junger Gitarrenvirtuose, der plötzlich entdeckt, daß nicht in der klassischen Musik, sondern im Blues die Berufung für einen Gitarristen liegt. Deshalb holt er den legendären schwarzen Harmonikaspieler Willie Browne (Joe Seneca) aus dem Altersheim und macht sich mit ihm auf den Weg. Ihre Reise, auf der Eugene den Blues am eigenen Körper erleben soll, geht zurück an jene Kreuzung (Crossroads), an der der junge Willie um des Erfolges willen seine Seele verkauft hatte. In dem faustischen Ende hilft Eugene Willie, durch ein Gitarrenduell mit einem teuflischen

Heavy-Metal-Rocker seine Seele zurückzugewinnen. Der von der ungemein stimmigen Musik Ry Cooders profitierende Film machte indes die schauspielerischen Grenzen Macchios deutlich. Nicht allein, daß seine fehlenden Gitarrenkenntnisse allzu offensichtlich waren, Macchio ließ zu keiner Zeit eine innere Anteilnahme an der Geschichte erkennen. Er wirkte wie ein Fremdkörper in diesem Road Movie, zu dessen eigentlichem Star der alte Joe Seneca wurde. Der Film kam beim jugendlichen Publikum, das die Mehrheit der Kinobesucher stellt und vor allem an Ralph Macchio interessiert war, nicht an. So ist es nicht erstaunlich, daß Macchio erneut in die Haut des *Karate Kid* schlüpfte. Um dieser Einseitigkeit wieder zu entkommen, betrat er anschließend Neuland. Am Broadway wirkte er in dem Stück »Cuba« mit. Seine Partner: Robert DeNiro und Burt Young. Der schau-

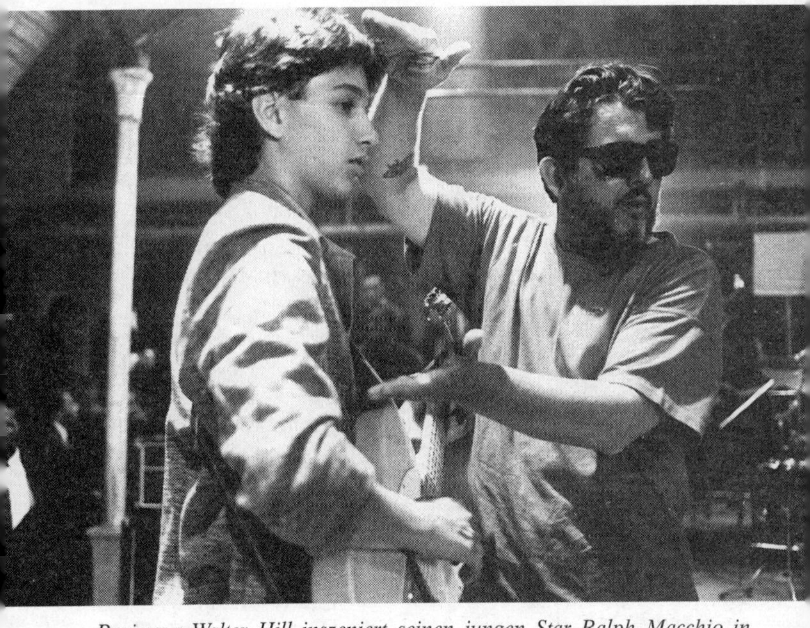

Regisseur Walter Hill inszeniert seinen jungen Star Ralph Macchio in ›Crossroads‹

spielerische Glanz der beiden Profis fiel wie ein Schatten über den jungen Macchio, der DeNiros Sohn spielte und dafür eher schlechte Kritiken bekam. Das Stück wurde dennoch ein Erfolg.
Ralph Macchio wird es in Zukunft sehr schwer haben, seinen Starstatus beizubehalten. Denn der Sechsundzwanzigjährige kann nicht auf Dauer den Teenager spielen, auch wenn er noch immer wie einer aussieht. Sein Publikum ist älter geworden, während er in seinen Filmen faktisch keine Entwicklung durchmacht. *The Karate Kid III* ist dafür der beste Beleg.

Anmerkungen

1) Philip Bergson. No Kidding. In: What's On, 6.9.1984
2) ebda.
3) ebda.

Filmographie

1977–80

Eight is Enough (TV-Serie, 105 Folgen)
Created by: William Blinn
Darsteller: Dick Van Patten, Diana Hyland/Betty Buckley, Grant Goodeve, Dianne Kay, Connie Needham, RALPH MACCHIO

1980

Up the Academy (Die Kadetten-Akademie)
Regie: Robert Downey
Darsteller: Ron Leibman, Wendell Brown, RALPH MACCHIO (Chooch), Tom Citera, Tom Poston, Barbara Bach

1982

The Outsiders (Die Outsider)
Regie: Francis Coppola
Darsteller: C. Thomas Howell, RALPH MACCHIO (Johnny Cade), Matt Dillon, Patrick Swayze, Rob Lowe, Diane Lane, Emilio Estevez, Tom Cruise

Dangerous Company (Dirty Kid) (TV)
Regie: Lamont Johnson
Darsteller: Beau Bridges, Carlos Brown, Karen Carlson, Jan Sterling, Kene Holiday, RALPH MACCHIO (Danny)

1983

The Karate Kid (Karate Kid)
Regie: John J. Avildsen
Darsteller: RALPH MACCHIO (Daniel), Noriyuki »Pat« Morita, Elisabeth Shue, Martin Kove, Randee Heller, William Zabka

1984

Teachers (Die Aufsässigen/College Academy – Die Aufsässigen)
Regie: Arthur Hiller
Darsteller: Nick Nolte, JoBeth Williams, Judd Hirsch, RALPH MACCHIO (Eddie), Allen Garfield, Lee Grant, Richard Mulligan

The Three Wishes of Billy Grier (TV)
Regie: Corey Bleachman
Darsteller: RALPH MACCHIO (Billy Grier), Betty Buckley, Hal Holbrook, Season Hubley, Lawrence Pressman, Ed Lauter, Viveca Lindfors

1986

Crossroads (Crossroads – Pakt mit dem Teufel)
Regie: Walter Hill
Darsteller: RALPH MACCHIO (Eugene Martone), Joe Seneca, Jami Gertz, Joe Morton, Robert Judd

The Karate Kid II (Karate Kid II – Entscheidung in Okinawa)
Regie: John G. Avildsen
Darsteller: RALPH MACCHIO (Daniel), Noriyuki »Pat« Morita, Nobu McCarthy, Danny Kamekona, Yuji Okumoto, Tamlyn Tomita

1987

The Karate Kid III (in Arbeit)
Regie: John J. Avildsen
Darsteller: RALPH MACCHIO (Daniel), Noriyuki »Pat« Morita

Außerdem TV-Film **Journey to Survival**

Mary Stuart Masterson

»Sobald man ›Action‹ ruft, verschmilzt ihr Herz mit dem Objektiv. Das Licht in ihrem Inneren scheint ohne alle Filter durch.«

James Foley

Sie war gerade sieben Jahre alt und spielte ihre erste Rolle, als sie bereits dem Regisseur widersprach. Der wollte, daß die kleine Mary Stuart Masterson, die noch nie zuvor gespielt hatte, bei ihrer nächtlichen Heimkehr fröhlich aussah. Doch sie hinterfragte die Regieanweisung und gab an, daß ein kleines Mädchen, wenn es spät in der Nacht nach Hause komme, wohl selten einen fröhlichen, sicher aber einen müden Eindruck mache. Schon früh bewies Mary Stuart Masterson, daß sie ihren eigenen Kopf hat und daß sie ihre Charaktere studiert. Dreizehn Jahre später, mit zwanzig, unterscheidet sie dies von ihren etwa gleichaltrigen Kollegen. Keins der jungen Gesichter Hollywoods besitzt ihr Gefühl für Wahrheit und Tiefe einer Rolle.
Die 1967 geborene Mary Stuart kommt aus einer renommierten Schauspielerfamilie. Ihre Mutter Carlin Glynn trat unter anderem in dem Teenie-Hit *Pretty in Pink* auf, ihr noch bekannterer Vater Peter Masterson ist zudem als Autor und Regisseur aktiv. Doch ihre Eltern hielten nichts davon, daß ihre Tochter den gleichen Beruf ergriff. Nach dem Umzug der Familie von Texas nach New York ging sie zunächst zur Schule, anschließend für kurze Zeit an die New Yorker Universität. Aber ihr Talent ließ sich nicht unterdrücken. »Ich glaube, ich hatte immer den Bazillus. Ich spielte gerne etwas vor, als ich klein war; ich hatte eine lebhafte Phantasie und wollte Aufmerksamkeit. Ich besaß das Rohmaterial, wie jedes Kind, aber auch den Zugang zur Schminke, obwohl es nie romantisiert wurde. Mich interessierte die wahre Entschlossenheit dazu – die Herausforderung, die Schwierigkeit, die Suche.«[1)]
Erste systematische Erfahrungen als Schauspielerin machte

Teenager-Liebe. Mary Stuart Masterson lehnt sich in ›Heaven Help Us‹ an die Brust von Andrew McCarthy

sie während der Schulferien in Sommertheatern. Zugleich erhielt sie bei Estelle Parson Unterricht. Am Sundance Institute, der von Robert Redford ins Leben gerufenen Sommerakademie für den Filmnachwuchs, verfeinerte sie ihre Fähigkeiten. Ein dort aufgenommenes Videoband hatte ein erstes Filmangebot zur Folge. Die damals Siebzehnjährige spielte in Michael Dinners *Heaven Help Us/Catholic Boys* die junge Danni, die für ihren Vater einen Drugstore führt und viel selbständiger ist als ihre Altersgenossen. Dieser Drugstore ist der Treffpunkt der Schüler aus der gegenüber liegenden Klosterschule, deren strenges Regiment das eigentliche Thema des

Films ist. Mary Stuarts Leistung war so überzeugend, daß man ihre Rollenfigur gerne mit ihr selbst identifizierte. Dabei war es tatsächlich nur Darstellung. Für ihre Rolle der einsamen Danni hatte sich Mary Stuart, immer von ihrer Familie behütet, von ihrem Zuhause zurückgezogen, um die Einsamkeit einer Halbwaise am eigenen Körper zu spüren. »So viele Leute schauspielen, weil sie sich verlieren, eine Maske aufsetzen und der Wahrheit entfliehen wollen; andere spielen in allen ihren Rollen den Helden, weil sie befürchten, so auszusehen, als ob sie einen Fehler machen könnten. Andere schauspielen aus dem Bedürfnis heraus, über sich selbst etwas herauszufinden und die Leute hoffentlich aufzuklären und zu erreichen. Meine Gründe sind die letzteren. Ich behaupte nicht, daß mich das zu einer besseren Schauspielerin macht, aber es macht mich zu einem glücklicheren Menschen.«[2)] Gleich in ihrer ersten Rolle – sieht man einmal von ihrem frühen Auftritt an der Seite ihres Vaters in *The Stepford Wives* ab – erwies sich Mary Stuart Masterson als eine ungeheuer dynamische und präsente Leinwandpersönlichkeit. Daß sie nicht nur sich selbst spielen konnte, wie es *Heaven Help Us* nahegelegt hatte, demonstrierte sie anschließend in dem Fernsehfilm *Love Lives On,* in dem sie mit ihrer Verkörperung eines sterbenden krebskranken Mädchens Zuschauer und Fachwelt gleichermaßen beeindruckte. Ihre Studien in Film und Anthropologie gab sie nach dieser Manifestation ihrer darstellerischen Qualitäten auf. Noch einmal sterben mußte sie in dem im gleichen Jahr gedrehten *At Close Range,* einem düster-gewalttätigen Vater-Sohn-Drama. Mary Stuart spielte darin Terry, die jugendliche Freundin von Brad Whitewood jr. (Sean Penn). Brad wird von seinem Vater (Christopher Walken) in dessen Gangsterbande aufgenommen. Doch als er erkennt, daß dieser nur ein brutaler Killer ist, und er sich lossagen möchte, gibt sein Vater Terry die Schuld daran. Brutal wird sie vergewaltigt und später erschossen. Mary Stuart Mastersons Rolle war kurz, aber schwierig und herausfordernd. Sowohl der Regisseur James Foley wie auch der Star des Films, Sean Penn, hatten hochgeschraubte Ansprüche. »Ich weiß gerne ganz *genau,* wovon ein Projekt handelt. Wir gingen an den Drehort, nur wir drei, standen da und warfen uns gegenseitig unsere Ideen und Gefühle an den Kopf. Danach konnten wir Dialoge führen, ohne zu sprechen; wir spürten einfach die gegenseitige *Ausstrahlung*. Wenn Sean auf dei-

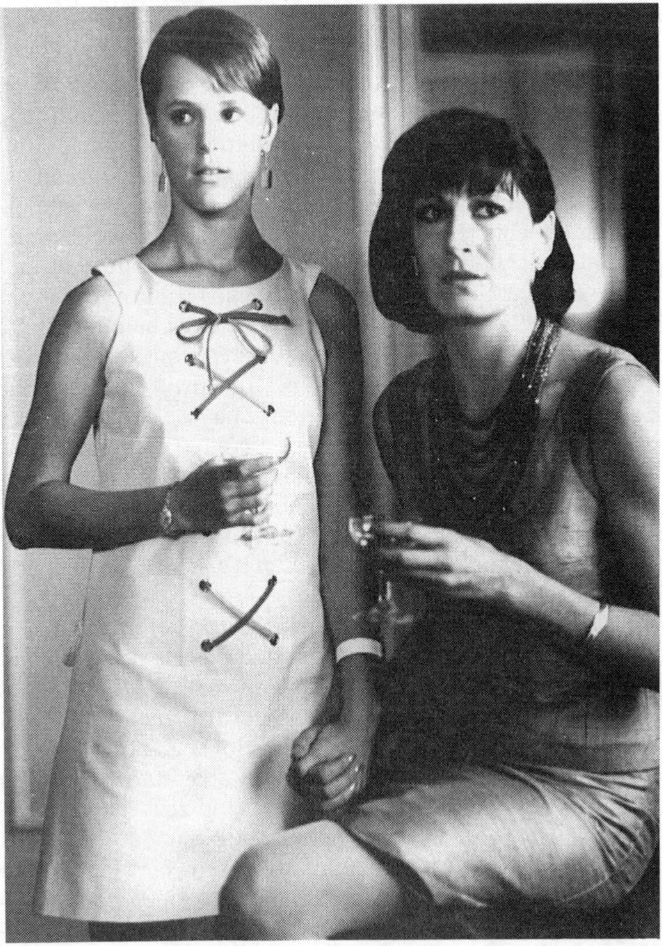

Soldatenbräute. Mary Stuart Masterson und Anjelica Huston in dem Helden-Epos ›Gardens of Stone‹

ner Seite ist, ist er am besten.«[3] Die ohne Zweifel herausragenden Darstellerleistungen aber wurden durch eine zerfahrene Regie teilweise sehr beeinträchtigt – der Film wurde ein Reinfall und erntete – etwa auf den Berliner Filmfestspielen 1986 – an dramatischen Stellen nur Gelächter. Nicht viel besser erging es (in Europa) dem Vietnamfilm *Gardens of Stone* von Francis Coppola.

Mary Stuart Masterson spielte darin die junge Rachel, die gegen den Widerstand ihrer Eltern ihre High-School-Liebe heiratet, bevor diese in den Vietnamkrieg zieht. Kurze Zeit später ist sie bereits Witwe. Mary Stuarts Rolle war klein, dennoch überzeugte sie auch hier durch ihre Präsenz und die Intensität, mit der sie Gefühlswelten sichtbar werden ließ, ohne daraus Gefühlsausbrüche zu machen. Vor allem in einer Szene war dies der Fall. Als sie ihren (Film-)Eltern gegenüber darauf besteht, den Jungen, den sie liebt, zu heiraten, hatte sie es mit ihren wirklichen Eltern zu tun, die mittlerweile vom Ruhm ihrer Tochter profitierten. Irgendwie läßt sich die Szene, in der sich Rachel von ihrem Zuhause abnabelt, auch als ein persönlicher Schritt interpretieren. Auf ihrem schmalen und charaktervollen Gesicht spiegelte sich dabei Schmerz und Leid wider, aber ebenso Energie und ein starker Wille. Diese Mischung aus Leid und starkem Willen fand sich in ihrem folgenden Film, *Some Kind of Wonderful,* noch deutlicher wieder.

Watts (Masterson) ist eine Außenseiterin in der Schule, sogar ihr Kindheitsfreund Keith (Eric Stoltz), den sie insgeheim liebt, verliebt sich in eine andere. Einsam und allein lebt Watts vor allem durch ihr dynamisches Trommeln. Als Keith bei der umschwärmten Schulschönheit (Lea Thompson) Erfolg hat, ist Watts zunächst tieftraurig, beißt aber dann die Zähne zusammen und beginnt, um Eric zu kämpfen. Am Schluß, wie könnte es in einer Teenie-Komödie des Teams Deutch/Hughes (Pretty in Pink) anders sein, ein Happy-End. Einzig Mary Stuarts Darstellung bewahrte den ebenso belanglosen wie oberflächlichen Streifen vor seiner vollständigen Austauschbarkeit. Es war ihr erster Ausflug ins Fach der leichten High-School-Komödie, doch sie machte das Beste

»The Little Drummer Girl«. Mary Stuart Masterson in ›Some Kind of Wonderful‹

daraus, denn sie war in *Some Kind of Wonderful* schlicht unwiderstehlich. Immerhin, sie lernte dazu. »Einer der Vorteile bei meiner Rolle war, daß ich das Schlagzeugspielen lernen mußte. Einerseits verlangt es völlige Konzentration, doch zugleich muß man total locker sein. Viele Leute glauben, daß man seine Aggressionen los wird, wenn man Schlagzeug spielt. Aber es ist mehr als das. In Wirklichkeit kommt man mit seinem inneren Rhythmus in Kontakt.«[4] Als hätte sie ihren Ausflug ins Belanglose bereut, begann Mary Stuart Masterson wieder mit dem Theater. Am Off-Broadway löste sie bei dem Stück »Lily Dale« ihre Kollegin Molly Ringwald ab, die mit der Rolle nicht zurechtkam. Innerhalb von zwei Wochen eignete sich Mary Stuart ihren schwierigen Part an. Einmal mehr bewies sie, wieviel Instinkt sie besitzt, wieviel Gefühl in ihrem kleinen Körper steckt und zu welcher Energie sie fähig ist. Diese junge Schauspielerin, die außerdem dichtet, fotografiert und politisch aktiv ist, gilt zu Recht als eine der Hoffnungsträgerinnen des amerikanischen Films. Ihre Zukunft ist mehr als vielversprechend.

Anmerkungen

1) David Handelman. New York Doll. Actress Mary Stuart Masterson rises above the Brat Pack. In: New York, 2.3.1987
2) ebda.
3) Interview, May 1986
4) US-Presseheft »Some Kind of Wonderful«

Filmographie

1975

The Stepford Wives
Regie: Bryan Forbes
Darsteller: Katharine Ross, Paula Prentiss, Peter Masterson, Nanette Newman, Patrick O'Neal, Mary Stuart Masterson

1984

Heaven Help Us/Catholic Boys (Die Himmelsstürmer)
Regie: Michael Dinner
Darsteller: Donald Sutherland, John Heard, Andrew McCarthy, Mary Stuart Masterson (Danni), Kevin Dillon, Jennie Dundas

1985

Love Lives On (TV)
Regie: Larry Peerce
Darsteller: Christine Lahti, Sam Waterston, Ricky Pauli Goldin, Louise Latham, Joe Regalbuto, Mary Stuart Masterson

My Little Girl
Regie: Connie Kaiserman
Darsteller: MARY STUART MASTERSON, James Earl Jones, Geraldine Page, Pamela Payton Wright, Anne Meara, Peter Gallagher

At Close Range (Auf kurze Distanz)
Regie: James Foley
Darsteller: Sean Penn, Christopher Walken, MARY STUART MASTERSON (Terry), Christopher Penn, Millie Perkins, Alan Autry

1986

Gardens of Stone (Der steinerne Garten)
Regie: Francis Coppola
Darsteller: James Caan, Anjelica Huston, James Earl Jones, D. B. Sweeney, Dean Stockwell, MARY STUART MASTERSON (Rachel Field), Peter Masterson

Some Kind of Wonderful (Ist sie nicht wunderbar?)
Regie: Howard Deutch
Darsteller: MARY STUART MASTERSON (Watts), Eric Stoltz, Lea Thompson, Craig Sheffer, John Ashton, Maddie Corman

1987

Mr. North
Regie: Danny Huston
Darsteller: Anthony Edwards, Anjelica Huston, Robert Mitchum, MARY STUART MASTERSON, Virginia Madsen, Lauren Bacall, Harry Dean Stanton, Burgess Meredith

Little Miss Littlerock
Regie: Peter Masterson
Darsteller: MARY STUART MASTERSON

1988

Bloodhounds of Broadway
Regie: Howard Brookner
Darsteller: Matt Dillon, Madonna, MARY STUART MASTERSON, Randy Quaid, Jennifer Grey, Rutger Hauer

Andrew McCarthy

Im Hollywood-Kino der achtziger Jahre ist er der Schüchterne vom Dienst. Das Gesicht meist verkniffen, von Verlegenheit gezeichnet, die Augen wäßrig. Andrew McCarthy ist ein Darsteller, der sich nicht scheut, die Tränen rollen zu lassen. Er macht häufig den Eindruck, als sei er gerade bei etwas Verbotenem erwischt worden. Erst ein zögerndes Lächeln, das langsam immer breiter wird, enthüllt, daß er keine Schuldgefühle kennt oder verklemmt, sondern einfach sensibel ist. Er ist der zurückhaltendste aller *Brat Packer,* und dies nimmt er wörtlich. Während die meisten seiner Kollegen in Kalifornien wohnen, haust er nach wie vor im New Yorker Künstlerviertel Greenwich Village. Im Zeitalter des physischen Films, in dem Muskeln mehr zählen als der Intellekt, verkörpert McCarthy den Typ des Softies. Er ist der Montgomery Clift der MTV-Generation. Das ist sein Vorteil, doch vor allem seine Grenze.
Es ist eigentlich nur einem Zufall zu verdanken, daß der 1963 in New Jersey geborene Sproß einer Mittelklassefamilie so schnell und so erfolgreich auf der Leinwand zu sehen war. McCarthy studierte am Circle in the Square Workshop an der New Yorker Universität Schauspielerei, als ihm ein Kommilitone riet, sich doch um die in einer Zeitung annoncierte Rolle in einer Teenager-Komödie zu bewerben. McCarthy sprach vor, zunächst ohne Erfolg. Aber man holte ihn zurück, um ihn neben seinem Co-Star Rob Lowe zu sehen. Die Probeaufnahmen waren so gut, daß McCarthy die Rolle des College-Zöglings Jonathan erhielt. »Ich hatte sehr schnell sehr viel Glück. Ich wurde nach einer Anzeige für einen Film genommen, und das war wirklich überraschend. Ich ging mit all diesen Leuten in eine Schauspielschule, und wenn mich jemand gefragt hätte, ›Wer wird hier der erste mit einer Hauptrolle in einem Film sein‹, hätte ich nicht geglaubt, daß ich derjenige sein würde, auf den jeder zeigt.«[1] Obgleich sein erster Film *Class,* in dem er sich in die Mutter (Jacqueline Bisset) seines

Andrew McCarthy mit Film-Mutter Jacqueline Bisset in ›Class‹

Zimmergenossen (Rob Lowe) verliebt, kaum gesehen wurde, war McCarthy auf der Schiene des Erfolges. Er bekam, ungewöhnlich genug, sofort Hauptrollen. Seinem Alter nicht ganz entsprechend, meist, gemäß dem aktuellen Teenie-Film-Trend, als High-School-Student. Doch es gelang ihm, sich den gängigen Stereotypen und Klischees zu entziehen.
Etwa in *Heaven Help Us/Catholic Boys,* einer in den sechziger Jahren angesiedelten Geschichte über eine Klosterschule. Neu auf der Schule und mit ihrer rigiden Moral nicht vertraut, gerät der liberal erzogene Michael (McCarthy) sofort in Konflikt mit einigen Lehrern, die versuchen, seine In-

dividualität zu brechen. Vergeblich. Der anfangs stille Michael, mehr Beobachter als Teilnehmer, wird aktiv, wird zum Führer der Schülerrevolte. Das Debütwerk des Regisseurs Michael Dinner kam weitgehend ohne die herkömmlichen Klischees diverser Schulfilme aus. Er erlaubt sich einen nostalgisch verklärten Blick auf die sechziger Jahre, doch er vermeidet falschen Romantizismus. Andrew McCarthy, der zu der Zeit, in der der Film spielt, gerade geboren war, bringt in seine Figur die Erfahrungen eines jungen Mannes ein, der zwanzig Jahre später lebt. Doch was bei anderen schnell als mimische Unsensibilität ausgelegt wird, gewinnt durch seine Darstellung eine kritische und realistische Perspektive. McCarthy ist kein Held, er ist die Normalität. Das Publikum kann seine eigenen Erfahrungen in ihm wiederfinden. Allerdings nicht seine Träume. »Ich spiele gerne Charaktere, die aus dem Leben gegriffen sind und sich an einem Scheidepunkt befinden. Oder in einer Krise stecken und eine Entscheidung treffen müssen. Ich glaube, daß die Leute in meinem Alter nicht mehr so viel Zeit haben, jung zu sein. Es gibt den Zwang, selbst erzeugt oder von außen, schnell erwachsen zu werden. Ich hätte es gerne, wenn die Menschen, die meine Filme sehen, erkennen, daß die Leute darin wirklich sind, daß sie einen Teil des Lebens repräsentieren. Sie sollten in der Lage sein, Parallelen zu ihren eigenen Erfahrungen zu ziehen.«[2)]

Auch McCarthys nächste Rolle erfüllte diese Kriterien. Einmal mehr spielte er in *St. Elmo's Fire* einen schüchternen Jungen, der sich hinter seinem Sarkasmus versteckt. Sieben Freunde treffen sich ein halbes Jahr nach ihrem High-School-Abschluß wieder. Kevin Dolanz (McCarthy) hatte schon auf der Schule die Ambition, ein Schriftsteller zu werden. Doch nun verfaßt er Nachrufe für die Lokalzeitung. Das aber ist nicht sein eigentliches Problem. Er ist heimlich in Leslie (Ally Sheedy) verliebt, die mit dem Yuppie Alec (Judd Nelson) zusammenlebt. Und er sieht keine Möglichkeit, das zu ändern. Seine Gefühle teilt er niemandem mit, flüchtet sich statt dessen in die Attitüde des verkannten Genies. Ein Träumer, dem die Energie fehlt, seine Träume in die Realität um-

zusetzen. Als Leslie nach einem Streit mit Alec in sein Appartement kommt, gesteht er ihr schließlich seine Liebe. Die beiden verbringen die Nacht miteinander, und Kevin leitet daraus einen Anspruch auf Leslie ab. Er ist unerfahren und tolpatschig und übersieht in seiner Egozentrik, daß er andere verletzt. »Ich glaube, ich habe eine ganze Menge von Kevin Dolenz in mir. In der Zeit, in der ich am College war, entzog ich mich auch immer der Situation. Das gibt einem Sicherheit, weil man nichts von sich selbst preiszugeben braucht.«[3]
Andrew McCarthy wurde – wie die anderen Darsteller – durch *St. Elmo's Fire* zum Star. Doch er behielt seinen Lebensstandard bei, verzichtete auf einige Filmrollen und kehrte zur Bühne zurück. »Es gibt weniger Zwänge; sie haben nicht Millionen von Dollar, die anrollen, ganz gleich,

Der freundliche Rebell. McCarthy (Mi.) in ›Heaven Help Us‹. Rechts neben ihm Matt Dillons kleinerer Bruder Kevin

ob es ein großes Desaster ist oder nicht. Viele Leute, mit denen ich Filme gemacht habe, wollen nichts anderes. Das ist in Ordnung, aber ich möchte irgendwann einmal ein guter Schauspieler sein, und das Theater hilft sicherlich. Es gibt einem die Muskeln.«[4] Die braucht er auch, denn Andrew McCarthy, so überraschend schnell erfolgreich, konnte als Schauspieler nur bedingt überzeugen. In dem Teenie-Hit *Pretty in Pink* etwa flanierte er als Sohn reicher Eltern zwar lässig durch die Schule, gekonnt den BMW-Schlüssel am Finger kreisen lassend, doch neben seinen Mitspielern Molly Ringwald und vor allem Jon Cryer blieb er recht farblos. Eine bessere Figur machte McCarthy auf der Bühne. Im Jahr zuvor hatte er am Broadway in dem Stück »Boys of Winter« debütiert.

Um seine schauspielerischen Qualitäten zu steigern, nahm er – wie Mary Stuart Masterson – an den Workshops von Robert Redfords Nachwuchsschmiede »Sundance Institute« teil. An seinem Aufstieg zum leisen Star änderte seine darstellerische Begrenztheit allerdings nichts. In der Komödie *Mannequin,* einem Sleeper-Hit des Jahres 1987, spielte er wieder einen schüchternen Jungen, der sich in die Schaufensterpuppe verliebt, die er gebaut hat. Als die dann lebendig wird, entwickelt er sich zum Liebhaber und Erfolgsmann. Sowohl die Harmlosigkeit des Films von Michael Gottlieb als auch die Einschichtigkeit der Rolle kamen McCarthys Fähigkeiten entgegen. Zum ersten Male konnte er wirklich überzeugen. Sein zurückgenommenes Spiel schuf einen interessanten Kontrast zu dem turbulenten Geschehen. Überhaupt nicht funktionierte sein darstellerisches Markenzeichen dagegen in dem Film *Less Than Zero.* Die Geschichte war ohnehin auf die prüde Hollywood-Moral zurechtgetrimmt worden. Die Vorlage, der gleichnamige Bestseller des damals einundzwanzigjährigen Brad Easton Ellis, erzählte von den Kindern reicher Kalifornier, von ihrem Drogen- und Alkoholkonsum, von ihren sexuellen Ausschweifungen und dem langweiligen Leben in schicken Discos. Die Hauptfigur des Buches war bisexuell und in die Ereignisse verwickelt. Der Film machte aus dem dubiosen Protagonisten Clay einen moralisch auf-

Der reiche Junge und die punkige Göre. McCarthy und Molly Ringwald in ›Pretty in Pink‹

richtigen Helden, der seine Freunde vor dem Absturz bewahren will. Der Zynismus des Buches wurde umgedreht zur artigen Nettigkeit. Andrew McCarthy spielte die Figur des Clay. Er war eine Fehlbesetzung, denn sein zurückhaltendes Spiel, seine elegante Lässigkeit, die durch eine ausgesuchte Designer-Mode noch betont wurde, stellte den falschen Kontrast dar zum Sumpf der Großstadt, auch wenn dieser von Regisseur Marek Kanievska im durchgestylten Neon-Look präsentiert wurde. Zu keiner Zeit vermittelte McCarthy etwas von der moralischen Ambivalenz seines Charakters. Er wirkte wie ein Fremdkörper.
Doch McCarthys Karriere ist noch jung. Daß er die Absicht hat, als Schauspieler zu wachsen, zeigt seine regelmäßige Rückkehr zur Bühne. Dort eignet er sich in der allabendli-

Mit Robert Downey jr. (l.) im Sumpf der Großstadt von ›Less Than Zero‹

chen Praxis vielleicht die Fähigkeit an, seiner Eindimensionalität zu entkommen und sein zurückhaltendes, fast scheues Spiel zu überwinden. Monty Clift ist dabei nicht das schlechteste Vorbild. Talent besitzt Andrew McCarthy ohne Zweifel.

Anmerkungen

1) Leslie Bennetts. Whiz Kids of Hollywood Braving the New York Stage. In: New York Times, 7.11.1986
2) US-Presseheft »Pretty in Pink«
3) Deutsches Presseheft »St. Elmo's Fire«
4) Leslie Bennetts, a.a.O.

Filmographie

1983

Class (Class)
Regie: Lewis John Carlino
Darsteller: Jacqueline Bisset, Rob Lowe, ANDREW MCCARTHY (Jonathan), Cliff Robertson, Stuart Margolin, John Cusack, Alan Ruck

1984

Heaven Help Us/Catholic Boys (Die Himmelsstürmer)
Regie: Michael Dinner
Darsteller: Donald Sutherland, John Heard, ANDREW MCCARTHY (Michael Dunn), Mary Stuart Masterson, Kevin Dillon

1985

St. Elmo's Fire (St. Elmo's Fire – Die Leidenschaft brennt tief)
Regie: Joel Schumacher
Darsteller: Rob Lowe, Demi Moore, ANDREW MCCARTHY (Kevin Dolenz), Emilio Estevez, Judd Nelson, Ally Sheedy

1986

Pretty in Pink (Pretty in Pink)
Regie: Howard Deutch
Darsteller: Molly Ringwald, ANDREW MCCARTHY (Blane McDonough), Harry Dean Stanton, Jon Cryer, Anne Potts, James Spader

1987

Mannequin (Mannequin)
Regie: Michael Gottlieb
Darsteller: ANDREW MCCARTHY (Jonathan Switcher), Kim Cattrall, Estelle Getty, James Spader, G. W. Bailey, Carole Davis

Less Than Zero (Unter Null)
Regie: Marek Kanievska
Darsteller: ANDREW MCCARTHY (Clay), Jami Gertz, Robert Downey jr., James Spader, Tony Bill, Nicholas Pryor, Dona Mitchell

Kansas
Regie: David Stevens
Darsteller: Matt Dillon, ANDREW MCCARTHY

1988

Fresh Horses
Regie: David Anspaugh
Darsteller: Molly Ringwald, ANDREW MCCARTHY, Patti D'Arbanville, Ben Stiller, Doug Hutchison

Außerdem in **Dear Lola, Waiting for the Moon** (zu beiden Filmen keine weiteren Angaben)

Kelly McGillis

»Sie ist von geheimnisvoller Weiblichkeit, strahlt aber auch Kraft und Unabhängigkeit aus. Sie scheint der wunderbaren Welt der Filmschauspielerinnen der dreißiger und vierziger Jahre anzugehören.«

Peter Weir

Ihre warmen Augen, das braune wellige Haar, ihre etwas mollige Figur, ihr sanftes Wesen – Kelly McGillis betrat die internationale Filmszene mit einem Paukenschlag. Eine junge, bis dahin nahezu unbekannte Schauspielerin ließ Kritik und Publikum gleichermaßen schwärmen. Sie spielte eine junge Amish-Frau, bot einen Einblick in eine fremde Welt und strahlte eine auf der Leinwand selten gewordene Menschlichkeit aus. *Witness* hieß der Film, ein Thriller und ein Liebesfilm. Die überwältigende Präsenz der jungen Frau beschwor Vergleiche herauf. Ingrid Bergman und Grace Kelly, Schönheit in Verbindung mit Ausstrahlung. Superlative für eine Darstellerin, deren Talent zudem noch ihrer Erscheinung ebenbürtig war.
Die am 9.7.1957 in Newport Beach, Kalifornien, geborene Arzttochter ist von sich selbst am allerwenigsten überzeugt. Während die Feuilletons von ihrer Schönheit schwärmten, männliche wie weibliche Zuschauer hingerissen waren, plagte sich die derart Gepriesene mit Selbstzweifeln. »Körperlich bin ich irgendwie übergewichtig und schiele ein bißchen. Ich weiß, daß ich in keiner Hinsicht perfekt bin, und ich glaube eher, daß meine Schönheit, so wie sie ist, ein Verhalten ist.«[1] Auf der High School fühlte sie sich als Außenseiterin, gemieden von den gleichaltrigen Klassenkameraden, denn ihre rundliche Figur paßte nicht ins kalifornische Schönheitsideal. Doch Kelly McGillis blieb nicht lange auf der Schule. Nachdem sie in einer Theateraufführung aufgetreten war, stand ihr Entschluß, Schauspielerin zu werden, fest. Ihre El-

Kelly McGillis in ›The House on Carroll Street‹ – ein Kino-Traum

tern waren entsetzt, als sie siebzehnjährig die Schule verließ und ans Pacific Conservatory of the Performing Arts in Santa Maria ging, um dort Schauspiel zu studieren. Sie glaubten nicht daran, daß ihre mollige Tochter jemals eine Chance bekäme, im Film eine Rolle zu bekommen. Drei Jahre lang lernte Kelly McGillis ihren Beruf, heiratete einen Studienkollegen, bewarb sich aber dann in New York. Die renommierte Juilliard-Schule nahm sie an. Kelly zog an die Ostküste (anfang der achtziger Jahre wurde sie geschieden) und blieb vier Jahre lang Juilliard-Schülerin. Um zu überleben, übernahm sie alle möglichen Arbeiten, meist als Kellnerin. 1982 begegnete sie einem ihrer Lehrer, der von seinem Cousin Phil Epstein begleitet wurde. Eine Begegnung mit Folgen: Als er sie sah, wußte Epstein sofort, daß sie die richtige Besetzung für die Hauptrolle in einem Film war, dessen Drehbuch sein Vater Julius *(Casablanca)* geschrieben hatte. Auch Produzent

Sanfte Erotik und verheißungsvolle Weiblichkeit in ›Made in Heaven‹

und Regisseur von *Reuben, Reuben* waren davon überzeugt, in Kelly McGillis die Darstellerin gefunden zu haben, nach der sie schon lange suchten. Doch die Schauspielschülerin lehnte das Angebot ab, neben Tom Conti zu spielen. »Ich hatte während der Sommerferien bei ›Shakespeare in the Park‹ gespielt, und eine Menge Agenten wollten mich repräsentieren ... Ich war unglaublich in Versuchung. Aber – ich hatte die High School nicht beendet, was meine Eltern immer gestört hat. Ein Teil von mir wollte irgendwas wirklich zu Ende bringen. Deshalb sagte ich diesen Sommer: ›Nein, ich gehe zurück auf die Schule.‹«[2] Es war eine harte, anspruchsvolle Ausbildung, der sie sich unterzogen hatte. Aber auch eine, die Stars macht.

Das Hollywood-Kino bedient sich gerne der Juilliard-Schüler, denn es kann bei ihnen auf Professionalität zählen. Nicht jeder, der bei Juilliard anfängt, ist am Ende der vier Jahre noch dabei. Die Ausfallquote ist hoch. »Vier Jahre ist eine lange Zeit, um Schauspiel zu studieren. Im ersten Jahr wirst du peinlich genau auseinandergenommen, im zweiten wieder aufgebaut. Wenn du dir deiner selbst, als Mensch, nicht als Schauspieler, unsicher bist, wirst du durchs Fenster springen. Die jüngeren Leute haben die Kurse nicht beendet.«[3] Kelly McGillis schloß ihre Ausbildung ab und drehte gleichzeitig ihren ersten Film. Die Juilliard-Schule sieht es nicht gerne, wenn ihre Studenten in einem Film mitspielen, doch die Dreharbeiten zu *Reuben, Reuben,* in dem sie schließlich doch mitwirkte, fanden für Kelly in den Sommerferien und an Wochenenden statt. So gelang es ihr, beides zu vereinbaren.

Schon *Reuben, Reuben* zeigte, welche Leinwandpräsenz Kelly McGillis besitzt. Sie spielte die Rolle der Geneva Spofford, in die sich der ausgebrannte, schmarotzerhafte Dichter Gowan McGland (Tom Conti) verliebt. Sie läßt sich auf ein Verhältnis mit ihm ein, verläßt ihn aber am Ende, durch ihre Erfahrungen selbst ein Stück erwachsener geworden. Der Film fand kaum Zuschauer, obgleich er Witz und Charme besaß. Aber die wenigen, die ihn gesehen hatten, waren von der Debütantin McGillis und ihrer irdisch-erotischen Ausstrahlung beeindruckt. »Kelly hat Präsenz – die Kamera *starrt*

Neben Harrison Ford als scheue Amish-Frau. Ihre unschuldig wirkende Schönheit machte Kelly McGillis zum eigentlichen Star von ›Witness‹

sie förmlich an«, meinte der Regisseur Robert Ellis Miller. »Mehr als andere Schauspielerinnen braucht sie bei den Dreharbeiten die Bestätigung, daß sie schön ist.«[4)] Das war vielen wohl zu aufwendig, Kelly putzte zunächst einmal wieder New Yorker Restauranttische. Abgesehen von der Rolle einer Nymphomanin in dem TV-Film *Private Sessions,* in dem sie mehr durch ihre ein wenig überzogenen Gefühlsausbrüche (von der Bühne her gewohnt) auffiel als durch ihre Ausstrahlung, gab es für Kelly kaum etwas zu tun. Währenddessen verzweifelte der australische Regisseur Peter Weir, weil er für die Rolle einer Amish-Frau, die durch ihre Liebe zu einem Polizisten ihre Identität findet, ohne ihr zurückgezogenes Leben innerhalb der Sektengemeinschaft aufzugeben, in den USA keine geeignete Darstellerin fand. Er wollte sich Bergmans *Fanny und Alexander* anschauen, um darin eine Darstellerin zu beobachten, doch der Film war ausverkauft. Und so landete Weir in *Reuben, Reuben.* Danach wußte er, wer seine Hauptdarstellerin neben dem Action-Star Harrison Ford sein würde. Weir setzte seinen Wunsch gegenüber den Studiobossen durch, die in der Rolle lieber einen Star gesehen hätten. Der weltweite Erfolg des Films und die Begeisterung, die Kelly McGillis nun entgegenschlug, bewies, wie falsch sie gelegen hatten.

»Es gibt so wenig Gelegenheiten heutzutage, im Film wirklich andere Frauen darzustellen«, erläuterte sie ihre Zustimmung, »und die Chance, eine unmoderne Frau in einem modernen Film zu sein, war zu gut, um sie nicht wahrzunehmen.«[5)] Rachel Lapp (McGillis) verläßt nach dem Tode ihres Mannes mit ihrem kleinen Sohn die dörfliche Gemeinschaft einer Gruppe von Amish, einer Sekte, die aus Deutschland stammt und immer noch einen alten deutschen Dialekt spricht. Die Amishs lehnen die Neuerungen der modernen Welt ab, kennen keine Elektrizität und heiraten nur innerhalb ihrer Gemeinschaft. Auf dem Weg zu einer Verwandten muß Rachel, die zum ersten Male das Dorf verläßt, in Philadelphia den Zug wechseln. Dort wird ihr kleiner Sohn Zeuge eines Mordes. Der mit der Aufklärung des Falles beauftragte Polizist John Brook (Harrison Ford) kommt dahinter, daß es sich bei den Mördern um seine Kollegen handelt. Damit werden er und Rachel zu Jagdobjekten. Der verletzte John flüchtet sich in das Amish-Dorf, wo ihn Rachel gesundpflegt. Zwischen beiden entsteht eine zärtliche Liebe, doch es kann kein Happy-End geben, weil beider Welten zu verschieden sind. Die Distanz zwischen ihren Kulturen läßt sich nicht überbrükken. Eine der schönsten Szenen des subtilen Films sieht Rachel das erste Mal zu einer Rock'n'Roll-Musik tanzen. Kelly McGillis machte daraus einen schauspielerischen Höhepunkt. Unsicher und zurückhaltend, fast ängstlich auch, unwissend, was sie mit ihren Füßen, ihrem Körper machen soll, wird sie mehr und mehr von dem für sie so neuen Gefühl ergriffen, beginnt sich ihm hinzugeben und wirbelt wie befreit über den Scheunenboden. »Sie überschritt die Linie«, sagte ihr Regisseur Weir. »Sie erreichte eine andere Ebene, etwas Magisches, wonach wir alle streben.«[6] Vorausgegangen waren dem Recherchen von McGillis bei den Amish-Leuten, bei denen sie als Vorbereitung für ihre Rolle eine Zeitlang lebte und arbeitete. Das Publikum auf dem Filmfestival in Cannes jubelte der jungen Darstellerin begeistert zu – ein

Als schöne Beigabe zum Helden Tom Cruise erzielte Kelly McGillis in ›Top Gun‹ ihren bislang größten Erfolg

neuer Star war geboren. Für die Erfolgsproduzenten Simpson und Bruckheimer *(Beverly Hills Cop)* hatte dies schon vorher festgestanden. Sie wollten sie für ihren patriotischen Fliegerfilm *Top Gun.* Kelly McGillis zeigte sich nicht interessiert. Ein anderes Projekt schien ihr vielversprechender. Sie sollte an der Seite von Jack Nicholson in der Fortsetzung von *Chinatown* die Hauptrolle übernehmen. Doch das Projekt zerschlug sich. Nach Veränderungen am Drehbuch, die ihrer *Top Gun*-Figur mehr Charakter zubilligten, nahm sie die Rolle dann doch noch an.

»Dieser Film ist für mich kein Schauspieler- sondern ein Abenteuerfilm, deshalb wollte ich ihn machen. Bis jetzt bin ich sehr glücklich mit meinen Entscheidungen. Ich möchte keine Karriere, bei der ich immer denselben Film mache und immer dieselbe Rolle spiele. Warum sollte ich immer nur, zum Beispiel, gesellschaftlich relevante Filme machen? Filme, Stücke, Bücher und Gemälde müssen so verschiedenartig wie möglich sein. Ich lebe nur einmal hier und möchte mich verdammt gut amüsieren. Ich gebe zu, einige meiner Entscheidungen sind wirklich Avantgarde, aber so mag ich's.«[7)] Kelly McGillis spielte in *Top Gun,* der sich nicht zuletzt wegen ihr zu einem der erfolgreichsten Filme der Filmgeschichte entwickelte, eine Pilotenausbilderin, die dem Charme des Draufgängers der Truppe, gespielt von Tom Cruise, nicht lange widerstehen kann und bei glutrotem Sonnenuntergang schwach wird. Es gelang ihr, aus einer Rolle, die nur als dekoratives Beiwerk in einem Männerfilm gedacht war, eine Tiefe herauszuarbeiten, die weit über das Bild des All-American Girl hinausführte. Doch es war keine Rolle, von der sich Kelly McGillis gefordert fühlen durfte. Ihrer schauspielerischen Entwicklung brachte *Top Gun* wenig, ihrem Starstatus viel. Doch Kelly zog sich zurück. Sie verschwand nach Washington, um Theater zu spielen. »Es war eine Zeit großer Selbstzweifel. Ich wußte nicht, ob ich auf die Bühne gehen und mich dem Publikum wirklich geben konnte. Aber ich machte es, und es erinnerte mich daran, warum ich überhaupt Schauspielerin werden wollte. Ich dachte nie daran, daß ich einmal berühmt sein würde. Ich

Einen Engel mit Gefühl verkörpert Kelly McGillis in ›Made in Heaven‹, hier mit Partner Timothy Hutton

wollte überhaupt keine Filme drehen. Ich wollte eine Bühnenschauspielerin sein.«[8] Dazu hat Kelly McGillis jetzt kaum noch Zeit. Denn seit *Top Gun* ist sie Hollywoods meistbeschäftigte Akteurin. Ein Film folgte dem anderen, doch keiner ähnelt dem vorhergehenden. Aber fast jeder erforderte ihren vollen schauspielerischen Einsatz. Den geringsten vielleicht die romantische Komödie *Made in Heaven,* in der sie einen Engel verkörperte, der irdisch wird. Ihre Figur bleibt ein künstliches Wesen, wenngleich sie im irdischen Teil eine Karrierefrau darstellt. Doch wohl keine andere Darstellerin des zeitgenössischen Kinos vermag eine romantische Vision derart glaubhaft darzustellen wie McGillis, deren sanfte erotische Ausstrahlung *Made in Heaven* vor der Lächerlichkeit bewahrte, den Mißerfolg indes nicht verhindern konnte.

Regisseur Alan Rudolph hatte die Vergleiche von Kelly McGillis mit Legenden wie Ingrid Bergman und Grace Kelly wörtlich genommen und inszenierte sie in seltsam entrückter Weise. Doch vielleicht war die Zeit nicht bereit für lebensfremde Göttinnen.
Jede Rolle soll verschieden sein: In ihrem anschließenden Film verkörperte Kelly McGillis wieder eine realistische, tatkräftige Frau. *The House on Carroll Street* von Peter Yates erzählt ein Schicksal aus der McCarthy-Ära, in der vor allem Intellektuelle und Schauspieler des Kommunismus verdächtigt und häufig mit Berufsverbot belegt wurden. Kelly McGillis ist Emily Crane, Bildredakteurin bei *Life,* doch auf der »Schwarzen Liste«. Sie entdeckt, daß Naziverbrecher in die USA eingeschleust werden, und gerät dadurch in Lebensgefahr. Ihr Beschatter, ein FBI-Agent (Jeff Daniels), fühlt sich währenddessen von ihr immer stärker angezogen und wird schließlich zu ihrem Retter. Kelly McGillis zeigte in Yates' Film ebenso wie in ihrem folgenden, *Dreamers,* daß sie nicht nur Ausstrahlung besitzt, sondern vor allem eine ungeheuer komplexe Charakterdarstellerin ist. In *Dreamers* verkörperte sie eine junge Wiener Ärztin, eine radikale Feministin und Zionistin, die in den zwanziger Jahren nach Palästina aufbricht und dort in einem Kibbuz arbeitet. Ein Jahr dauerten ihre Vorbereitungen auf die Rolle, für die sie sich mit jüdischer Geschichte beschäftigte und die Orte besuchte, von denen die idealistischen Zionisten nach Palästina aufbrachen. Die Intensität ihrer Vorbereitungen rückte Kelly McGillis in die Nähe des Method Acting, von dem sie sich indes distanziert. »Ich glaube nicht ans Method Acting, bei dem du dich die ganze Zeit über in deiner Figur aufhältst. Ich bewahre noch einen Teil meiner selbst, und wenn ich nach Hause komme, kann ich mit meinem Hund immer noch auf die gleiche Weise reden. Ich fange nicht an, mit einem Akzent zu sprechen. Dennoch finde ich Dinge in meinem ›richtigen Leben‹, die von dem, was ich spiele, berührt werden. Wenn ich eine aggressive Persönlichkeit spiele, wird die aggressivere Seite von Kelly rauskommen. Aber ich bin nicht vierundzwanzig Stunden dieser Charakter.«[9] Neue Facetten ihrer

darstellerischen Wandlungsfähigkeit, ohne dabei ihre Persönlichkeit zu verdecken, zeigte Kelly McGillis in *Accused* von Jonathan Kaplan, in dem sie eine karrieresüchtige, kaltherzige Anwältin spielt, die ein Vergewaltigungsopfer (Jodie Foster) vertritt, und in dem Liebesfilm *Winter People*, in dem sie zwischen zwei Männern steht und am Ende durch die Borniertheit ihrer hinterwäldlerischen Dorfnachbarn vor eine fast unmögliche Entscheidung gestellt wird.

Kelly McGillis ist nicht erst nach diesen anspruchsvollen,

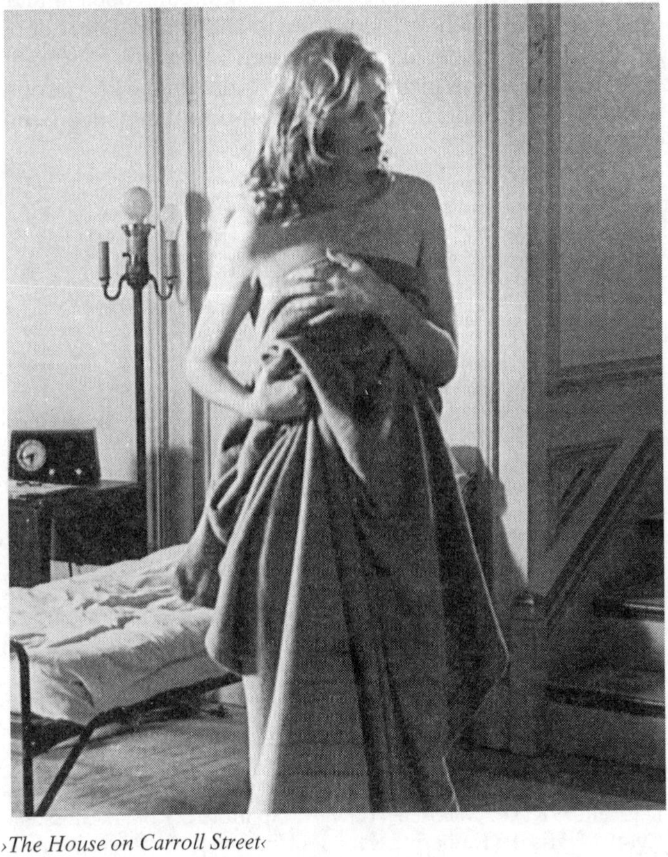

›The House on Carroll Street‹

vielseitigen Rollen auf dem besten Wege, im Kino der achtziger und neunziger Jahre die Verkörperung des Fraulichen schlechthin zu werden. Sie besitzt Glamour und Charakter, sie läßt sich nicht verschleißen und strahlt eine Natürlichkeit aus, die einzigartig ist. Sie wirkt fern und zugleich sehr nahe. Sie scheint irgendwie durchschnittlich, doch sie ist in Wahrheit geheimnisvoll. »Ich verstehe nicht, was mich von irgendeinem aus meiner Juilliard-Klasse unterscheidet, der vielleicht viel talentierter ist, seit zehn Jahren in New York sehr hart arbeitet und sich immer weiter abmüht und doch immer noch kellnert – ich verstehe es einfach nicht. Die Leute schauen mich immer an und denken: ›Warum sie, warum nicht ich?‹ Ich weiß nicht warum.«[10] Nun, der Grund ist einfach: Kelly McGillis besitzt eine unerhörte, einmalige Leinwandpräsenz.

Anmerkungen

1) John Hiscock. Girl in a Million. In: Mirror Week, 2.1.1987
2) Sarah Gristwood. Star Studied. In: The Guardian, 21.10.1987
3) ebda.
4) Eric Pooley. Glowing in Style. From ›Witness‹ to ›Top Gun‹ Kelly McGillis Gives Off Heat. In: New York, 19.5.1986
5) Michael Owen. The Lines Kelly Didn't Mind Fluffing. In: London Standard, 19.5.1985
6) Eric Pooley, a.a.O.
7) Dan Yakir. Kelly McGillis – Earth Angel. In: Interview 10/87
8) ebda.
9) ebda.
10) Eric Pooley, a.a.O.

Filmographie

1982

Reuben, Reuben (Ruben, Ruben)
Regie: Tom Conti
Darsteller: KELLY MCGILLIS (Geneva Spofford), Robert Blossom, Cyntha Haris, E. Katherine Kerr, Joel Fabiani

1984

Private Sessions (Private Sessions – Im Labyrinth des Wahnsinns) (TV)
Regie: Michael Pressman
Darsteller: Mike Farrell, Maureen Stapleton, Tom Bosley, KELLY McGILLIS (Jennifer Cooles), Robert Vaughan, Hope Lange

Witness (Der einzige Zeuge)
Regie: Peter Weir
Darsteller: Harrison Ford, KELLY McGILLIS (Rachel Lapp), Josef Sommer, Lukas Haas, Jan Rubes, Danny Glover

1985

Top Gun (Top Gun – Sie fürchten weder Tod noch Teufel)
Regie: Tony Scott
Darsteller: Tom Cruise, KELLY McGILLIS (»Charlie« Blackwood), Val Kilmer, Tom Skerritt, Anthony Edwards, Michael Ironside

1987

Made in Heaven (Made in Heaven)
Regie: Alan Rudolph
Darsteller: Timothy Hutton, KELLY McGILLIS (Annie Packert/Ally Chandler), Maureen Stapleton, Ann Wedgeworth, James Gammon, Mare Winnigham, Don Murray

The House on Carroll Street (Das Haus in der Carroll Street)
Regie: Peter Yates
Darsteller: KELLY McGILLIS (Emily Crane), Jeff Daniels, Jessica Tandy, Mandy Patinkin

Dreamers (Israel/Frankreich)
Regie: Uri Barbash
Darsteller: KELLY McGILLIS, John Shea, Christine Boisson

Accused (Der unheilvolle Gast – Accused)
Regie: Jonathan Kaplan
Darsteller: KELLY McGILLIS, Jodie Foster

1988

Winter People
Regie: Ted Kotcheff
Darsteller: KELLY McGILLIS (Collie Wright), Kurt Russell, Lloyd Bridges, Mitch Ryan, Lanny Flaherty, Don Michael Paul

Matthew Modine

»Er ist so amerikanisch – so groß und mager und stumm wie Henry Fonda oder Gary Cooper.«

Diane Keaton

Wie er stundenlang nackt auf dem Boden oder der Bettkante hockt, den Kopf dem Licht zugewandt, das durch das vergitterte Fenster fällt, und wie er dann, später, voller Federn zum Fliegen ansetzt – Matthew Modine machte eine Figur unsterblich, die schon zu der klassischen Filmgeschichte zählt: *Birdy.* Es war ein erster Höhepunkt für den hochaufgeschossenen Darsteller, dessen Gesicht immer noch das eines Jungen war und der in nur zwei Jahren sieben Kinofilme drehte. Und der in jedem seiner Filme seine Vielseitigkeit unter Beweis stellte.
Matthew Modine wurde 1960 als Sohn eines Autokino-Managers in Loma Linda, Kalifornien, geboren. Der Job des Vaters bedingte häufigen Wohnortwechsel. »Ich sah so viele Filme, daß sie Teil meines Lebens wurden. Wir lebten immer am Stadtrand. Alle zwei Jahre zogen wir um, was für ein Kind nicht sehr angenehm ist. Wenn du in der Schule der Neue bist, mußt du dich durchschlagen. Gerade, wenn man dich akzeptierte, packten wir und zogen in eine andere Stadt.«[1] Schließlich kam die Familie mit den insgesamt sieben Kindern in San Diego zur Ruhe, wo Matthew die High School beendete. Wie die meisten Schauspieler seiner Generation bekam er durch Schulaufführungen erste Kontakte zu seinem späteren Beruf. Während seine Mutter ihn lieber als Maler gesehen hätte, war der Vater mit seinem Wunsch, Schauspieler zu werden, einverstanden. Denn schon Matthews Tante Nola Fairbanks war in dem Beruf erfolgreich. 1979 ging Matthew Modine dann nach New York. Wie so viele Neuankömmlinge im Big Apple, die Schauspieler werden wollen, begann auch Modine in einem Restaurant – als Koch. Dort lernte er dann seine spätere Frau Cari kennen, eine Tänzerin aus Puerto Rico. 1980 begann er

»Teenage tits and bums movie«. Matthew Modine (2. v. r.) in ›Private School‹

seine Schauspielausbildung bei Stella Adler, der Lehrerin unter anderem von Robert DeNiro und Marlon Brando. »Sie lehrte mich, für mehr als nur mich selbst zu spielen. In ›Birdy‹ spielte ich jeden, der jemals in einem Krieg verletzt worden war. Das erfüllt dich und macht dich größer als das Leben. Das ist es, was Stella mir beibrachte – Größe und Respekt.«[2)] Neben seiner Ausbildung trat Modine an der Bühne auf, »Our Town« und »Tea and Sympathy«. Er wirkte in Werbespots mit und bekam auch kleine Rollen im Fernsehen. Schließlich erhielt er eine erste Kinorolle – im Film später drei Minuten lang – als Rosanne Arquettes Verehrer in *Baby It's You.* »Ich muß zugeben, daß ich viel Glück bei der Wahl der mir angebotenen Filme hatte. Nachdem ich für etwa zweihundert Filme vorgesprochen hatte, bekam ich meinen ersten Job bei ›Baby It's You, als Rosanna Arquettes College-

Freund. Meine Karriere so zu beginnen war großartig, denn John Sayles führte Regie, und er inszeniert mit einem Nicken oder einer Geste, sehr locker. Er spricht nie, deshalb neigt man dazu, so zu spielen, wie man *fühlt,* daß es richtig ist, und nicht, wie man es *denkt.*«[3] In dem *teenage tits and bums movie*[4] *Private School* konnte er dann nichts von seinen frisch erworbenen Kenntnissen zeigen. Hier zählten andere Dinge. Doch noch im gleichen Jahr kam der erste Paukenschlag in seiner Laufbahn. Auf dem Filmfestival von Venedig wurde er als bester Darsteller für seine Hauptrolle des *Billy* in Robert Altmans *Streamers* ausgezeichnet.

Matthew Modine überzeugte als Rekrut, der mit zweien seiner Kameraden, der eine homosexuell, der andere schwarz, in Auseinandersetzungen verwickelt ist und, als er sich weigert, ihre Stube zu verlassen, erstochen wird. »Diese Rolle schüchterte mich ein. Ich glaube, daß ich den ganzen Film nicht aufhörte zu schwitzen.«[4] Der Film basierte auf einem Theaterstück und stellte eine Art Experiment in Altmans wechselvoller Karriere dar. Nur wenige konnten *Streamers* sehen, doch Matthew Modine war durch den Preis von Venedig zu einem heißen Newcomer aufgestiegen. Seine Rolle in *Streamers* brachte ihm unmittelbar darauf das Angebot von Tony Richardson ein, in dessen *The Hotel New Hampshire* eine Doppelrolle zu übernehmen. Modine spielte Chipper Dove, ein Sportas, der die von Jodie Foster dargestellte Figur vergewaltigt, und Ernst, einen jungen Wiener Terroristen. Zwei kurze Auftritte, doch beide sehr wirkungsvoll. Erneut eine Hauptrolle übernahm er dann in dem *Rocky*-ähnlichen *Vision Quest,* in dem er einen Jungen spielte, der hart fürs Ringen trainiert, aber von seinem Interesse für eine ältere Frau (Linda Fiorentino) eine Zeitlang abgelenkt wird. Schließlich aber überwindet er seine emotionale Krise, trainiert noch härter und wird Ringermeister. Trotz eines Kurzauftrittes von Madonna, die in einem Nachtclub spielt, wurde der Film zu Recht ein Reinfall. Matthew Modine hatte jetzt zwar Muskeln, die er sich für die Rolle hatte zulegen müssen, doch er erkannte auch die Notwendigkeit, seine Rollen sorgfältiger abzuwägen. »Ich will wirklich nicht nur um der Arbeit oder des Geldes willen arbeiten. Wenn du nur so gut bist wie dein letzter Job, solltest du sicher sein, daß es auch ein guter Job ist.«[5] Der Film der australischen Regisseurin Gillian Armstrong erfüllte dieses Kriterium. Zudem arbeitete Modine an der Seite von Diane Keaton und Mel Gibson, von denen er viel lernte. »Ich glaube, einfach dazusitzen und Diane und Mel zu beobachten, ersetzte jahrelange Erfahrung. Als ich dann mit ›Birdy‹ anfing, fühlte ich mich immer noch so glücklich, mit ihnen gearbeitet zu haben, weil ich noch mehr darauf vorbereitet war, die intensive Darstellung zu geben, die ich geben mußte.«[6] Modine spielte in *Mrs. Soffel* den jüngeren Bruder von Mel Gibson, der mit Hilfe der in ihn verliebten Frau (Diane Keaton) des Gefängnisdirektors

Linda Fiorentino lenkt Matthew Modine in ›Vision Quest‹ von seinem Sportler-Dasein ab

aus dem Knast fliehen kann. Zu dritt machen sie sich auf die Flucht durch das Amerika der Jahrhundertwende, doch sie haben keine Chance. In ruhigen Bildern beschwor der Film eine Liebesgeschichte ohne Happy-End. Die überzeugenden Hauptdarsteller verstanden es, die emotionale Zwangslage ihrer Figuren zu verdeutlichen, ohne Sentimentalität aufkommen zu lassen. *Mrs. Soffel* ist das Zeugnis einer funktionierenden schauspielerischen Interaktion, ebenso wie es Modines anschließender Film *Birdy* wurde.
Zuerst wollte er die Rolle des Al Columbato spielen, die dann von Nicolas Cage verkörpert wurde. Doch Alan Parker wollte ihn für die Titelrolle. Sein Part des Vietnamveteranen, der sich nach den im Krieg erlebten Traumata in die Phantasiewelt eines Vogels zurückgezogen hat und nichts sehnlicher wünscht, als zu fliegen, brachte Modine den Durchbruch. »›Birdy‹ war eine Akkumulation dessen, was ich im Leben gelernt habe«, äußerte er sich.[7] Seine Darstellung verlangte

Matthew Modine (r.) mit Mel Gibson und Diane Keaton in ›Mrs. Soffel‹

Sehnsucht nach Freiheit in ›Birdy‹

von ihm äußerste Vorstellungskraft. »Um ein Vogel zu werden, was ich ja machen mußte, muß man körperlich, nicht geistig da sein. Das klingt verrückt, aber du machst es einfach.«[8)] Ohne Zweifel zählt seine Darstellung zu den herausragenden im zeitgenössischen Kino. Die Intensität, mit der er sich daran klammerte, ein Vogel zu sein, wirkte beklemmend echt. Aus dem großen, schlanken Jungen war ein herausfordernder Schauspieler geworden, den man sich nicht mehr in einem leichten Film vorstellen konnte. Seine nächste Rolle, an der er fast zwei Jahre arbeitete, sollte dies eindrucksvoll bestätigen.

In Stanley Kubricks Vietnamfilm *Full Metal Jacket* spielte Matthew Modine den jungen Rekruten Joker, der nach einer menschenentwürdigenden Ausbildung als Kriegsberichterstatter für die Armeezeitung an die Front geschickt wird. Auf seinem Helm steht »*Born to Kill* gleich neben dem Friedenszeichen geschrieben. Wie der Film in zwei Teile zerfällt, ist auch Modines Rolle durch ihre Dualität charakterisiert. An ihm zeigt sich exemplarisch die Veränderung eines Menschen, seine Brutalisierung und das Hervorbrechen unterschwelliger Killerinstinkte. Modines stärkste Szene ist jene, in der Joker die wehrlos daliegende vietnamesische Heckenschützin erschießt. Sekundenlang spiegelt sich in seiner Miene die grundlegende Deformierung eines Menschen ab. Nach dem Schuß wird für ihn nichts mehr so sein wie früher. Das gleiche gilt wohl auch für den Schauspieler Matthew Modine. In zwei aufeinanderfolgenden Filmen bot er darstellerische Höchstleistungen, wie sie nur selten zu finden sind. Es wird schwer für ihn werden, daran wieder anzuknüpfen, hat er doch – noch keine dreißig – eine schauspielerische Meisterschaft erreicht, von der andere ihr Leben lang träumen. Natürlich muß sich Matthew Modine in Zukunft an seinen herausragenden Rollen messen lassen. Trifft er die richtigen Entscheidungen, findet er die geeigneten Drehbücher, wird er unvergeßlich.

Anmerkungen

[1] O. A. Birdman Spreads His Wings. In: The Guardian, 15.6.1985
[2] ebda.
[3] Marianne Gray. Taking Off – Matthew Modine. In: Photoplay, August 1985
[4] O. A. Birdman Spreads His Wings, a.a.O.
[5] Marianne Gray, a.a.O.
[6] ebda.
[7] Debby Bull. Taking Off. In: Rolling Stone, 14.3.1985
[8] Marianne Gray, a.a.O.

Filmographie

1983

Baby It's You
Regie: John Sayles
Darsteller: Rosanna Arquette, Vincent Spano, Joanna Merlin, Dolores Messina, Jack Davidson, Nick Ferrari, MATTHEW MODINE

Private School (Private School – Die Superanmacher)
Regie: Noel Black
Darsteller: Phoebe Cates, Betsy Russell, MATTHEW MODINE (Jim), Michael Zorek, Fran Ryan, Sylvia Kristel

Amy and the Angel (TV)
Darsteller: Helen Slater, MATTHEW MODINE

Streamers
Regie: Robert Altman
Darsteller: MATTHEW MODINE (William »Billy« Wilson), Michael Wright, Mitchell Lichtenstein, David Alan Grier

1984

The Hotel New Hampshire (Hotel New Hampshire)
Regie: Tony Richardson
Darsteller: Rob Lowe, Jodie Foster, Nastassja Kinski, Paul McCrane, Beau Bridges, MATTHEW MODINE (Chipper Dove/Ernst)

Vision Quest (Crazy for you)
Regie: Harold Becker
Darsteller: MATTHEW MODINE (Louden Swain), Linda Fiorentino, Michael Schoeffling, Ronny Cox, Harold Sylvester

Mrs. Soffel (Flucht zu dritt)
Regie: Gillian Armstrong
Darsteller: Mel Gibson, Diane Keaton, MATTHEW MODINE (Jack Biddie), Edward Herrmann, Trini Alvarado

Birdy (Birdy)
Regie: Alan Parker
Darsteller: MATTHEW MODINE (Birdy), Nicolas Cage, John Harkins, Sandy Baron, Karen Young, Bruno Kirby

1987

Full Metal Jacket (Full Metal Jacket)
Regie: Stanley Kubrick
Darsteller: MATTHEW MODINE (Joker), Adam Baldwin, Vincent D'Onofrio, Lee Ermey, Dorian Harewood, Arliss Howard

Orphans
Regie: Alan Pakula
Darsteller: Albert Finney, MATTHEW MODINE (Treat), Kevin Anderson

Demi Moore

»Demi ist eine betörende, komplizierte, ganz und gar herausfordernde Person. Es geht soviel in ihr vor. Man schaut in dieses Gesicht und fragt sich, was geht hinter diesen Augen vor.«

Edward Zwick

Das Aufregendste an Demi Moore wird den deutschen Zuschauern vorenthalten. Es ist ihre tiefe, rauchige Stimme, die ihren Charakteren eine geheimnisvolle Tiefe verleiht, die sich aber in ihrer Darstellung selten widerspiegelt. Den nachhaltigsten Eindruck machte die schlanke Schönheit mit dem langen braunen Haar und den dunklen, verheißungsvollen Augen in einer Rolle, in die sie viel von ihrer eigenen Persönlichkeit einbrachte. Als Juliana »Jules« Van Patten spielte Demi Moore in dem *Brat Pack*-Hit *St. Elmo's Fire* eine hektische junge Lady, die an ihrer Lebenslüge zu zerbrechen droht, sich deshalb aber nicht daran hindern läßt, sich zu amüsieren.

Demi Moore betreibt die Schauspielerei aus Überzeugung. Sie war gerade fünfzehn, als sie eine gleichaltrige Darstellerin traf und beschloß, selbst Schauspielerin zu werden. Ohne Erfahrungen, ohne Ausbildung, abgesehen von ein paar Stunden Schauspielunterricht, »nichts, nur die reine Lust«.[1)] Die 1963 in New Mexico geborene und in ihrer Kindheit mit ihren Eltern immer auf Achse befindliche Demi Moore nahm sich entschlossen einen Agenten. Der vermittelte sie als Fotomodell, denn ihr Aussehen war (und ist) eindeutig ihr stärkstes Kapital. Es folgten Auftritte im Fernsehen, die keine Beachtung fanden. Desgleichen winzige Nebenrollen in den Filmen *Choices* und *Young Doctors in Love* aus dem Jahre 1982. Doch schon im gleichen Jahr trat sie in ihrer ersten Hauptrolle auf, als Patricia in dem 3-D-Horrorfilm *Parasite,* einer billigen *Alien*-Imitation, in der die Darsteller unter lauter herausplatzenden Eingeweiden und überfließenden Blutströ-

Die erste große Kino-Rolle hatte Demi Moore (l.) in ›No Small Affair‹ mit Jon Cryer

men nicht mehr auszumachen waren. Früh zeigte sich Demi Moores wenig glückliche Hand, gute Rollen auszuwählen. Populär wurde sie dennoch – durchs Fernsehen. Zwei Jahre lang spielte sie die Rolle der Jackie Templeton in der Soap Opera *General Hospital,* dem amerikanischen Vorbild für die deutsche *Schwarzwaldklinik.* Darstellerisches Talent wurde in der Serie nicht vorausgesetzt, Demi Moore bot denn auch nicht viel mehr als ihre rauchige Stimme und einen attraktiven Anblick. Das waren auch ihre hervorstechendsten Merkmale in der Stanley-Donen-Komödie *Blame It on Rio,* in der sie die frühreife Tochter von Michael Caine spielte. Während eines Urlaubs mit ihrem Vater und dessen Freund (Joseph Bologna), verdreht sie dem älteren Mann gekonnt den Kopf. Der Film schleppte sich – tödlich für eine Komödie – mühsam durch den Altmännerhumor seiner Macher. Ansehbar war tatsächlich einzig Demi Moore, von der auch hier nicht mehr als das verlangt wurde. Co-Star Joseph Bologna war dennoch

von ihren Fähigkeiten überzeugt und engagierte sie gleich anschließend als seine Tochter für seinen Fernsehfilm *Bedrooms*.
Doch erst in dem darauffolgend gedrehten *No Small Affair* konnte Demi Moore zeigen, daß sie doch Talent besaß. Sie spielte eine Popsängerin, in die sich ein junger Amateurfotograf (Jon Cryer) verliebt hat. Sie ist seine Traumfrau, doch offenbar nicht an ihm interessiert. Wie es bei seichten Komödien dieser Art der Fall ist, bekommt am Ende der Held doch noch seine Frau. Wenngleich voller Klischees, inszenierte Jerry Schatzberg seinen Film auch mit leichter Hand und Gefühl für das Timing einer komischen Geschichte. Und Demi Moore ist als Sängerin im Nachtclub nicht ohne Charme. Singen kann sie außerdem. Ihre eigentliche schauspielerische Bewährungsprobe hatte sie anschließend. In *St. Elmo's Fire* verkörperte sie die Femme fatale innerhalb ihres Freundeskreises von High-School-Abgängern. »Sie ist sehr dramatisch – und melodramatisch. Sie schminkt sich stark und behängt sich mit Schmuck. Sie macht einem Spaß; sie ist wild und lebt auf dem Drahtseil. Aber unter dieser schillernden Oberfläche ist sie ein kleines ängstliches Mädchen, das es schwer hat, sich in der Erwachsenenwelt selbst zu definieren.«[2)] Jules arbeitet nach der High School in einer Bank, sorgt sich um ihre Stiefmutter, von der sie nie geliebt wurde, von deren Begräbnis sie aber andauernd redet. Hinter ihrer Fassade einer lebenslustigen, erfolgreichen jungen Frau aber verbergen sich zahlreiche Probleme: der Vater, der sie verlassen hat; Schulden, die sie gemacht hat, um Auto und Wohnung zu kaufen; die Unmöglichkeit, zu Männern eine richtige Beziehung aufzubauen; eine Affäre mit ihrem Boß, der sie feuert, und schließlich der Nervenzusammenbruch. Demi Moore füllte ihre Rolle mit großer Intensität und stahl dadurch anderen ihrer Co-Stars die Show. Doch deren Karriere machte sie nicht.
In *About Last Night* spielte sie, wiederum an der Seite von Rob Lowe, eine junge dynamische Frau, die beschließt, ihr Single-Dasein aufzugeben, nachdem sie sich in Danny (Lowe) verliebt hat. Als sie die Schwierigkeiten ihrer Beziehung erkennt, entschließt sie sich um ihrer selbst willen,

Danny zu verlassen. Und es bleibt fraglich, ob sie ihn am Ende wirklich zurücknimmt. Der auf David Mamets kontroversem Stück »Sexual Perversity in Chicago« basierende Film von Edward Zwick verwässerte die Vorlage so weit, daß auch die Darsteller davon berührt wurden. So harmlos, wie sich die Geschichte einer Beziehung da präsentierte, so wenig machten die Leistungen beider Hauptdarsteller betroffen. Es war nicht ihre Schuld, denn der flachen Regie konnten sie wenig entgegensetzen. Vor allem Demi Moore wohl nicht, wie ihre nächsten Rollen bestätigten. In der ungewöhnlich dümmlichen Sommercamp-Klamotte *One Crazy Summer* lief sie wiederum als Sängerin durch eine abstruse Geschichte, die an Einfallslosigkeit nicht mehr zu überbieten war. Einzig ihr Auftritt, bei dem sie einen Song singt, bleibt erwähnenswert. »Man muß mal nein sagen«, weiß Demi Moore zu ihren

Lebenswütig. Demi Moore und Andrew McCarthy in ›St. Elmo's Fire‹

Noch stimmt das häusliche Glück beim Yuppie-Paar. Demi Moore und Rob Lowe in ›About Last Night‹

Filmen, doch sie zieht daraus keine Konsequenzen. »Ich habe keine Angst wie früher, einmal durchzufallen, weil ich lerne, mich als das zu akzeptieren, was ich bin.«[3] Ihre offenbar mangelnde künstlerische Ambition korrespondiert dabei mit ihren darstellerischen Mißgriffen und ihrem insgesamt doch recht beschränkten Talent, wie sie in dem völlig mißglückten *Wisdom* erneut bewies, dem ersten Film ihres damaligen Verlobten Emilio Estevez. Inzwischen machte Demi Moore mehr durch Affären Schlagzeilen als durch erfolgreiche Filme. Ihre Heirat Ende 1987 mit dem Fernsehstar Bruce Willis kam überraschend, galt sie doch trotz eines stürmischen Verlaufs der Beziehung als die zukünftige Frau von Estevez. Durch ihre Heirat mit einer der populärsten und reichsten Showbizgrößen der USA eröffneten sich für Demi Moore neue Perspektiven. Beruflicher und privater Art (sie erwartet ein Kind). Ihre Filmkarriere versprach nicht mehr viel. Zu offensichtlich war ihr begrenztes Talent, zu unglücklich ihre Rollenauswahl. Doch es sieht so aus, als könne sie von der augenblicklichen Attraktivität ihres Mannes bei den Studiobossen profitieren. Ob sie als Schauspielerin dazugewinnt, erscheint mehr als fraglich.

Anmerkungen

1) John Skow. Greetings to the Class of '86. In: Time, 26.5.1986
2) Deutsches Presseheft »St. Elmo's Fire«
3) John Skow, a.a.O.

Filmographie

1981

Choices
Regie: Silvio Narizzano
Darsteller: Paul Carafotes, Victor French, Lelia Goldoni, Val Avery, Dennis Patrick, Pat Buttram, DEMI MOORE

1982

Young Doctors in Love (Küß mich, Doc)
Regie: Garry Marshall
Darsteller: Michael McKean, Sean Young, Harry Dean Stanton, Patrick Macnee, Hector Elizondo, DEMI MOORE

Parasite (Parasite)
Regie: Charles Band
Darsteller: Robert Glaudini, DEMI MOORE (Patricia), Lucas Bercovici, James Davidson, Al Fann

1983

Blame It on Rio (Schuld daran ist Rio)
Regie: Stanley Donen
Darsteller: Michael Caine, Joseph Bologna, Valerie Harper, DEMI MOORE (Nicole Hollis), Michelle Johnson

Bedrooms (TV)
Regie: Joseph Bologna
Darsteller: Joseph Bologna, DEMI MOORE

1984

No Small Affair (Eine starke Nummer)
Regie: Jerry Schatzberg
Darsteller: Jon Cryer, Demi Moore (Laura), George Wendt, Peter Frechette, Elizabeth Daily, Ann Wedgeworth

1985

St. Elmo's Fire (St. Elmo's Fire – Die Leidenschaft brennt tief)
Regie: Joel Schumacher
Darsteller: Rob Lowe, Andrew McCarthy, Emilio Estevez, Demi Moore (Julianna »Jules« Van Patten), Judd Nelson, Ally Sheedy, Mare Winningham

1986

About Last Night (Nochmal so wie letzte Nacht)
Regie: Edward Zwick
Darsteller: Rob Lowe, Demi Moore (Debbie), Jim Belushi, Elizabeth Perkins, George DiCenzo, Michael Alldredge

One Crazy Summer (One Crazy Summer)
Regie: Savage Steve Holland
Darsteller: John Cusack, Demi Moore (Cassandra), Joel Murray, Curtis Armstrong, Bobcat Goldthwait, Tom Villard

Wisdom (Wisdom)
Regie: Emilio Estevez
Darsteller: Emilio Estevez, Demi Moore, Tom Skeritt, Veronica Cartwright, William Allen Young

1988

The Seventh Sign
Regie: Carl Schultz
Darsteller: Demi Moore, Michael Biehn, Jürgen Prochnow

Außerdem zwei Jahre lang die Rolle der Jackie Templeton in TV-Serie **General Hospital**

Judd Nelson

Nur zwei Filme waren es, die ihn zur finsteren, häßlichen Figur des *Brat Pack* stilisierten. Judd Nelson ist ein Schauspieler, der seinen Beruf ernst und sein Image auf die leichte Schulter nimmt. Er ist der älteste innerhalb des engeren *Brat Pack*-Zirkels, und er steht am Rand. Er besitzt keinen Star-Appeal, er verkörpert schlicht den Durchschnitt. Er ist nicht der Schönste, und er blieb der Unbekannteste.
1960 in Portland, Maine, als Sohn eines Rechtsanwaltes und einer demokratischen Kongreßabgeordneten geboren, wuchs Judd Nelson in der ruhigen Atmosphäre einer wohlhabenden Ostküstenfamilie auf. Am Haverford/Bryn Mawr-College in Pennsylvania begann er Philosophie zu studieren. Wie die meisten von Hollywoods jungen Stars schnupperte auch Nelson bei Schulaufführungen erste Theaterluft und beschloß, Schauspieler zu werden. »Die Schauspielerei ist einfach so über mich gekommen. Wenn ich heute zurückblicke, so war alles nur eine logische Entwicklung, die viel damit zu tun hatte, wie ich mir und meiner Umwelt gerade gegenüberstand. Am Anfang dachte ich mir nicht viel dabei, es machte mir einfach Spaß, auf der Bühne zu stehen, das genügte mir. Später realisierte ich, daß sich mir die Möglichkeit bot, mit meinem Hobby meinen Lebensunterhalt zu verdienen. Also begann ich, die Sache ernster zu nehmen.«[1)] Er zog nach New York und begann unter Stella Adler und Eugene Lansky Schauspiel zu studieren. Er verdiente sich sein Geld auf dem Bau oder als Kellner und trat in den Aufführungen der Schauspielschule auf. 1982 zog er nach Los Angeles. Gleich sein erster Film hatte eine Hauptrolle für ihn. In *Making the Grade* spielte er einen Jungen aus armen Verhältnissen, der für einen reichen in der Schule nachsitzt. Es wurde kein sehr erfolgreiches Debüt. Ebensowenig machte Nelsons zweiter Film Kasse. *Fandango* war eine ausgeflippte Komödie, in der Nelson zum ersten Male den wenig geliebten, problembeladenen Außenseiter verkörperte.

Phil Hicks wird von seinen College-Mitschülern wenig geliebt. Er stammt aus einfachen Verhältnissen und sieht im Militärdienst einen Karrieresprung, während die anderen sich am liebsten vor der Einberufung nach Vietnam drücken würden. Doch er besitzt ein Auto, und das brauchen die »Groovers«, um ihre letzte Nacht in Freiheit zu feiern. Phil Hicks wird auf einen Trip ins Ungewisse mitgenommen, ob er will oder nicht. Höhepunkt seiner unfreiwilligen Abenteuer, bei denen sein Wagen zu Bruch geht, ist ein erzwungener Fallschirmabsprung. Obwohl er statt eines Fallschirms nur einen Sack schmutziger Wäsche auf dem Rücken hat, überlebt Phil den freien Fall, was ihm die Anerkennung seiner Kameraden einbringt. In der turbulenten Action-Komödie, von dem Steven-Spielberg-Protegé Kevin Reynolds inszeniert, blieb Nelson der ruhende Pol inmitten einer aufgeregt agierenden Schauspielerschar. Seine Charakterisierung des ungeliebten Außenseiters, der für manch makabren Scherz herhalten muß, brachte ihm eine weitere Hauptrolle in dem anschließend gedrehten *The Breakfast Club* ein.
Ein halbes Dutzend Schüler ist zum Nachsitzen verurteilt worden. Jeder gehört einer anderen sozialen Schicht an, hat Probleme mit den Eltern und sich selbst. Im Laufe des Tages finden die unterschiedlichen Charaktere zueinander und bauen eine Art Solidarität gegenüber ihrem Lehrer auf. Doch als ihr Nachsitzen beendet ist, gehen sie wieder auseinander. Der mit Emilio Estevez, Molly Ringwald, Ally Sheedy und anderen hochkarätig besetzte *Brat Pack*-Film führte verschiedene jugendliche Typen exemplarisch vor. Judd Nelson verkörperte den aus zerrüttetem Elternhaus stammenden Punk, der sich nichts sehnlicher wünscht als Zuneigung und Anteilnahme an seinen Sorgen. Er ist der Außenseiter, der mit seinem aggressiven Verhalten nur seine innere Unsicherheit verdrängt. Sein Blick blieb düster, kaum ein freundliches Lächeln schlich sich in seine finstere Miene. Doch Judd Nelson traf mit seiner alles andere als Sympathie heischenden Darstellung einen Nerv; er wurde zum Stellvertreter der wirklichen Jugendlichen.
Auch in seinem nächsten Film, *St. Elmo's Fire,* spielte er, wie-

Judd Nelson, mit Krawatte, und seine »Brat-Pack«-Freunde Andrew McCarthy, Emilio Estevez und Rob Lowe (v. l. n. r.)

der an der Seite der *Brat Packer,* einen unsympathischen Charakter. Nach dem College arbeitet Alec (Nelson) als Assistent für einen demokratischen Abgeordneten. Er drängt seine Freundin Leslie (Ally Sheedy) zur Heirat und wechselt in eine besser bezahlte Stellung zu einem republikanischen Senator, entgegen seiner politischen Überzeugung, aber in bewußter Karriereplanung. Obwohl er Leslie heiraten will, hat er zahlreiche Seitensprünge und schmeißt seine Freundin, als sie davon erfährt, aus der gemeinsamen Wohnung. »Nach ›The Breakfast Club‹ wollte ich nicht schon wieder den harten Jungen von der Straße spielen. Ich wollte jemanden spielen, der sowohl in seinem Denken als auch in seinem Handeln konservativer war ... In Alecs Verhalten zeigt sich eine gewisse Rechtschaffenheit, sogar Arroganz, die das Ergebnis seines rein technisch geplanten Strebens nach Erfolg ist. Und es zeigt sich eine gewisse Logik der Handlung, die auch ein Teil von mir ist. Aber in der wirklichen Welt merkt Alec, der den Erfolg als ›großer Mann auf dem Campus‹ genossen hat, sehr schnell, daß er nicht das Zentrum des Universums ist, nicht einmal der Mittelpunkt seines Freundeskreises.«[2] Nelson erhielt gute Kritiken für seine psychologisch einfühlsame Darstellung eines typischen Yuppies, der über seiner Karriere seine Gefühle verliert. Sein Alec wurde zur Modellfigur eines Jugendtyps der achtziger Jahre. »Er ist in Wirklichkeit ein *yactor* (yuppie und actor, d. A.) – ein junger, aufwärts strebender, wendiger, dramatischer Schauspieler, der seine Zeit auf der Leinwand damit verbringt, mit seinen *yactor*-Freunden in einer Art Gruppentherapie für die neokonservative Reagan-Generation herumzuwitzeln«, wurde Nelson in der Folge charakterisiert.[3] Doch der Sohn aus gutem Hause, der

Blick zurück im Zorn. Judd Nelson in ›Blue City‹

nur ein Schauspieler sein wollte, wurde ein Star. Der schnelle Erfolg machte ihn aber nicht überheblich. »Ich fühlte mich nicht als der Größte auf der Welt, weil mein Name im Rampenlicht steht. Es machte mich eher beschämt und verlegen. Weil ich dasselbe wie ein Gärtner mache. Er hat einen Job, und er erledigt ihn. Und außerdem, so schnell der Erfolg kommt, kann er auch wieder verschwinden. Es gibt keine Garantien. Für nichts. Ich fühle mich wie in einem Tollhaus. Die Dinge sind so unsicher, es ist schon verrückt.«[4] Wie unsicher der Erfolg ist, mußte Judd Nelson gleich anschließend erfahren. In dem Regiedebüt *Blue City* der *Breakfast Club*-Co-Produzentin Michelle Manning spielte er zum dritten Male neben Ally Sheedy. Der Film basierte auf dem Kriminalroman von Ross MacDonald aus dem Jahre 1947, doch er veränderte die düstere, psychologische Geschichte von einem Jungen, der in seine Heimatstadt zurückkommt und dort die Ermordung seines Vaters aufklären will, wobei er auf ein dichtes Netz von Korruption stößt, zu einer Liebesgeschichte vor kriminellem Hintergrund.

Blue City fiel bei Kritik wie Publikum gleichermaßen durch. Das lag an der Regie, am Drehbuch (an dem Walter Hill beteiligt war) – und es lag am Hauptdarsteller Judd Nelson, der zu keiner Zeit den psychologischen Konflikten und Identitätskrisen, die der Protagonist durchmachte, glaubhaften Ausdruck verlieh. Auch für seine Rolle als ehrgeiziger Rechtsanwalt in Bob Clarks Justiz-Thriller *From the Hip* bekam Nelson vernichtende Kritiken – er wurde schlicht als Fehlbesetzung eingestuft. Zwar rackerte er sich richtiggehend ab, doch er vermochte als trickreicher Anwalt nie zu überzeugen, obgleich er nur einmal mehr der typische Yuppie auf der Leinwand war.

Judd Nelsons Ruhm ist schneller verblaßt, als er selbst wohl geglaubt hätte. Er wird es schwer haben, gegen den Geruch des Mißerfolges anzukämpfen. Jeder Star ist so gut wie der Erfolg seines letzten Films, heißt eine Regel der Branche. Doch wie bei jeder Regel gibt es Ausnahmen. Judd Nelson, als Darsteller meist unterbewertet, hat zweifelsohne das Können, eine Ausnahme zu werden.

Anmerkungen

1) Deutsches Presseheft »Blue City«
2) Deutsches Presseheft »St. Elmo's Fire«
3) Sunday Express Magazine, 17.11.1985
4) Elizabeth Kaye. Ordinary People. In: Rolling Stone, No. 457, 26.9.1985

Filmographie

1984

Making the Grade
Regie: Dorian Walker
Darsteller: JUDD NELSON (Eddie Keaton), Joanna Lee, Carey Scott, Dana Olsen, Gordon Jump

Fandango (Fandango)
Regie: Kevin Reynolds
Darsteller: Kevin Costner, JUDD NELSON (Phil Hicks), Sam Robards, Chuck Bush, Brian Cesak, Elizabeth Dailey

The Breakfast Club (Breakfast Club – Der Frühstücksclub)
Regie: John Hughes
Darsteller: Emilio Estevez, JUDD NELSON (John Bender), Anthony Michael Hall, Molly Ringwald, Ally Sheedy, Paul Gleason

1985

St. Elmo's Fire (St. Elmo's Fire – Die Leidenschaft brennt tief)
Regie: Joel Schumacher
Darsteller: Emilio Estevez, Rob Lowe, Andrew McCarthy, Demi Moore, JUDD NELSON (Alec Newberry), Ally Sheedy, Mare Winningham

Blue City (Blue City)
Regie: Michelle Manning
Darsteller: JUDD NELSON (Billy Turner), Ally Sheedy, David Caruso, Paul Winfield, Scott Wilson, Anita Morris, Julie Carmen

1986

From the Hip (Mit leichter Hand)
Regie: Bob Clark
Darsteller: JUDD NELSON, John Hurt, Elizabeth Perkins, Darren McGavin, Ray Walston, Dan Monahan

Christopher Penn

Groß, schwer, kräftig, das Gesicht offen, manchmal leer – Christopher Penn, der jüngere Bruder des berühmten Sean, ist in die Fußstapfen des älteren getreten. Seine Statur verleitet dazu, ihn nur in bestimmten Rollen zu besetzen, doch Christopher wußte sich bislang vorschnellen Festlegungen zu entziehen. Obwohl er in eine Showbiz-Familie geboren wurde – Vater Leo ist Regisseur, Mutter Eileen Ryan Schauspielerin, Bruder Michael Musiker –, dachte er zunächst an eine Sportlerkarriere. Auf der High School war er in der Ringermannschaft, in Karate besitzt er einen schwarzen Gürtel. Doch sein Geschichtslehrer brachte ihn auf ein anderes Sujet. Intensiv beschäftigte sich der Junge mit dem Vietnamkrieg, den er nur aus der Fernsehberichterstattung kannte. Ein Nachbar, Kriegsteilnehmer, half ihm bei seinen Recherchen. Entstanden ist daraus *Nobody's Heroes,* in dem im Stile einer TV-Reportage seine Freunde – Bruder Sean, Tom Cruise, Eric Stoltz, Emilio Estevez und Elizabeth McGovern – über den Krieg befragt werden. Dreizehn Jahre war er damals alt, doch noch immer arbeitet er an dem Projekt, das überdies sein Interesse am Film geweckt hatte.

Eine Freundin der Familie, die Schauspielerin Peggy Fury, gab ihm Schauspielunterricht, während er nach geeigneten Rollen Ausschau hielt. In seinem ersten Part spielte er das, was er war – einen kräftigen, fast klobigen Jungen, der seine Fäuste zu gebrauchen wußte. In Francis Coppolas *Rumble Fish* war er einer aus der Gang von Matt Dillon. »Ursprünglich sprach ich für ›The Outsiders‹ vor, obgleich mir Francis damals sagte, er würde mich nicht besetzen.«[1] Doch Coppolas Produzent Fred Roos behielt den jungen Mann im Auge und erinnerte sich an ihn für *Rumble Fish.* Neben seinem Freund Tom Cruise spielte Penn anschließend in *All the Right Moves,* einer im High-School-Milieu angesiedelten Football-Geschichte. »Ich nahm die Rolle, weil sie so wenig mit meiner Person zu tun hatte wie keine andere Rolle, die ich ge-

Seine sympathische Klobigkeit unterscheidet Christopher Penn (r.) von anderen Schauspielern seiner Generation. Mit Kevin Bacon (l.) in ›Footloose‹

spielt habe.«[2] Es waren nur Nebenrollen, doch Christopher Penn fiel als eigenständige Besetzung schon auf. Sein Typ unterschied sich in all seiner sympathischen Klobigkeit von der glatten Erscheinung seiner Mitspieler. In *Footloose* ist dies besonders bemerkenswert. Christopher ist Willard, ein etwas einfältiger Dorfjunge, der an einer Tankstelle arbeitet und zum einzigen Freund des aus der Großstadt neu zugezogenen Ren (Kevin Bacon) wird. Er bewundert ihn und wagt an seiner Seite, die in dem Provinzstädtchen herrschenden Gesetze zu übertreten. Tanz und Rockmusik sind dort verboten. In einer Nachbarstadt steht Willard dann zum ersten Male auf dem Tanzboden einer Disco. Die Menge wogender Körper und die gekonnten Tänze schüchtern ihn ein, und sein erster Versuch, selbst zu tanzen, scheitert an seiner Mutlosigkeit.

Erst als Ren ihm die Grundschritte und -bewegungen beibringt, die er bei jeder Gelegenheit einstudiert, entwickelt Willard Selbstbewußtsein. Nachdem er auf dem Parkett erfolgreich ist und noch einmal bei einer Schlägerei mitgemischt hat, erringt er endlich auch die Gunst eines Mädchens. Christopher Penn erwies sich entgegen seinem Aussehen als überaus sensibler Darsteller. Trotz seiner Jugend verstand er es, hinter den Gefühlen auch die Komplexität seiner Generation deutlich zu machen.
In seinem nächsten Film, *The Wild Life,* spielte er den siebzehnjährigen Tom Drake, den selbsternannten Gott der High School. Von sich selbst überzeugt, als Ringer erfolgreich und ein Partylöwe, ist Tom Drake der Star der Schule, an den sich sein Freund Bill (Eric Stoltz) wendet, als er in ein eigenes Appartement ziehen will. »Ich war fasziniert von den Jugendlichen, die zehn Jahre nach dem Vietnamkrieg in Militärkla-

Als junger Heavy in Clint Eastwoods Western ›Pale Rider‹

motten umherliefen und Heavy-Metal-Musik hörten. Ich fragte mich andauernd, was ihnen Aussehen und Haltung bedeutete, wo sie doch zu jung waren, um den Krieg selbst erlebt zu haben. Ich traf Christopher Penn zu der Zeit, als er diese Phase durchmachte, und wollte über einen Typen wie Chris schreiben«, meinte der Drehbuchautor Cameron Crowe. Crowes Gespräche mit dem Jungen führten dann zu seiner Hauptrolle in *The Wild Life,* den Crowe geschrieben hatte. Getroffen hatten sich die beiden bei den Dreharbeiten von *Fast Times at Ridgemont High* (1981), und irgendwie wurde *The Wild Life* dann auch zu dessen schlechter Neuausgabe. Was nicht verwundert, wenn Autor, Produzent und Regisseur die gleichen sind. Obgleich Christopher Penn in seiner ersten Hauptrolle nicht den stärksten Eindruck hinterließ, war Clint Eastwood auf ihn aufmerksam geworden. Er hatte sofort erkannt, in welcher Rolle der junge Penn am besten zur Geltung kommen würde.

In *Pale Rider,* Eastwoods melancholischem, fast nur noch auf Zeichen und Gesten reduziertem Western, spielte Christopher die Rolle des jungen Heavy. Josh Lattood ist der brutale und ungestüme Sohn eines reichen Goldminenbesitzers, der eine Gruppe kleiner Goldgräber mit allen Mitteln aus ihrem Tal vertreiben will. Als ein mysteriöser Prediger (Eastwood) auftaucht, kommt es zu einem Duell mit Lattoods Revolvermännern. Penn spielte seine Figur mit dem richtigen Gespür. Josh fühlt sich nur stark im Kreise seiner Männer und wird einzig Schwächeren gegenüber aktiv. Es war eine überzeugende Charakterisierung, und einmal mehr hatte es Penn verstanden, aus einem Klischee – des verdorbenen reichen Sohnes – eine lebendige Figur zu machen.

Seine Rolle in *At Close Range* war kleiner, aber dafür etwas Besonderes. Er spielte auch im Film den Bruder von Sean, während Mutter Eileen Ryan als ihre Großmutter fungierte. Tommy Whitewood (Christopher Penn) ist voller Bewunderung für seinen Bruder Brad (Sean Penn). Obwohl er noch sehr jung ist, nimmt er an den Diebeszügen teil, die Brad für den Vater (Christopher Walken) durchführt. Bis sie dann ins Gefängnis kommen. Später, als er wieder frei ist, wird er von

Familientreffen. Christopher Penn mit Bruder Sean (Mi.) und Film-Vater Christopher Walken

seinem Vater erschossen, dem er gutgläubig auf eine einsame Lichtung gefolgt war. Brad sen. glaubte sich von seinem älteren Sohn verraten und beseitigt deshalb alle Zeugen seiner Verbrechen, auch wenn der eigene Sohn unter ihnen ist. Erneut bewies Christopher seine Qualitäten als Charakterdarsteller. Die einfältige Gutgläubigkeit, die ihm am Ende zum Verhängnis wird, harmonierte mit seiner kraftstrotzenden Erscheinung, ohne dabei das Klischee des gutmütigen Heavy heraufzubeschwören.

Daß Christopher Penn wohl nie den mädchenaufreißenden Jugendlichen spielen würde, wie ihn andere *Brat Pack*-Darsteller so häufig verkörperten, zeigte sich in *Made in USA*.

Der Film von Ken Friedman war ein modernes Road Movie, durch ein Amerika, dessen Umwelt verschmutzt und verseucht ist. Mit seinem Freund Dar (Adrian Pasdar) macht sich Tuck (Penn) frustriert auf, um von Pennsylvania nach Kalifornien zu fahren. Sie sind Jugendliche der *lost generation*, ohne Chance, daß sich ihre Träume jemals erfüllen. Penn spielte seine Figur mit jener inneren Bitterkeit, die das Wissen um die Chancenlosigkeit durchscheinen läßt. Doch es gelang ihm auch, eine Spur Romantik und Unschuld zu bewahren. Er präsentierte sich als ein Darsteller, der die Frustrationen, Ängste und Sehnsüchte seiner Generation abseits vom neokonservativen Yuppie-Idol auf den Punkt brachte. *Made in USA* wurde ein Reinfall. In Zeiten, in denen leichte Komödien einen künstlich erzeugten Positivismus propagieren, sind die Schattenseiten wenig gefragt. Das hatte schon ein Superstar wie Michael J. Fox mit dem düsteren *Light of Day* erfahren müssen. Für einen Darsteller wie Christopher Penn, dessen Stärke in der Darstellung jener Charaktere liegt, die sich auf der Schattenseite befinden, wird es schwer werden, geeignete Rollen zu finden, will er vermeiden, als Heavy abgestempelt zu werden. Sein schauspielerisches Talent, nicht geringer als das seines Bruders, ist immer noch ein Rohdiamant. Damit es funkelt, muß es geschliffen werden.

Anmerkungen

1) US-Presseheft »The Wild Life«
2) ebda.

Filmographie

1983

Rumble Fish (Rumble Fish)
Regie: Francis (Ford) Coppola
Darsteller: Matt Dillon, Mickey Rourke, Vincent Spano, Diane Lane, Dennis Hopper, Diana Scarwid, Nicolas Cage, CHRISTOPHER PENN (B. J. Jackson)

All the Right Moves (Der richtige Dreh)
Regie: Michael Chapman
Darsteller: Tom Cruise, Craig T. Nelson, Lea Thompson, Charles Cioffi, CHRISTOPHER PENN (Brian)

1984

Footloose (Footloose)
Regie: Herbert Ross
Darsteller: Kevin Bacon, Lori Singer, John Lithgow, Dianne Wiest, CHRISTOPHER PENN (Willard)

The Wild Life (Wild Life)
Regie: Art Linson
Darsteller: CHRISTOPHER PENN (Tom Drake), Lea Thompson, Eric Stoltz, Ilan Mitchell-Smith, Rick Moranis, Randy Quaid

1985

Pale Rider (Pale Rider – Der namenlose Reiter)
Regie: Clint Eastwood
Darsteller: Clint Eastwood, Michael Moriarty, Carrie Snodgress, CHRISTOPHER PENN (Josh Lattood), Richard Dysart

At Close Range (Auf kurze Distanz)
Regie: James Foley
Darsteller: Sean Penn, Christopher Walken, Mary Stuart Masterson, CHRISTOPHER PENN (Tommy Whitewood), Millie Perkins

1986

Made in USA (Made in USA)
Regie: Ken Friedman
Darsteller: Adrian Pasdar, CHRISTOPHER PENN (Tuck), Lori Singer, Jacqueline Murphy, Judy Baldwin, Dean Paul Martin

Sean Penn

»Der talentierteste junge Schauspieler des zeitgenössischen Films.«

Rick Rosenthal

Schlagzeilen macht er immer wieder. Allerdings nicht mit seinen Filmen, sondern vor allem durch sein stürmisches Privatleben. Sean Penn ist unter den Schauspielern des *Brat Pack* zweifelsohne die tragischste, aber auch intensivste Figur. Er ist ein physischer Darsteller, der sich in seine Rollen hineinsteigert, sich mit den Charakteren fast bis zur Selbstaufgabe identifiziert. Penn ist geprägt von Widersprüchen. Seine Filme sind kaum Erfolge, dennoch erhält er höchste Gagen; seine Skandale sind so heftig, daß darüber leicht vergessen wird, welch exzellenter Schauspieler er sein kann. »Poison Penn« (Gift-Penn) wird er genannt, und man geht ihm möglichst aus dem Weg. Er wird gehaßt, aber auch bewundert. Sean Penn lebt einen Balanceakt. Jederzeit kann er abstürzen, doch ohne dieses Risiko wäre seine schauspielerische Intensität nicht denkbar.

Penn wurde am 17. August 1960 in Kalifornien geboren. Sein Vater ist der frühere Schauspieler und spätere Fernsehregisseur Leo Penn, seine Mutter die Darstellerin Eileen Ryan. Sein jüngerer Bruder Christopher ist wie er selbst ein Darsteller von beeindruckender Intensität. Erste schauspielerische Erfahrungen machten die beiden zusammen mit ihren Freunden Emilio Estevez und Charlie Sheen, Rob und Chad Lowe in zahlreichen Super-8-Filmen. Dabei kam Sean dann der Gedanke, daraus einen Beruf zu machen. Nach der Schule fing er zunächst als Mädchen für alles beim Los Angeles Group Repertoire Theatre an. Er schraubte Birnen in die Fassungen, assistierte dem Direktor Pat Hingle und trat gelegentlich selbst auf. Er nahm Schauspielunterricht bei Peggy Feury, einer Freundin der Familie, und bekam durch die Vermittlung seines Vaters eine Rolle in einer Folge der TV-Serie *Barnaby*

Die erste Kino-Rolle. Sean Penn mit Timothy Hutton (r.) in ›Taps‹

Jones. Sein Vater war es auch, der ihm in dem Fernsehfilm *Hellinger's Law* seine erste größere Rolle gab. Noch im gleichen Jahr trat er in einem weiteren TV-Film auf. Eine Laufbahn im Fernsehen zeichnete sich ab, doch Sean Penn hörte auf. Er mochte diese Filme nicht, deren Dramaturgie durch die Werbespots bestimmt wurde. Von seinem letzten Geld kaufte er sich ein One-Way-Ticket nach New York, wo er hoffte, an einem der zahlreichen Theater anfangen zu können. Wieder waren es familiäre Beziehungen, die ihm weiterhalfen. Sean Penn erhielt eine Rolle in dem Stück »Heartland«, das drei Wochen später wieder abgesetzt wurde. Aber Sean hatte Glück. Ein Casting-Agent hatte Penn dort gesehen und empfahl ihn dem Regisseur Harold Becker, der nach jungen Darstellern für seinen Film *Taps* suchte.
Sean Penn erhielt die Rolle eines friedfertigen Kadetten der Militärakademie von Bunker Hill. »Sean DeNiro« nannten

ihn seine Schauspielerfreunde bei den Dreharbeiten, weil sie miterlebten, wie Sean aus seiner kleinen Rolle eine bleibende Erinnerung machte. Die Intensität seiner Darstellung beeindruckte alle Beteiligten. Davon hörte auch die Regisseurin Amy Heckerling, die gerade ihren High-School- und Surfer-Film *Fast Times at Ridgemont High* vorbereitete. »Viele sprachen für die Rolle des Jeff Spicoli vor«, erinnerte sie sich, »aber da war etwas an der Präsenz von Sean, was uns sagte, daß er der Richtige und daß da Qualität vorhanden sei.«[1] Der Film über die Nöte einer Clique von Jugendlichen, in dem Penn einen ewig bekifften Surfer spielte, unterschied sich von zahlreichen vergleichbaren Streifen durch die Seriosität, mit der er die (sexuellen) Probleme seiner Protagonisten behandelte. *Fast Times ...* wurde Penns bis heute kommerziell erfolgreichster Film. Um seine Rolle glaubhaft zu verkörpern, hatte er sich wieder in das Milieu seiner frühen Jugend begeben, eignete sich den Slang der Surf-Fanatiker an und legte sich die bleiche Haut eines Drogensüchtigen zu. Auf ähnlich intensive Weise ging er auch seine nächste Rolle an.

Bad Boys spielte in den heruntergekommenen Bezirken von Chicago. »Ich las das Drehbuch und spürte, daß es *wirklich* war. Ich ging in die Bezirke von Chicago, wo wir drehen würden, und dort gab es die Dinge wie in unserem Drehbuch, nur noch härter.«[2] Penn, der einen jugendlichen Delinquenten verkörperte, der in einen Bandenkrieg verwickelt wird, ließ sich sogar am Arm tätowieren, um als Knacki möglichst authentisch zu wirken. Eine Veränderung seiner gesunden Zähne konnte seine Mutter gerade noch verhindern. Wieder erntete Penn, der sich bei den Dreharbeiten nur mit seinem Rollennamen ansprechen ließ, hervorragende Kritiken. Die erstaunliche Intensität des damals zweiundzwanzigjährigen brachte erneut Vergleiche mit Robert DeNiro auf. »Von dem, was über mich geschrieben wird«, äußerte sich Penn, »mag ich diese Robert-DeNiro-Sache überhaupt nicht. Ich glaube, daß es gar keine Rolle spielt. Nur das auf der Leinwand zählt. Man muß mich nicht für einen harten Arbeiter halten. Ich will nur so gut sein, wie ich kann.«[3]

Louis Malle engagierte ihn anschließend in einer ungewöhnlichen Rolle. Sean Penn, der schon Gefahr lief, als jugendlicher Außenseiter auf einen Typ festgelegt zu werden, erschien in der Ganovenkomödie *Crackers* als beschränkter, texanischer Rockmusiker, dessen größte Zier ein Ziegenbart ist.

Surf-Hippie Sean Penn in ›Fast Times at Ridgemont High‹

Malles Film ist eine witzige »Riffifi«-Persiflage, fand aber kaum ein Publikum. Von nun an wirkte Sean Penn in keinem Film mehr mit, der als kommerzieller Erfolg charakterisiert werden könnte. Dennoch stiegen seine Gagen auf eineinhalb Millionen Dollar pro Film. »Natürlich *will* ich, daß meine Filme Geld machen. Ich will große, kommerziell verdammt riesige Hits machen. Ich habe das jedes Mal versucht und ich werde es weiter versuchen. Aber ich möchte es auch auf eine Weise machen, bei der ich mir selbst gegenüber ehrlich bleibe.«[4)]

Zusammen mit Nicolas Cage spielte Penn dann in dem romantischen Nostalgiestück *Racing With the Moon* einen Jungen vom Lande, der sich kurz bevor er in den Zweiten Weltkrieg eingezogen wird, in ein Mädchen (Elizabeth McGovern) verliebt, das er für reich hält, das in Wahrheit aber die Tochter einer Hausangestellten ist. Sean Penn verblüffte einmal mehr durch sein Gespür für physische Details und realistische Performance. Dennoch war er mit Film und Regisseur Richard Benjamin unzufrieden. Auch mit John Schlesinger, unter dem er anschließend in *The Falcon and the Snowman* spielte, geriet er dauernd aneinander. Sean Penn wollte in den gesamten Herstellungsprozeß eines Films einbezogen werden, wollte seine Rolle entwickeln, doch er traf auf Regisseure, die von ihrer Konzeption nicht mehr abwichen. Dennoch lieferte er, zum zweiten Male neben Timothy Hutton spielend, das bedrückend authentisch wirkende Porträt eines rauschgiftsüchtigen Dealers, der mit seinem Freund Staatsgeheimnisse an die Sowjetunion verkauft. Penns Darstellung ist eine Studie über den langsamen Zusammenbruch eines Menschen, dessen großartige Pläne immer tollkühner werden, sich letztlich aber als Drogen-Phantastereien entpuppen. Es war eine sehr konzentrierte Darstellung, die ungeheuer realistisch wirkte. Trotz des Mißerfolgs des Films wurde Penn endgültig zu einem der führenden Charaktermimen. Doch sein Ruhm gründete auf einem anderen Umstand. Er hatte die Popsängerin Madonna geheiratet, und seitdem wurde das Paar von der Sensationspresse auf Schritt und Tritt verfolgt. Penn geriet mehrfach in die Schlagzeilen, weil er Fotografen

Sean Penn als einfältiger Texas-Rocker in ›Crackers‹

tätlich angegriffen hatte. »Sie besetzten dich für deine erste Filmrolle, und die erste große Schlagzeile ist, was du bist. Ich war der böse Junge. Und obwohl ich sehr, sehr hart versuche, ein Privatleben aufzubauen, bin ich schlecht darin. Aber ich glaube, daß in den meisten Fällen, vor allem in meinem, sich die Presse mit meinem persönlichen Leben auf eine Weise auseinandergesetzt hat, die – wie heißt es? – schäbig ist. Wirklich schäbig.«[5] Penn hatte Madonna kennengelernt, als diese unter dem Regisseur James Foley ihr Video *Material Girl* drehte. »Es war nicht ihr Gesang, Musik war immer nur am Rande meines Bewußtseins, aber ich war von ihrem Talent beeindruckt«, erzählte Penn über ihr Zusammentreffen.[6)]Foley wurde der Freund des sensationellen Paares und inszenierte Sean dann auch in dessen bislang ambitioniertestem Film *At Close Range.*

Es ist die wahre Geschichte einer Familientragödie. Brad Whitewood jr. (Penn) und sein jüngerer Halbbruder Tommy (Christopher Penn) leben mit Mutter (Millie Perkins) und Großmutter (Penn-Mutter Eileen Ryan) unter ärmlichen Verhältnissen. Sie kennen ihren Vater (Christopher Walken) kaum. Brad sen. ist ein Gangster, der eines Tages auftaucht und seinen ältesten Sohn zu sich holt. Brad jr. gerät immer stärker in den Bann seines Vaters, droht selbst ein Krimineller zu werden. Zusammen mit seinem Bruder und dessen Freunden unternehmen sie bereits kleine Raubzüge und bringen das Diebesgut ihrem Vater. Als Brad das Mädchen Terry (Mary Stuart Masterson) kennenlernt und sich in sie verliebt, empfindet sein Vater das als Bedrohung. Brad will denn auch die Bande verlassen, doch er wird festgenommen. Aus Furcht, daß ihn sein Sohn verrät, vergewaltigt Brad sen. Terry und erschießt Tommy und dessen Freunde. Als Brad jr. gegen eine Kaution auf freiem Fuß ist und mit Terry die Gegend verlassen will, hetzt sein Vater seine Killer auf ihn. Terry stirbt, doch Brad jr. überlebt und liefert seinen Vater der Polizei aus.

»Ich will mehr Filme über die *wirkliche* Welt sehen. Mit den sogenannten ›eskapistischen‹ oder ›reinen Unterhaltungs‹-Filmen erscheint die Welt so stumpfsinnig, daß man wieder zurückgehen will. Aber ich glaube, die Realität ist unterhaltsamer als die Scheinwelt. Für mich ist die wirkliche Welt das Aufregendste, und was immer an ihr falsch ist, kann geregelt werden. Ich bin ein Optimist.«[7)] Penn, der sich für seine Rolle durch hartes Training eine muskelbepackte Bodybuilder-Figur verpaßt hatte, brachte die schauspielerisch wohl beste Leistung seiner bisherigen Karriere. Er reduzierte sein Spiel auf rein physische Details und verstand es durch sie, komplexe psychologische Vorgänge erkennbar zu machen. Seine Performance ist geprägt durch Konzentration, es ist eine Studie über Faszination und Verrat. Von Beginn an war Penn in die Herstellung des Films einbezogen, um seine Inter-

pretation der Figur mit der Intention seines Regisseurs abzustimmen. Doch der ambitiöse Ästhetizismus Foleys verwässerte häufig genug die einfühlsame psychologische Differenzierung aller Akteure. *At Close Range* wurde zu einem Mißerfolg. Ein noch katastrophalerer Reinfall aber wurde Sean Penns nächstes Unternehmen.
In *Shanghai Surprise* spielte er neben seiner Frau Madonna einen amerikanischen Abenteurer im Shanghai der dreißiger Jahre. Im Mittelpunkt des turbulenten Geschehens steht die Suche nach einigen hundert Kilo Opium, mit denen Madonna als Missionsschwester Kriegsverwundeten helfen will. Der schillernde Krawattenverkäufer Glendon (Penn) hilft ihr eher unfreiwillig bei der Suche und verliebt sich am Ende in die Schwester, die dann auch recht bald ihre Tracht ablegt. Der von George Harrison produzierte Film zeigte Sean Penn

›At Close Range‹ ist Sean Penns persönlichster Film. Mit Mary Stuart Masterson

zum zweiten Male in einer Komödie. Wie in Louis Malles *Crackers* war er sich auch nicht für den lächerlichsten Aufzug zu schade. »Jede Wiederholung ist langweilig«, meinte er über seinen abrupten Wandel nach *At Close Range.* »Ich suche deshalb nach Stoffen, die meine Erfahrung weiterbringen, die für mich unter dem Gesichtspunkt des Neuen aufregend sind.«[8)] Die Dreharbeiten zu *Shanghai Surprise* waren von Beginn an stürmisch. Das Ehepaar Penn/Madonna führte eine Dauerfehde mit der Presse und legte sich mit Produzent und Regisseur an. »Poison Penns« wurde das Paar genannt, dessen Arroganz und Selbstbewußtsein eine Teamarbeit offenbar unmöglich werden ließen. Der Film entpuppte sich denn auch als das Scheitern eines pompösen Anspruchs, dem alle Beteiligten nie gerecht werden konnten. »Dieser Film braucht keine Publicity. Die Leute werden ihn sehen wollen, weil wir darin sind«, erklärte Sean Penn[9)] und weigerte sich, für den Film zu werben. Den Zuschauern indes genügten die beiden Stars nicht. Nach vernichtenden Kritiken verschwand der Film nach wenigen Tagen aus den amerikanischen Kinos. Auch in Europa blieb das Interesse an dem Egotrip des Ehepaares gering. Sean Penn aber drehte in der Folge häufiger durch. Dem Songwriter David Wolinsky schlug er die Nase blutig, nachdem dieser sich von Madonna mit einem Kuß verabschiedet hatte. Penn wurde wegen Körperverletzung zu einer Gefängnisstrafe verurteilt und verstieß wenig später durch rücksichtslose Fahrweise gegen die Bewährungsauflagen. Und bei den Dreharbeiten zu dem Thriller *Colors,* in dem er unter der Regie von Dennis Hopper einen Polizisten spielt, schlug er einen Statisten, der ihn prompt anzeigte. Während Ehefrau Madonna auf ihrer »Who's That Girl«-Welttournee Erfolge feierte (der gleichnamige von James Foley inszenierte Film war dagegen ein Reinfall), saß Sean Penn im Gefängnis, aus dem er nur für die Dreharbeiten zu *Judgement in Berlin,* den er mit Vater Leo drehte, freigelassen wurde. Sean Penns Karriere ist an einem kritischen Punkt angelangt. Seine Filme waren in kommerzieller Hinsicht nie sonderliche Erfolge. Doch immer konnte er durch die Intensität seiner Darstellung die Kritik begeistern. Immer konnte

Das Ehepaar Penn/Madonna in dem Riesenflop ›Shanghai Surprise‹

er auch durch die Vielseitigkeit seines Talents beeindrucken. Mittlerweile aber scheint diese Intensität nur noch sein Privatleben auszuzeichnen. Sean Penn, von dem sich Madonna inzwischen scheiden lassen will, droht sich zu verlieren. Er entwickelt sich zum tragischen Fall eines jungen Stars, der mit den Anforderungen seines frischen Ruhms, mit der Hysterie der Presse und dem exzessiven Verschleiß durch die Intensität, mit der er in seinen Rollen aufgeht, nicht mehr zurechtkommt.

Anmerkungen

1) Margy Rochlin. The Two Faces of Sean Penn. In: American Film, Vol. II No. 6, April 1986
2) Paul Wilson. Spotlight on Bad Boy Sean Penn. In: Photoplay, July 1983
3) Christopher Connelly. Bad Boy. Slab Boy. Everyboy. In: Rolling Stone, 26.3.1983
4) Margy Rochlin, a.a.O.
5) ebda.

[6] Joan Goodman. Penn and Pal. In: Sunday Magazine, News of the World, 1.6.1986

[7] Paul Wilson, a.a.O.

[8] Jean-Paul Chaillet. Sean Penn. L'insoumis. In: Première, Januar 1987

[9] Victor Davis. The Poison Penns. In: Daily Express, 28.2.1986

Filmographie

1979

Barnaby Jones (TV-Serie 1973–79)
Episode: SCHOOL OF TERROR
Regie: Kenneth C. Gilbert
Darsteller: Buddy Ebsen, Lee Meriwether, Mark Shera, SEAN PENN

1980

Hellinger's Law (TV)
Regie: Leo Penn
Darsteller: Telly Savalas, Melinda Dillon, Rod Taylor, James Sutorius, Morgan Stevens, Janet DuBois, SEAN PENN

The Killing of the Randy Webster (TV)
Regie: Sam Wanamaker
Darsteller: Hal Holbrook, Dixie Carter, James Whitmore jr., Jennifer Jason Leigh, Nancy Malone, SEAN PENN

1981

Taps (Die Kadetten von Bunker Hill)
Regie: Harold Becker
Darsteller: George C. Scott, Timothy Hutton, Ronny Cox, SEAN PENN (Alex Dwyer), Tom Cruise

Fast Times at Ridgemont High (Ich glaub, ich steh im Wald)
Regie: Amy Heckerling
Darsteller: SEAN PENN (Jeff Spicoli), Jennifer Jason Leigh, Judge Reinhold, Phoebe Cates, Brian Backer

1982

Bad Boys (Bad Boys)
Regie: Rick Rosenthal
Darsteller: SEAN PENN (Mick O'Brien), Reni Santoni, Jim Moody, Eric Gurry, Esai Morales, Ally Sheedy

Crackers (Crackers)
Regie: Louis Malle
Darsteller: Donald Sutherland, Jack Warden, SEAN PENN (Dillard), Wallace Shawn, Trinidad Silva, Larry Riley

1983

Racing with the Moon (Die Zeit verrinnt – Die Navy ruft)
Regie: Richard Benjamin
Darsteller: SEAN PENN (Henry »Hopper« Nash), Elizabeth McGovern, Nicolas Cage, Jahn Karlen, Rutanya Alda

1984

The Falcon and the Snowman (Der Falke und der Schneemann)
Regie: John Schlesinger
Darsteller: Timothy Hutton, SEAN PENN (Daulton Lee), Lori Singer, Pat Hingle, Joyce van Patten, Macon McGalman

1985

At Close Range (Auf kurze Distanz)
Regie: James Foley
Darsteller: SEAN PENN (Brad Whitewood jr.), Christopher Walken, Mary Stuart Masterson, Christopher Penn, Millie Perkins, Eileen Ryan

1986

Shanghai Surprise (Shanghai Surprise) (Großbritannien)
Regie: Jim Goddard
Darsteller: Madonna, SEAN PENN (Glendon Wasey), Paul Freeman, Richard Griffiths, Philip Sayers

1987

Colors (Colors – Farben der Gewalt)
Regie: Dennis Hopper
Darsteller: Robert Duvall, SEAN PENN, Maria Conchita Alonso

Judgement in Berlin (TV)
Regie: Leo Penn
Darsteller: Martin Sheen, SEAN PENN

Molly Ringwald

»Molly ist eine wirkliche, echte Weltklasse-Schauspielerin.«

Ellen Burstyn

»Golly, Miss Molly« (Donnerwetter, Miß Molly!), überschrieb der *Rolling Stone* einen Artikel über Hollywoods ungekrönte Teenie-Queen Molly Ringwald. Die renommierte Kritikerin Pauline Kael attestierte ihr eine »charismatische Normalität«, und der Superstar und Frauenheld Warren Beatty ist ihr Fan seit ihrem ersten Leinwandauftritt. Da war sie gerade vierzehn. Molly Ringwald überragte andere Teenager-Stars, sie war die Herrscherin eines eigenen Universums, »Mollywood«. Sie ließ das jugendliche Kinopublikum Schlange stehen und blieb bei denen, die die Dreißig überschritten haben, nahezu unbekannt. Sie war eine Trendsetterin. Ihr Aussehen, das flammendrote Haar, Sommersprossen, ein großer, verführerischer Schmollmund, durch Lippenstift noch verstärkt – fand unzählige Nachahmerinnen unter den weiblichen Teenagern. Für ihre Anhänger, die »Ringlets«, war sie der ultimative Prototyp der Jugend. Manche Kritiker sahen in ihr gar die Marlene Dietrich des *Brat Pack*. Nun ist sie eine junge Erwachsene mit Ansprüchen an sich selbst und andere, und der Erfolg ist weg. Vorerst jedenfalls. Molly Ringwald wurde 1968 in Sacramento geboren. Ihr Vater Bob, seit seinem zehnten Lebensjahr blind, spielte in einer Jazzband Piano. Schon als Dreijährige stand Molly, das jüngste von drei Kindern, auf der Bühne und sang. Da konnte sie kaum sprechen. Mit sechs Jahren hatte sie ihre erste Platte, »Molly Sings«, aufgenommen. Ihre Vorbilder waren die schwarzen Blues- und Jazzsängerinnen Billie Holliday und Ella Fitzgerald. »Als ich ein kleines Kind war, dachte ich, daß ich als Schwarze aufwachsen und in Nachtclubs singen würde.«[1] Daneben aber hatte Molly schon ein ausgeprägtes Interesse fürs Theater entwickelt. Fünfjährig stand sie zum er-

Die Herrscherin von »Mollywood«. Teenieprinzessin Molly Ringwald in ›Pretty in Pink‹

sten Mal auf der Bühne, in »Alice in Wonderland«. Ein Jahr darauf war sie in Truman Capotes »The Grass Harp« zu sehen, wenig später dann der erste Fernsehauftritt in *The New Mickey Mouse Club*. Ganze neun Jahre war sie alt, als sie in dem Musical »Annie« die Kate spielte. Der sich abzeichnende Erfolg ihrer jungen Tochter veranlaßte die Ringwalds, nach Los Angeles umzuziehen, ins San Fernando Valley, dessen Prinzessin, das *Valley Girl*, Molly dann werden sollte. Vater Bob erhoffte sich durch den Umzug bessere Auftrittsmöglichkeiten für seine *Great Pacific Jazz Band*, bei der seine Tochter gelegentlich auch noch auftrat, als sie bereits ein Star war. Außerdem konnte sich Mollys schauspielerische Karriere nur dort entwickeln, wo die Fernseh- und Filmindustrie ansässig ist, eben in Hollywood. In der kurzlebigen TV-Serie *The Facts of Life* bekam Molly nach dem Umzug eine Rolle. »Ich war am Boden zerstört«, erzählte Molly über die Absetzung der Show, »aber meine Mutter hielt es für das Beste, und sie hatte recht. Ich arbeitete ein Jahr nicht, was mir die Chance gab, ein großes Stück zu wachsen.«[2)] Dann besetzte Regisseur Paul Mazursky sie als die rebellische Tochter von John Cassavetes und Gena Rowlands in seiner modernen Shakespeare-Verfilmung *The Tempest.* »Sie war sofort interessant. Sie kam mit ihrem Vater, was schon interessant genug war«, erinnerte sich Mazursky an Mollys Vorsprechen. »Beide waren entspannt, und sie hatte keine Angst vor mir. Sie schien echt zu sein. Also traf ich sie wieder. Ich fragte sie beim zweiten Interview dasselbe wie beim ersten, und sie sagte: ›Sie haben mich das schon mal gefragt!‹ Sie war *nicht* wie eine Schauspielerin.«[3)] »Ich kam herein, und Paul sagte mir, daß er für jede Dummheit, die ich erzählte, einen Penny nach mir werfen würde«, schilderte Molly Ringwald später ihre entscheidende Begegnung. »Was ich auch sagte, plink, er warf sie einfach weiter. Schon bald warf er Nickel, Quarters und Dollars, und ich redete einfach weiter. Als das Interview vorüber war, bückte ich mich, sammelte das ganze Geld auf und steckte es in meine Tasche. Er fragte mich, ob er sein Geld zurückhaben könne, und ich sagte ›Nein‹.«[4)] Molly Ringwald bekam die Rolle und machte Furore als frühreife Dreizehnjährige. 1982 erhielt sie eine Nominierung für den Golden Globe. Nicht nur Warren Beatty wurde auf den kessen Teenager mit den Sommersprossen aufmerksam. Auch der Autor und Regisseur John Hughes hatte seine Traumbesetzung gefunden. Mit Mollys Bild an seinem Computer schrieb er innerhalb kürzester Zeit seinen Debütfilm *Sixteen Candles.* Auftakt einer ebenso fruchtbaren wie erfolgreichen Zusammenarbeit. Molly hatte inzwischen in dem Science-fiction-Film *Spacehunter* eine Hauptrolle gespielt, doch der eigentliche Durchbruch gelang ihr erst mit *Sixteen Candles.*

Für Samantha (Ringwald) ist der Tag ihres sechzehnten Geburtstages ein großes Ereignis. Endlich kein Kind mehr, sondern ein Teenager auf der Schwelle zum sexuellen Erwachen. Doch ihre Familie, mit der bevorstehenden Hochzeit ihrer älteren Schwester, den Großeltern und anderen Dingen beschäftigt, vergißt den großen Tag Samanthas. Die hat zudem noch ein Bündel anderer Probleme. Zunächst wird sie dauernd von ihrem Verehrer »The Geek« (Anthony Michael Hall) verfolgt, der ihr schließlich sogar ihren Slip abschwatzt, und dann scheint sie bei dem Beau ihrer Schule (Michael Schoeffling) keine Chance zu haben. Nur einen Kuß, ihren ersten überhaupt, will sie von ihrem Schwarm haben, doch als der Junge sie anspricht, verschlägt es ihr förmlich die Sprache, und sie rennt davon. Größtes Problem für ihr Selbstbewußtsein aber ist ihr zu kleiner Busen, auch wenn sie da keinen ranlassen würde. Am Ende aber gehen alle Träume Sa-

Als John Cassavetes' aufsässige Tochter in ›The Tempest‹

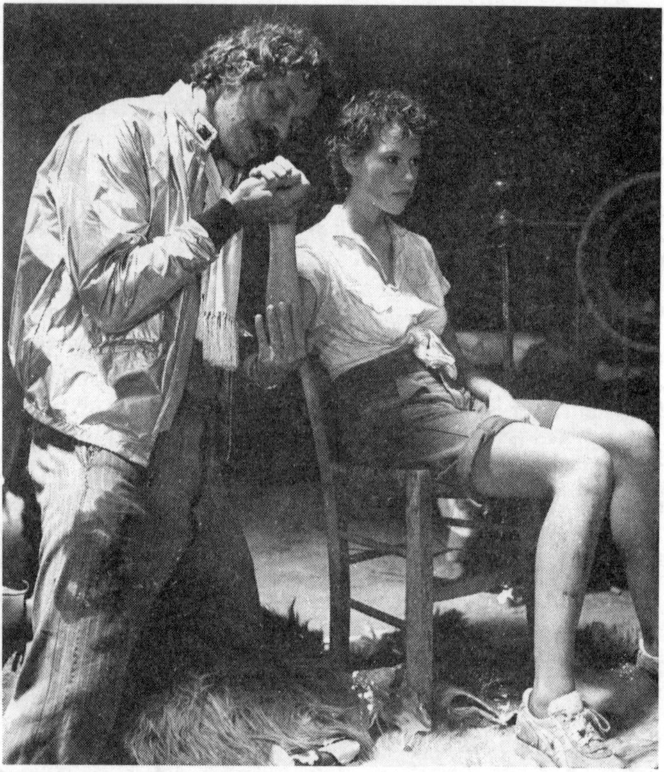

Als frühreife Nymphe in ›The Tempest‹. Mit Raul Julia

manthas in Erfüllung. Die Eltern erinnern sich an ihren Geburtstag, und der Sunnyboy erwartet sie in seinem Sportwagen. »You're only sixteen and a teenage queen«, singen die *Stray Cats* und beschreiben exakt Mollys Image. Dialoge und behutsame Regie hoben den Film über andere Teenager-Streifen hinaus. John Hughes, damals selbst erst anfang dreißig und immer noch mit seiner Jugend beschäftigt, besaß ein unfehlbares Gespür für die Träume, Sorgen und Freuden der mittelständischen, weißen Jugendlichen aus den friedvollen Suburbs. Bei ihm kamen keine bedrohlichen Punks und sadi-

Als Schulprinzessin in ›The Breakfast Club‹

stischen Schläger vor, sein Kosmos war beschwingt und pink. In seiner »Molly-Trilogie« folgte alsbald *The Breakfast Club*, in dem Molly Ringwald die Schulprinzessin verkörperte. Doch sie muß, ebenso wie ein Rebell (Judd Nelson), ein Sportler (Emilio Estevez), ein Streber (Anthony Michael Hall) und ein häßliches Entlein (Ally Sheedy), an einem Samstag in der Schule nachsitzen. Ihr Daddy fährt sie im BMW vor, und in der Frühstückspause packt sie Sushi aus der Tüte. Sie heißt Claire, und ihr größtes Problem ist, so beliebt zu sein. Doch in ihrem Inneren nagt, daß sie von ihren Eltern nicht beachtet wird. Im Laufe des Tages kommen, wie bei den anderen auch, ihre Probleme ans Tageslicht. »Sie besitzt diese großartige Fähigkeit, Dinge auszudrücken, ohne ein Wort zu sagen«, urteilte ihr Partner Judd Nelson über sie. »Sie läßt dich für einen Augenblick in ihr Inneres hineinblicken. Und dann, wenn sie es will, klappt sie wieder zu.«[5] Tatsächlich beeindruckte Molly Ringwald durch ihre Fähigkeit, scheinbar mühelos Emotionen zu wechseln und auszudrücken. Manchmal wirkt sie wie ein offenes Buch, doch im nächsten Augenblick erscheint sie wieder geschlossen. »Ich war überrascht von ihrer natürlichen Begabung«, meinte die Oscar-Preisträgerin Ellen Burstyn über ihre junge Kollegin aus dem zuvor gedrehten TV-Film *Surviving.* »Sie scheint intuitiv zu verstehen, was eine Szene braucht, und sie bringt es hervor. Ich bin seit langer Zeit nicht mehr so von einer jungen Schauspielerin beeindruckt gewesen, wenn überhaupt, und ich glaube, sie wird eine absolut große Schauspielerin – und ein Star. Sie wird die Art von Vollendung wie Marilyn Monroe erreichen.«[6] Hughes' *The Breakfast Club* wurde ein großer Erfolg bei amerikanischen Teenagern, die den größten Anteil der Kinobesucher stellen. In Europa fiel der Erfolg geringer aus, vor allem deshalb, weil bestimmte Verhaltensweisen, Probleme und Schuleigenheiten hier anders sind.

Molly Ringwalds natürliche Fähigkeit – sie hatte nie eine Schauspielausbildung genossen –, Unschuld, Verführung, Angst und Selbstbewußtsein im steten Wechsel darzustellen, ihre frische Unbekümmertheit und die legere Art ihrer Bewegungen verschafften ihr eine dominierende Leinwandpräsenz. »Als eine bankable Attraktion an den Kinokassen besitzt Molly eine eigenständige Klasse. Jetzt kommt das Publikum, um einen ›Molly-Ringwald-Film‹ zu sehen«, meinte John Hughes.[7] Endgültig Amerikas ungekrönte Teenie-Queen wurde Molly Ringwald dann durch ihre dritte Zusammenarbeit mit Hughes. *Pretty in Pink* stellte eine Lebensdevise dar, der eine ganze Generation weißer Mittelschichtskinder folgen konnte. Molly war plötzlich ein Trendsetter, ihre ausgefallene Kleidung in dem von Howard Deutch inszenierten, aber von Hughes geschriebenen und produzierten Film fand, wie Madonnas Spitzen-Trikotage, unzählige Nachahmer. Hughes, der »Spielberg der Teen-Comedy« genannt, traf mit seiner anrührenden Geschichte der fixen, eigenwilligen Andie Walsh (Ringwald) exakt das Zeitgefühl. Die Story ist nicht neu. Andie, aus armem Elternhaus, mit einem arbeitslosen Vater (Harry Dean Stanton) geschlagen und von dem anhänglich-aufdringlichen Duckie (Jon Cryer) verfolgt, ist die Außenseiterin an ihrer Schule. Zudem verliebt sie sich noch in den reichen Blane (Andrew McCarthy), der ihre Gefühle erwidert, aber Angst hat, sie vor seiner Clique zuzugeben, auf die Andie wie ein rotes Tuch wirkt. Als er sich dann noch vor der versprochenen Einladung zum Abschlußball drückt, greift Andie, die von einem großen Haus und romantischer Liebe träumt, zur Selbsthilfe. *Pretty in Pink* feierte den Mut zur Individualität und hatte in Molly Ringwald eine

Auch wenn sie hier allen zu Füßen liegt – Molly Ringwald ist Hollywoods uneingeschränkte Teenie-Queen

Interpretin, die alle widerstreitenden Gefühle der Protagonistin zu einem harmonischen Ensemble vereinigte und der es gelang, eine poetische Anmut auf die Leinwand zu zaubern. Von Sex beispielsweise wird da nur geredet, Molly blieb in ihren Filmen die Unberührbare. Ein Kuß war erlaubt, mehr nicht. Das hatte mit der Realität vielleicht nicht viel gemein, doch es schuf einen Traum von der bewahrten Unschuld. Nach *Pretty in Pink* löste sich Molly Ringwald von ihrem »Hausregisseur«. In New York unternahm sie einen wenig erfolgreichen Ausflug an den Broadway, bevor sie dann in dem von Warren Beatty initiierten *The Pick Up Artist* mitwirkte. Der von James Toback inszenierte Film unterschied sich kaum von ihren bisherigen Erfolgen. Molly spielte eine junge Frau, die für ihren versoffenen Vater (Dennis Hopper) sorgt und versucht, für dessen Spielschulden aufzukommen. Sie schämt sich, ihr Zuhause einem hartnäckigen Verehrer (Robert Downey jr.) zu zeigen. Am Ende aber erliegt sie dem Charme dieses kunstvollen Aufreißers (Pick Up Artist), der nicht nur in ihr seine Traumfrau sieht, sondern ihr auch bei ihren Problemen hilft. Molly Ringwald wußte erneut zu überzeugen. Zum ersten Male spielte sie eine junge Erwachsene, und ihr gelang es, ihre »charismatische Normalität« zu bewahren. Doch die Zeiten haben sich geändert. Vorbei sind die Träume einer rosaroten Jugend, die Realität ist grau, aber Molly ist noch zu sehr in ihrer Vergangenheit, in ihrem Image der Teenie-Queen verfangen. Das traf auch für ihren folgenden Film *For Keeps* zu, den der *Rocky*-Regisseur John G. Avildsen realisierte. Noch einmal spielte Molly darin einen High-School-Teenager, der sich plötzlich mit einer Schwangerschaft konfrontiert sieht. Beide Filme hatten nur mäßigen Erfolg. Das Publikum wollte seine Prinzessin offenbar nicht in komplexeren oder problematischeren Rollen sehen. Es hatte die Schauspielerin Molly Ringwald noch nicht hinter dem Image entdeckt. Das Idol der Jugend tut sich schwer, erwachsen zu werden. Vielleicht kann sie in einem seit langem mit Warren Beatty geplanten Projekt, der Verfilmung des Lebens der an Drogen gestorbenen Andy-Warhol-Gefährtin Edie Sedgwick, ihren notwendigen Wandel vollziehen. Es würde die größte Herausforderung in ihrer Karriere darstellen, eine Herausforderung, bei der die reine, unschuldige Molly ihre ganze Persönlichkeit zur Disposition stellen müßte. Und das nicht nur, weil die Rolle zahlreiche Sexszenen verlangt, die sie bislang immer abgelehnt hat. Doch es wäre eine Rolle, die die Teenager-Prinzessin zur wahren Schauspielerin wachsen ließe.

Anmerkungen

1) Richard Corliss. Well, Hello Molly! Meet Hollywood's new teen princess. In: Time, 26.5.1986
2) ebda.
3) Hillary Johnson. Golly, Miss Molly. In: Rolling Stone, 28.5.1985
3) Richard Corliss, a.a.O.
5) ebda.
6) Hillary Johnson, a.a.O.
7) Richard Corliss, a.a.O.

Filmographie

1979–80

The Facts of Life (TV-Serie)

1980

P. K. and the Kid (Born to be wild – Kid Kane) (TV)
Regie: Lou Lombardo
Darsteller: Paul LeMat, Molly Ringwald (P. K.), Alec Rocco

1982

The Tempest (Der Sturm)
Regie: Paul Mazursky
Darsteller: John Cassavetes, Gena Rowlands, Susan Sarandon, Vittorio Gassman, Raul Julia, Molly Ringwald (Miranda)

Spacehunter: Adventures in the Forbidden Zone (Spacehunter – Jäger im All)
Regie: Peter Strauss
Darsteller: Molly Ringwald (Niki), Ernie Hudson, Andrea Marcovicci, Michael Ironside, Beeson Carroll

Packin' It In (TV)
Regie: Jud Taylor
Darsteller: Richard Benjamin, Paula Prentiss, Tony Roberts, Kenneth McMillan, Andrea Marcovicci, MOLLY RINGWALD

1983

Sixteen Candles (Das darf man nur als Erwachsener)
Regie: John Hughes
Darsteller: MOLLY RINGWALD (Samantha), Anthony Michael Hall, Michael Schoeffling, Paul Dooley, Justin Henry

1984

Surviving (TV)
Regie: Waris Hussein
Darsteller: Ellen Burstyn, Len Cariou, Zach Calligan, Marsha Mason, MOLLY RINGWALD, Paul Sorvino, River Phoenix

The Breakfast Club (Breakfast Club – Der Frühstücksclub)
Regie: John Hughes
Darsteller: Emilio Estevez, Judd Nelson, Anthony Michael Hall, MOLLY RINGWALD (Claire Standish), Paul Gleason, Ally Sheedy

1985

Pretty in Pink (Pretty in Pink)
Regie: Howard Deutch
Darsteller: MOLLY RINGWALD (Andie Walsh), Harry Dean Stanton, Jon Cryer, Andrew McCarthy, Annie Potts, James Spader

1987

The Pick Up Artist
Regie: James Toback
Darsteller: MOLLY RINGWALD (Randy Jensen), Robert Downey jr., Dennis Hopper, Danny Aiello, Harvey Keitel

For Keeps (Maybe Baby – Am Anfang war der Klapperstorch)
Regie: John G. Avildsen; Darsteller: MOLLY RINGWALD (Darcy), Randall Batinkoff, Miriam Flynn, Kenneth Mars

1988

Fresh Horses
Regie: David Anspaugh; Darsteller: MOLLY RINGWALD, Andrew McCarthy, Patti D'Arbanville, Ben Stiller, Doug Hutchison

Ally Sheedy

Ihr blasser Teint wird von kräftigen Sommersprossen bedeckt. Ihr Haar ist braun wie ihre großen Augen, aus denen die Unschuld spricht. Sie scheint keiner Fliege etwas zuleide tun zu können, und sie paßt perfekt ins Milieu der weißen Mittelschicht. Ally Sheedy ist das typische Mädchen von nebenan. Keine auffallende Schönheit, aber hübsch. Ein Mädchen, eine junge Frau, die weiß, was sie will, und die ihre Ziele durchsetzt, ohne großes Aufsehen zu erregen. Ally Sheedy gehörte zum engeren Kreis des *Brat Packy,* doch sie fiel am wenigsten auf, weil sie nie selbst im Mittelpunkt stand.
Ally Sheedy wurde am 13. Juni 1962 in New York geboren. Ihr Vater war in der Werbung tätig, ihre Mutter ist die Feministin und literarische Agentin Charlotte Sheedy. »Meine Mutter war eine der frühen Mitglieder der Frauenbewegung. Sie nahm an Friedensmärschen teil. Sie trennte sich von meinem Vater – und reichte die Scheidung ein –, lange bevor das öffentliche Bewußtsein solch ein Handeln akzeptierte. Sie zog uns alleine auf und arbeitete an ihrer eigenen Karriere. Sie war wirklich temperamentvoll, aber sie war eine echte Kämpferin für die Rechte der Frauen und der alleinstehenden Eltern. Und mit all dem zog sie mich auf.«[1)] Ally besuchte die École Française und die Bank Street School, beides Eliteschulen in New York. Sie wuchs in der typischen Atmosphäre der Ostküstenintellektuellen auf und bildete schon als Kind viele Interessen aus. Als sie sechs Jahre alt war, begann sie, im American Ballett Theatre zu tanzen. Sie spielte im Schultheater mit und in Produktionen des Equity-Theaters. Als zwölfjährige machte sie Furore durch die Veröffentlichung des Kinderbuches »She Was Nice to Mice«, in dem eine Maus aus dem Buckingham Palace berichtet, in dem gerade Queen Elizabeth I. regierte. Das Buch brachte so viel Geld ein, daß Ally später davon ihr Studium teilfinanzieren konnte. Zeitschriften wie *Village Voice, The New York Times* und *Ms.* veröffentlichten Artikel von der jungen Autorin, die mittlerweile

das Tanzen aufgegeben hatte. »Plötzlich, als ich größer wurde, entdeckte ich, daß ich nicht die Figur einer Primaballerina hatte. Ich hätte Fastendiäten machen und richtig an einer langen, schlanken Figur arbeiten müssen, das konnte ich nicht. Ich wollte es auch nicht. Also richtete sich mein Blick aufs Schauspielen.«[2] Die Umstellung wurde ihr leichtgemacht, denn durch ihre Auftritte im Fernsehen – unter anderem in der *Mike Douglas Show* nach dem Erscheinen ihres Buches – hatte Ally das Interesse einer Agentin erregt, die ihr sogleich Auftritte in Werbespots verschaffte. Ein Burger-King-Spot war ihr Debüt vor einer Kamera. Kleine Rollen in den Nachmittags-TV-Specials folgten. An ihrem achtzehnten Geburtstag zog Ally Sheedy dann nach Los Angeles. Sie schrieb sich in dem Dramakurs der University of Southern California ein und jobbte als Kellnerin. Nur für kurze Zeit, denn schon bald bekam sie kleine Rollen in Fernsehfilmen. »Es war hart, diese kleinen Rollen zu spielen und die Tatsache zu akzeptieren, daß es nicht mein Film war. Aber ich lernte eine Menge, indem ich erfahrenere Schauspielerinnen wie Melissa Gilbert und Jennifer Jason Leigh beobachtete.«[3] 1982 verschaffte ihre Agentin ihr einen Vorsprechtermin bei Regisseur Rick Rosenthal, der nach einer Schauspielerin für die weibliche Hauptrolle in seinem Jugenddrama *Bad Boys* suchte. Ally Sheedy bekam den Part von J. C. Walenski, eines netten Mädchens, das aus einem üblen Viertel kommt und mit dem jugendlichen Delinquenten Mick (Sean Penn) befreundet ist. J. C. wird von einer Streetgang überfallen, geschlagen und vergewaltigt, doch sie muß ihre Probleme ohne jede Hilfestellung alleine bewältigen. J. C. ist kein Mädchen, das sich so schnell unterkriegen läßt. Ally Sheedy erledigte ihre Aufgabe mit Anstand. Es war nur eine Nebenrolle, doch sie verstand es, ihrem Charakter eine eigenständige Note zu verleihen. Dies gelang ihr auch in ihrem nächsten Film *War Games*.

Ally Sheedy spielte darin wiederum die Freundin des Helden. Dieses Mal war es Matthew Broderick, der als computerbegabter Junge die Welt vor dem dritten Weltkrieg bewahrte. Ally machte aus der Rolle der Jennifer, die ihrem Boy auch

Noch mit langen Haaren. Ally Sheedy als Freundin des Computer-Hackers Matthew Broderick in ›WarGames‹

folgt, als es gefährlich für sie wird, das ansprechende Porträt eines Teenagers, der starken Willen und Störrigkeit zur sympathischen Impertinenz vereint. Schon nach zwei Filmen hatte sich Ally Sheedys Leinwandbild geformt. Sie wurde zum Mädchen mit dem starken Willen und einem Hang zur Romantik. In dem mißratenen *Oxford-Blues* spielte sie anschließend eine junge Studentin, die unbedingt in den von Jungen beherrschten Ruderclub will. Nur *The Breakfast Club* stellte eine Ausnahme von ihren bisherigen Rollen dar. »Ich möchte viele verschiedene Rollen spielen. Ich möchte Charaktere mit Problemen darstellen, und ich möchte weiter von anderen lernen.«[4] In John Hughes' Film über eine Gruppe höchst unterschiedlicher Schüler verkörperte Ally Sheedy die Rolle der Allison Reynolds, eines sehr merkwürdigen Mädchens, das zunächst kein Wort spricht und sich hinter ihren ins Gesicht hängenden Haaren und einer Kapuze versteckt. Die anderen werden erst auf sie aufmerksam, als sie laut und vernehmlich an ihren Fingernägeln kaut. In einer anderen Szene läßt sie aus ihrem Haar ihre Schuppen als Schnee auf eine gemalte Landschaft rieseln. Berühmt aber wurde ihre Szene, in der sie die Wurst vom Frühstücksbrot nimmt, wegwirft, die Toastscheiben statt dessen mit Zucker bestreut und anschließend dazwischen Crackers zerdrückt. Als die anderen Schüler nach und nach von ihren Problemen und dem Grund, weshalb sie nachsitzen müssen, erzählen, taut auch die verschlossene Allison auf. Sie schockiert ihre Mitschüler durch die Mitteilung, freiwillig nachzusitzen und außerdem eine Nymphomanin zu sein. Am Ende taucht, nach einer kosmetischen Hilfestellung durch die Schulprinzessin Molly Ringwald, eine völlig veränderte Allison auf. Endlich hat sie die Beachtung gefunden, die sie bei ihren Eltern vermißte. Und aus dem häßlichen Entlein wurde das hübsche Mädchen von nebenan, das als brave Schwiegertochter beste Figur macht. Ally Sheedys Rolle war die kleinste in dem Ensemblestück des *Brat Pack.* Doch sie gefiel durch die Mysteriosität, die sie um sich herum kreierte. Und sie beeindruckte durch ihren Mut zur Häßlichkeit.

Die nette Tochter einer durchschnittlichen Familie spielte sie anschließend in dem Midlife-Crisis-Film *Twice in a Lifetime,* in dem sie miterlebt, wie die Ehe ihrer Eltern scheitert, während sie selbst gerade vor ihrer Hochzeit steht. Der rührselige Film beeindruckte weniger durch seine Geschichte als durch die schauspielerischen Leistungen seiner Akteure. Wieder war es für Ally Sheedy nur eine Nebenrolle, doch sie verstand es, das realistische Porträt eines kleinbürgerlichen Mädchens zu entwerfen, ohne in Sentimentalität oder Überheblichkeit abzugleiten. Immer bewußter schien sich Ally in Rollen zu begeben, die eine neue Natürlichkeit darstellten. Dabei ließ sie ihre eigene Persönlichkeit außen vor. Sie perfektionierte ihre schauspielerischen Fähigkeiten in einem Maße, daß es dazu verführte, sie mit ihren Charakteren zu verwechseln. »Ihr Ego spielt nie mit«, urteilte Joel Schumacher, der Regisseur ihres nächsten Films, *St. Elmo's Fire.* »Immer dient sie dem Stück. Sie kam mit ihren eigenen Dialogen, die besser waren als die im Drehbuch. Ihr einziges Ziel ist, zum Charakter zu werden und die Verantwortung ihrer Wahl zu erfüllen.«[5] In *St. Elmo's Fire* verkörperte Ally Sheedy die Rolle einer jungen Frau, die versucht, sich zu emanzipieren. Leslie Humphries ist von Beruf Architektin. Sie lebt mit ihrem College-Freund Alec (Judd Nelson) zusammen, der eine politische Karriere anstrebt und sie zur Heirat drängt. Doch Leslie will zunächst ihr eigenes Leben erfahren und trennt sich von Alec, als dieser ihre Hochzeit ankündigt, ohne sie zuvor gefragt zu haben. Zusätzlich erfährt sie von seinen zahlreichen Seitensprüngen. Sie hat eine Affäre mit dem stillen Kevin (Andrew McCarthy), zieht sich aber zurück, als auch der Besitzansprüche anmeldet. Am Ende entscheidet sie sich für ein Leben allein. »Alle Charaktere, die ich gespielt habe, haben gemeinsam, daß sie sich innerlich verändern, daß sie auf dem

Mit Steve Guttenberg (r.) und Fisher Stevens in ›Short Circuit‹

Ally Sheedy mit ihrem mehrfachen Partner Judd Nelson. Hier in ›Blue City‹

Weg zu einem besseren Selbstverständnis sind. Wie ich.«[6] Der Erfolg von *St. Elmo's Fire* legte Ally Sheedy endgültig fest auf die Rollen moderner junger Frauen. Sie spielt diese Figuren mit überzeugender Natürlichkeit, mehr Abbilder der

Realität als eigenständige Kreationen. Sheedy bleibt zurückhaltend in ihren Gefühlen, was sie etwa von Sissy Spacek unterscheidet, mit der sie allerdings den Realismus des Spiels gemeinsam hat. Katherine Hepburn ist ihr großes Vorbild, und wie diese überzeugt Ally Sheedy am ehesten in der Rolle der echten, selbstbewußten, modernen Frau. Sie blieb auch in ihren nächsten Filmen dieser Rollentypologie treu. In der Ross-MacDonald-Verfilmung *Blue City,* inszeniert von ihrer Freundin Michelle Manning, schlägt sie sich auf die Seite ihres Jugendfreundes (Judd Nelson), als der die Ermordung seines Vaters aufklären will. In ihrem bislang größten Erfolg, *Short Circuit,* mimte sie die eigenständige, selbstsichere Jessie, die von den Männern und ihren Besitzansprüchen die Nase voll hat und sich in einen vermenschlichten Roboter verliebt hat. In der Komödie *Maid to Order* war sie eine Tochter aus reichem Haus, die unvermittelt mit der Schattenseite des Lebens konfrontiert wird und sich als Hausmädchen bewähren muß.
Ally Sheedys Karriere ist inzwischen zum Spiegelbild der Veränderung geworden, die die Jugend im letzten Jahrzehnt durchgemacht hat. Anfangs porträtierte sie rebellische Kids, später dann Heranwachsende im Konflikt mit den Eltern und schließlich den neokonservativen weiblichen Yuppie. Noch immer aber ist sie eine Schauspielerin, die ihre Rollen überzeugend spielt und die dennoch auf merkwürdige Weise kaum wahrgenommen wird. Sie ist eine typische Mainstream-Schauspielerin, wandelbar und geschmeidig, immer auf der Fährte eines Trends, ohne selbst einen ins Leben zu rufen.

Anmerkungen

1) US-Presseheft »War Games«
2) US-Presseheft »Bad Boys«
3) Jeffrey Lantos. Ally's Comet. The meteoric rise of Hollywood's busiest young actress. In: American Film, November 1985
4) ebda.
5) ebda.
6) Esther B. Fein. Ally Sheedy's Film Career Tracks the Image of Youth in the 1980's. In: The New York Times, 22.6.1986

Filmographie

1981

The Best Little Girl in the World (TV)
Regie: Sam O'Steen
Darsteller: Charles Durning, Eva Marie Saint, Jennifer Jason Leigh, Melanie Mayron, Viveca Lindfors, ALLY SHEEDY

The Day the Loving Stopped (TV)
Regie: Daniel Mann
Darsteller: Dennis Weaver, Valerie Harper, Dominique Dunne, James Canning, ALLY SHEEDY, Sam Groom

Splendor in the Grass (TV)
Regie: Richard Sarafian
Darsteller: Melissa Gilbert, Cyril O'Reilly, Ned Beatty, Eva Marie Saint, Michelle Pfeiffer, Jim Youngs, ALLY SHEEDY

The Violation of Sara McDavid (TV)
Regie: John Llewellyn Moxey
Darsteller: Patty Duke Aston, Ned Beatty, James Sloyan, Vernee Watson, Victoria Racimo, Richard Venture, ALLY SHEEDY

1982

Bad Boys (Bad Boys)
Regie: Rick Rosenthal
Darsteller: Sean Penn, Reni Santoni, Jim Moody, Eric Gurry, Esai Morales, ALLY SHEEDY (J. C. Walenski), Clancy Brown

War Games (Wargames – Kriegsspiele)
Regie: John Badham
Darsteller: Matthew Broderick, Dabney Coleman, John Wood, ALLY SHEEDY (Jennifer), Barry Corbin, Juanin Clay

1984

Oxford Blues
Regie: Robert Boris
Darsteller: Rob Lowe, ALLY SHEEDY, Julian Sands, Amanda Pays, Michael Gough, Aubrey Morris, Gail Strickland

The Breakfast Club (Breakfast Club – Der Frühstücksclub)
Regie: John Hughes
Darsteller: Emilio Estevez, Judd Nelson, Anthony Michael Hall, Molly Ringwald, Paul Gleason, ALLY SHEEDY (Allison Reynolds)

1985

Twice in a Lifetime (Zweimal im Leben)
Regie: Bud Yorkin
Darsteller: Gene Hackman, Ann-Margret, Ellen Burstyn, Amy Madigan, ALLY SHEEDY (Helen), Rachel Street, Brian Dennehy

St. Elmo's Fire (St. Elmo's Fire – Die Leidenschaft sitzt tief)
Regie: Joel Schumacher
Darsteller: Emilio Estevez, Rob Lowe, Andrew McCarthy, Demi Moore, Judd Nelson, ALLY SHEEDY (Leslie Humphries), Mare Winningham

Blue City (Blue City)
Regie: Michelle Manning
Darsteller: Judd Nelson, ALLY SHEEDY (Annie Rayford), David Caruso, Paul Winfield, Scott Wilson, Anita Morris, Julie Carmen

Short Circuit (Nummer 5 lebt)
Regie: John Badham
Darsteller: ALLY SHEEDY (Stephanie), Steve Guttenberg, Fisher Stevens, G. W. Bailey, Austin Pendleton

1986

Maid to Order (Traumfrau vom Dienst)
Regie: Amy Jones
Darsteller: ALLY SHEEDY (Jessie Montgomery), Beverly D'Angelo, Michael Ontkean, Valerie Perrine, Tom Skerritt, Dick Shawn

Außerdem Auftritte in TV-Specials und -Shows, u. a. in **The Late Great Me, I Want to Have My Baby, Homeroom, We Are the Children** (1986)

Charlie Sheen

Der Erfolg kam überraschend. Nach fast einem Dutzend Filmen war Charlie Sheen plötzlich in aller Munde. Ursache war das Vietnamepos *Platoon,* in dem er die Hauptrolle spielte. Doch Charlie Sheen war auch zuvor kein Unbekannter. Mit seinen damals einundzwanzig Jahren war er fast schon ein Veteran, konnte auf eine große Vielfalt von Charakteren verweisen, die er bereits verkörpert hatte. Die kräftige Figur, die leicht verkniffenen braunen Augen und das buschige dunkle Haar geben ihm kein unverwechselbares Aussehen, doch sein Talent ist auffällig.
Der 1965 in New York geborene Sohn des Schauspielers Martin Sheen (richtig: Estevez) wurde in eine Filmfamilie geboren. Von Kindesbeinen an konnte er hautnah beobachten, was Schauspielerei heißt. Nach dem Umzug seiner Familie nach Hollywood stand er selbst zunächst hinter der Kamera. In Hunderten von Super-8-Filmen agierten seine Freunde Sean und Christopher Penn, Rob und Chad Lowe sowie Bruder Emilio Estevez und Vater Martin. »Als alle anderen Kids surften, Dope rauchten und verrückt spielten, haben wir unsere Amateurfilme gemacht. Nie gab es ein Drehbuch, alles war nur Improvisation.«[1)] Aus einem 16-mm-Werk namens »R. P. G.« wurde inzwischen der auf 35 mm gedrehte »R. P. G. II«. Charlie Sheens Ambitionen reichen über den Starstatus, den er seit 1987 innehat, hinaus. Doch sein erstes Interesse hatte dem Baseball gegolten. »Wenn ich kein Schauspieler geworden wäre, würde ich jetzt sicherlich auf dem College Baseball spielen.«[2)] Statistenrollen an der Seite seines Vaters in *The Execution of Private Slovik, Apocalypse Now* und *Enigma* änderten seine Meinung. Charlie Sheen wollte seinem Vater und seinem älteren Bruder Emilio nacheifern. Inzwischen ist er der erfolgreichste von ihnen. Eine klassische Schauspielausbildung machte er nicht, Vater Martin blieb der einzige Lehrer. »Es wäre eine Untertreibung, zu behaupten, daß ich von meinem Vater schauspielerisch nicht

Sohn Charlie hat den Erfolg seines Vaters Martin Sheen übertroffen. In ›Wall Street‹ spielen beide zusammen

beeinflußt worden wäre. Er ist der einzige, dem ich zuhöre. Wenn es darum geht, einen Charakter zu verstehen, eine Rolle zu interpretieren, eine Szene oder einen Augenblick, ist er der beste aller lebenden Schauspieler.«[3] Wie die meisten seiner jungen Kollegen sammelte auch Sheen erste Erfahrungen in den Theaterproduktionen seiner High School in Santa Monica. An Burt Reynolds' Dinner Theatre für junge Talente spielte er erfolgreich die Rolle des Billy Bibbet in »One Flew Over the Cuckoo's Nest«. Seine erste bedeutendere Filmrolle spielte er dann in John Milius' Hetzwerk *Red Dawn*. Wie manch anderer spätere Jungstar verkörperte Sheen ebenfalls einen fast noch kindlichen Partisanen, der es der russischen Besatzungsarmee schwer macht. Die Rolle gab schauspielerisch nicht viel her, Sheen besaß noch keine Ausdruckskraft, die ohnehin in einer Action-Rolle nicht gefordert war, doch seine Karriere hatte einen (in den USA) erfolgreichen Start und entwickelte sich in atemberaubender

Geschwindigkeit. Nach einem Fernsehfilm mit Rob Lowes Bruder Chad erhielt er gleich eine Hauptrolle.
Die Kultregisseurin Penelope Spheeris besetzte ihn in ihrem sozialkritischen *The Boys Next Door* als Bo Richards, der davon träumt, endlich einmal einem Mädchen an die Wäsche zu können. Doch Bo und sein Freund Roy (Maxwell Caulfield) sind Außenseiter an ihrer Schule, die sie frühzeitig verlassen, um in einer Fabrik arbeiten zu gehen. Beide stammen aus ärmlichen Verhältnissen, werden zu keiner Party eingeladen und machen sich deshalb an ihrem letzten Wochenende vor Arbeitsbeginn auf einen Trip nach Los Angeles. Es wird ein Alptraum-Trip. Roys angesammelte Aggressionen explodieren; sie überfallen eine Tankstelle, ermorden einen Schwulen, der sie mit in seine Wohnung nahm, töten ein Liebespärchen, weil Bo bei dem Mädchen keine Chance hatte, und schließlich erschlägt Roy auch noch die Frau, bei der Bo endlich seinen sehnlichsten Wunsch erfüllt sah – eine blutige Spur sinnloser Morde, bestimmt durch dumpfen Haß auf eine Gesellschaft, die ihnen die Teilnahme zu verweigern scheint. Am Ende erschießt Bo seinen wahnsinnig gewordenen Freund und wird von der Polizei abgeführt. Charlie Sheen gelang es, bei seiner Figur die Entwicklung von der Unzufriedenheit zur sinnlosen Brutalität glaubhaft nachzuzeichnen. Er entwarf das stimmige Porträt eines jugendlichen Außenseiters, bei dem sich die ständigen Zurückweisungen und unerfüllten sexuellen Phantasien zu einem explosiven Gemisch vereinigen. Die Jugendrebellion der fünfziger Jahre, die romantische Attitüde der James-Dean-Generation mutiert in seiner Darstellung zu einem Charakterbild der No-Future-Kids, denen die eigene Chancenlosigkeit stets vor Augen geführt wird. Seine Wandlungsfähigkeit stellte der junge Schauspieler gleich anschließend in der romantischen Komödie *Lucas* unter Beweis. Das Regiedebüt des vormaligen Drehbuchautoren David Seltzer erzählte zwar die übliche Geschichte vom Jungen, der ein Auge auf die Neue in der Stadt geworfen hat, vermied aber weitgehend die stereotype Schematisierung vergleichbarer Filme. Corey Haim, Kerri Green und Charlie Sheen trugen mit ihrer subtilen, realistischen Darstellungs-

weise das Ihre dazu bei, Klischees zu vermeiden. Nach Kurzauftritten in *Ferris Bueller's Day off* und *Wisdom,* dem Regiedebüt seines Bruders Emilio Estevez, übernahm Charlie Sheen eine weitere Hauptrolle, die seine Vielseitigkeit zwar unterstrich, aber keine Bereicherung darstellte. »Wenn man auf einen Charakter festgelegt wird, erwarten die Leute nur das eine und sind schnell gelangweilt. Ich will die Leute überraschen. Ich will Bullen spielen, Räuber, Killer, Liebhaber und Homosexuelle.«[4] In *The Wraith* spielte er einen jungen Mann, der aus dem Jenseits zurückkommt, um sich an seinen Mördern, einer wilden Bande von Sportwagen-Freaks, zu rächen. Dabei erscheint und verschwindet er mit seinem schwarzen Turbo Interceptor, wie es das Drehbuch konstruierte und die Special-Effects erlaubten. Von den geradlinigen kalifornischen Freeways verschlug es ihn dann in den unübersichtlichen Dschungel der Philippinen, wo der Vietnamfilm *Platoon* entstehen sollte. »Als ich in Manila aus dem Flugzeug stieg, passierte etwas Komisches. Derselbe schimmelige Geruch, der die Luft in Manila erfüllte, traf mich. Das

Eine erste größere Rolle spielte Charlie Sheen (r.) in dem antikommunistischen Hetzwerk ›Red Dawn‹. Mit Patrick Swayze (l.) und C. Thomas Howell

brachte mich zehn Jahre zurück. Ich mußte stehenbleiben und eine Minute darüber nachdenken, was ich vor zehn Jahren mit meinem Vater und Coppolas Film erlebt hatte. Es war seltsam, zurückzukommen, um meinen eigenen Vietnamfilm zu machen.«[5)]

Der Regisseur und Drehbuchautor Oliver Stone, ein Vietnamveteran, mußte fast zehn Jahre darum kämpfen, seine Erfahrungen in einem Film umsetzen zu können. Zunächst hatte er Emilio Estevez für die Hauptrolle des jungen Rekruten Chris vorgesehen, aus dessen Perspektive die Geschichte erzählt wird. Doch Finanzierungsschwierigkeiten verhinderten den für 1983 geplanten Drehbeginn, und so erhielt Charlie Sheen die Rolle, für die er zuvor noch zu jung gewesen war. Der College-Student Chris hat sich freiwillig nach Vietnam gemeldet, getrieben von dem diffusen Gefühl, die Armen und Farbigen dort nicht allein lassen zu können. Doch er kommt in eine Welt, deren Regel die Brutalität ist. Die Soldaten verdrängen ihre Zweifel und Ängste durch Alkohol und Rauschgift. Zwei Sergeants dominieren das Platoon: Barnes (Tom Berenger), ein Killertyp, und Elias (Willem Dafoe), der Nachdenkliche. Zwischen ihnen ist Chris hin- und hergerissen. An sich selbst muß er feststellen, wie weit die Brutalisierung gehen kann, auch er wird zum Mörder. Bei einem Angriff der Vietcong kommen fast alle seine Kameraden ums Leben. Verletzt wird Chris am Ende ausgeflogen. Stone zeichnete in *Platoon* ein äußeres Inferno, gewaltigen Feuerzauber, dem sich schließlich die betroffenen (amerikanischen) Soldaten nicht mehr entziehen können. Sie werden zu Killern, zu Monstern und schlottern dabei selbst vor Angst. Geläutert, so legt es der Film nahe, kommt Chris aus dem Dschungel zurück.

Stone hatte seine Darsteller zwei Wochen vor Drehbeginn ein militärisches Training unter der Anleitung ehemaliger Vietnamkriegsteilnehmer absolvieren lassen. Das machte *Platoon* erschreckend authentisch und forderte seinen Schauspielern ausgezeichnete Leistungen ab. »Aber wenn ich ehrlich bin«, meinte Charlie Sheen später, »hatte ich nur ein paar Augenblicke in diesem Film, mit denen ich zufrieden war.

Durch den Vietnam-Film ›Platoon‹ wurde Charlie Sheen (l.) zum internationalen Star

Man bemüht sich, Verbesserungen keinen Raum zu geben, aber es gibt unausweichlich doch einige Dinge, die man besser machen könnte.«[6] Der Film gewann mehrere Oscars und wurde 1987 zu einem überraschenden Kinoschlager. Charlie Sheen sah sich zum neuen Superstar Hollywoods hochstilisiert. Für die meisten unerwartet, hatte er Hauptrollen doch bislang nur in Filmen gespielt, die sowohl minderwertig wie relativ erfolglos waren. Bevor er erneut in einem Oliver-Stone-Film, in *Wall Street,* eine darstellerisch ansprechende Leistung brachte, war er wieder in einigen mehr als mittelmäßigen Filmen zu sehen. In dem Road Movie *Three for the Road* spielte Sheen den Assistenten eines Senators mit dem Auftrag, dessen wilde Tochter (Kerri Green) in ein Heim zu bringen. Unterwegs verliebt er sich in seinen Schützling, und

Auch ein (Jung-)Star ist vor Mißerfolgen nicht gefeit. Charlie Sheen (l.) mit Alan Ruck in dem Flop ›Three for the Road‹

aus dem glatten Yuppie wird ein (wenig überzeugender) Rebell. In *No Man's Land* verkörperte er einen Nachtclubmanager, der zugleich Chef einer auf Porsche spezialisierten Autoknackerbande ist. Erst in *Wall Street* ließ er wieder erkennen, daß sein frischer Ruhm nicht unbegründet war. Als Bud Fox ist er ein typischer Yuppie. Er arbeitet bei einem Aktienhändler und träumt davon, mit dem Finanzhai Gordon Gekko (Michael Douglas) ins Geschäft zu kommen. Das gelingt ihm auch, doch er spürt nicht, wie er dabei seine Seele verkauft. Fast zu spät erkennt Bud, daß Geld nicht nur Macht und Reiz besitzt, sondern auch eine Gefahr darstellen kann. Charlie Sheen konnte als ehrgeiziger Yuppie zwar überzeugen, doch der Vergleich mit Douglas und seinem Vater Martin Sheen, der auch im Film seinen Vater verkörperte, zeigte, daß er erst am Anfang einer eigenen schauspielerischen Entwicklung steht. Noch fehlt ihm die Persönlichkeit und, noch wichtiger, die Präsenz auf der Leinwand. Bei Charlie Sheen zeigt sich die Tendenz, die Person hinter der Rollenfigur zu verlieren, ohne daß diese Rolle mit wirklichem Leben erfüllt würde. Deshalb wirkt er in seinen Filmen immer ein wenig unbeteiligt, seine Miene drückt meist Überraschung, selten aber echte Gefühle aus. Charlie Sheen ist ein Schauspieler der Funktion, der nur agiert, aber nicht reagiert. Er wirkt meist isoliert, eine wirkliche Interaktion mit seinen Mitspielern kommt nur selten zustande. Trotz seiner Rollenvielfalt – nach *Wall Street* spielte er in *Eight Men Out* einen Baseballspieler, der in den authentischen Black-Sox-Korruptionsskandal von 1919 verwickelt ist – zeigte Sheen bislang nur geringe Fähigkeit zur wirklichen Veränderung. Ob dies für einen Superstar der neunziger Jahre, für den er vielfach gehalten wird, reicht, werden erst seine nächsten Filme erweisen können.

Anmerkungen

1) Garry Bushell. The Girls I Love to Love. In: The Sun, 27.4.1987
2) US-Presseheft »Platoon«
3) Leonora Langley. Charlie Sheen: On the Razor's Edge. In: Hollywood Reporter, 13.4.1987
4) ebda.
5) US-Presseheft »Platoon«
6) Leonora Langley, a.a.O.

Filmographie

1974

The Execution of Private Slovik (TV)
Regie: Lamont Johnson
Darsteller: Martin Sheen, Mariclare Costello, Ned Beatty, Gary Busey, Matt Clark, Ben Hammer, CHARLIE SHEEN (Joseph)

1978

Apocalypse Now (Apocalypse Now)
Regie: Francis Coppola
Darsteller: Marlon Brando, Robert Duvall, Martin Sheen, Frederic Forrest, Albert Hall, Dennis Hopper, CHARLIE SHEEN (Statist)

1981

Enigma (Enigma)
Regie: Jeannot Szwarc
Darsteller: Martin Sheen, Sam Neill, Brigitte Fossey, Michel Lonsdale, Derek Jacobi, Charlie Sheen (Statist)

1983

Grizzly II – The Predator
Regie: keine Angabe; Darsteller: Charlie Sheen

Red Dawn (Die rote Flut)
Regie: John Milius; Darsteller: Patrick Swayze, C. Thomas Howell, Lea Thompson, Charlie Sheen (Matt), Darren Dalton, Jennifer Grey, Ben Johnson, Harry Dean Stanton

1984

Silence of the Heart (TV)
Regie: Richard Michaels; Darsteller: Mariette Hartley, Dana Hill, Howard Hesseman, Chad Lowe, Silvana Gallardo, Charlie Sheen

The Boys Next Door (Blind Rage)
Regie: Penelope Spheeris
Darsteller: Maxwell Caulfield, Charlie Sheen (Bo Richards), Hank Garrett, Christopher McDonald, Patti d'Arbanville

1985

Lucas (Lucas)
Regie: David Seltzer
Darsteller: Corey Haim, Kerri Green, Charlie Sheen (Cappie), Courtney Thorne-Smith, Winona Ryder, Thomas E. Hodges

Ferris Bueller's Day off (Ferris macht blau)
Regie: John Hughes
Darsteller: Matthew Broderick, Alan Ruck, Mia Sara, Jeffrey Jones, Jennifer Grey, Charlie Sheen (Garth Volbeck)

1986

Wisdom (Wisdom)
Regie: Emilio Estevez
Darsteller: Emilio Estevez, Demi Moore, Tom Skerritt, Veronica Cartwright, William Allen Young, Charlie Sheen

The Wraith (Interceptor)
Regie: Mike Marvin
Darsteller: CHARLIE SHEEN (Jake Kasey), Nick Cassavetes, Randy Quaid, Griffin O'Neal, Sherilyn Fenn, Matthew Barry

Platoon (Platoon)
Regie: Oliver Stone
Darsteller: Tom Berenger, Willem Dafoe, CHARLIE SHEEN (Chris), Forest Whitacker, Francesco Quinn, Kevin Dillon

Three for the Road (Three for the Road)
Regie: Bill W. L. Norton
Darsteller: CHARLIE SHEEN (Paul Tracy), Kerri Green, Alan Ruck, Sally Kellerman, Raymond J. Barry, Blair Tefkin

1987

No Man's Land
Regie: Peter Werner
Darsteller: CHARLIE SHEEN (Ted Varrick), D. B. Sweeny

Wall Street (Wall Street)
Regie: Oliver Stone
Darsteller: Michael Douglas, CHARLIE SHEEN (Bud Fox), Daryl Hannah, Martin Sheen, Hal Holbrook, Terence Stamp

Young Guns
Regie: Christopher Cain
Darsteller: Emilio Estevez, Lou Diamond Phillips, Kiefer Sutherland, CHARLIE SHEEN, Dermott Mulroney, Terence Stamp, Jack Palance

R. P. G. II
Regie: CHARLIE SHEEN
Darsteller: Clint Howard, Johnny Depp, Dolph Lundgren

Eight Men Out
Regie: John Sayles
Darsteller: CHARLIE SHEEN, John Cusack, Studs Terkel

Außerdem TV-Special **Jack London's California** und eine Episode der TV-Serie **Amazing Stories** (1985; Produktion: Steven Spielberg)

Lori Singer

Hochaufgeschossen, fast dürr, lange Beine und lange blonde Haare – Lori Singer zählt zu den Verführerinnen im Hollywoodkino der achtziger Jahre. Man könnte sie aufgrund ihres Äußeren leicht mit Daryl Hannah verwechseln, doch Lori Singer besitzt eigenes Profil. Sie verkörpert die Unschuld ebenso wie erotische Laszivität. Dennoch ist sie eine Akteurin, die ernst genommen werden will. In ihren wenigen Filmen bewies sie eine erstaunliche Vielfalt. Sie beeindruckte als rebellische Tochter, als sexy Agentin, als scheue Provinzschönheit und Mutter sowie als herumstreunende Ausgeflippte.

Zunächst schien es, als würde die 1962 im texanischen Corpus Christi geborene Lori Singer eine andere künstlerische Laufbahn einschlagen. Sie ist die Tochter des Dirigenten Jacques Singer und der Pianistin Leslie Singer. Als Sechsjährige begann sie, selbst ein Instrument zu spielen. Drei Jahre später entschied sie sich fürs Cello, mit dem sie, dreizehnjährig, ihr Debüt beim Oregon Symphony Orchestra gab. Sie war außerordentlich talentiert, und so war es keine Überraschung, daß sie an der Juilliard School of Music in New York aufgenommen wurde. Vielleicht noch bekannter ist Juilliard durch seine Schauspielkurse, in denen unter anderem Kelly McGillis studiert hat. Neben ihrem Musikunterricht nahm Lori Singer das Angebot wahr und besuchte einen Schauspielkurs. »Ich habe die Schauspielerei schon geliebt, als ich noch klein war. Möglicherweise wurde ich auch durch den Umstand ermutigt, daß mein Bruder Marc Schauspieler war.«[1)] Marc Singer spielte Hauptrollen in dem Film *Beastmaster* und später in der TV-Serie *V.* Durch eine befreundete Schauspielerin erfuhr Lori von der Besetzung für die Fernsehserie *Fame.* Sie entschied sich, für eine Rolle vorzusprechen. Mit Erfolg. Unter zweitausend Kandidaten wurde sie zunächst für einen kleineren Part als angehende Tänzerin ausgewählt, erhielt dann aber als Cello-Studentin eine größere Rolle. Zu dieser Zeit hatte sie bereits Konzerttourneen quer durch die USA und

Lori Singer als rebellisches Provinzmädchen in ›Footloose‹. Mit onduliertem Haar und Kevin Bacon an der Seite

einen Auftritt in Caracas hinter sich. Im Schulorchester war sie die erste Cellistin, und zugleich verdiente sie sich als Mannequin zusätzliches Geld. Ihre Rolle in *Fame* verlangte keine größere schauspielerische Anstrengung – sie mußte einfach sich selbst darstellen. »Das ästhetische Erlebnis ist das gleiche«, erläuterte sie ihre beiden Begabungen, »nur die Stoffe sind verschieden. In dem einen Medium drückt man sich durch die Musik aus, im anderen durch seinen Körper.«[2)] Persönliche Erfahrungen konnte sie auch in ihre nächste Rolle einbringen. Der Fernsehfilm *Born Beautiful* spielte im Milieu der Mannequins, die in der New Yorker Modeindustrie den Erfolg suchen. Doch es war ihre Rolle in *Fame,* ihr darstellerisches wie tänzerisches Talent, das den Regisseur Herbert Ross auf sie aufmerksam machte, als er seinen Film *Footloose* besetzte.

Lori Singer bekam darin die Rolle der Ariel. Sie ist die Tochter des Reverends (John Lithgow) in einer Kleinstadt im amerikanischen Mittleren Westen, da, wo es besonders konservativ zugeht. Ihr Vater ist der Anführer der moralischen Mehrheit, die das Verbot von Rockmusik und Tanzveranstaltungen durchgesetzt hat und die sogar vor Bücherverbrennungen nicht zurückschreckt. Es kommt Unruhe in die Stadt, als Ren (Kevin Bacon) aus der Großstadt dorthin zieht. Ariel fühlt sich zu ihm hingezogen, doch auch ohne ihn war sie die Wildeste in der Stadt, die die Verbote ihres Vaters so häufig wie möglich zu umgehen versuchte. In Ren findet sie endlich einen Gleichgesinnten, der nicht nur Mut besitzt, sondern auch tanzen kann. Gemeinsam kämpfen beide in der Folge dafür, eine Tanzveranstaltung in der Stadt durchzuführen. Was ihnen am Ende auch gelingt. Die einflußreiche New Yorker Kritikerin Pauline Kael fand für den Film wenig freundliche Worte, hob aber Lori Singer aus dem Kreis der Darsteller hervor. Der weltweite Erfolg des stellenweise im Ästhetizismus eines Videoclips gedrehten Films machte aus Lori Singer einen überraschenden Newcomer-Star. Doch das junge Talent ruhte sich auf seinen Lorbeeren keineswegs aus. Eine Nebenrolle als Timothy Huttons Freundin in *The Falcon and the Snowman* deutete bereits ihren Rollenwechsel an. Sie spielte ein kalifornisches Durchschnittsmädchen, das an einer Kinokasse arbeitet und nicht merkt, daß ihr Freund ein Spion ist. »Nach ›Fame‹ und ›Footloose‹ wurden mir immer nur diese Teenager-Rollen angeboten. Es ist wirklich angenehm, einmal eine Erwachsene zu spielen.«[3)]
Ihre herbe Erotik setzte Lori Singer in der Komödie *The Man With One Red Shoe* ein, in dem sie eine Agentin verkörperte, die den harmlosen Violinisten Tom Hanks zuerst beschattet, sich dann aber in ihn verliebt. Der Film war ein armseliges Remake des französischen Komödienklassikers *Le grand blond avec une chaussure noire* (Der große Blonde mit dem schwarzen Schuh; Regie: Yves Robert; 1972), demonstrierte aber Singers komödiantische Fähigkeiten in einer Story, die sich ebenso chaotisch wie konfus präsentierte. Von einer ganz anderen Seite zeigte sie sich noch im selben Jahr. Alan Ru-

dolph besetzte sie in seinem stilisierten und etwas verquasten Melodram *Trouble in Mind* in der Rolle der Georgia. In der schwer durchschaubaren Geschichte voller Anspielungen und Rückverweise blieb Lori Singer der Garant des Natürlichen. Sie wirkt unbeholfen und sexy zugleich. Ihre Gefühle finden nur schwer an die Oberfläche, denn sie hat Angst, enttäuscht zu werden. Als sie mit ihrem Mann (Keith Carradine) und ihrem Kind in die Großstadt kommt, versucht sie ihre Aufrichtigkeit zu bewahren, während ihr Mann in die Kriminalität abrutscht. Der Ex-Cop Hawks (Kris Kristofferson) verliebt sich in sie, doch Georgia bleibt zurückhaltend, denn sie ist immer noch verheiratet. Lori Singer erstaunte durch

Als Freundin des »Falken« Timothy Hutton hatte Lori Singer in ›The Falcon and the Snowman‹ kaum Gelegenheit zu glänzen.

Unbeholfen und sexy zugleich. Lori Singer in ›Trouble in Mind‹

die Gefühlsbreite ihrer Darstellung. Sie benötigte dazu keine übertriebene Mimik, sie überzeugte durch Details, durch Blicke und Gesten, durch die Art, wie sie alltägliche Dinge verrichtete und dabei eine innere Würde ausstrahlte. Ihr denkwürdiger Auftritt wurde indes nur von wenigen wahrgenommen. *Trouble in Mind* wurde ebenso ein Reinfall wie ihr

anschließender Film, die Low-Budget-Produktion *Made in USA*.
Doch für Lori Singer zählt in erster Linie die schauspielerische Herausforderung. Sie will kein Star sein, sondern eine ernsthafte Darstellerin. Deshalb spielt sie ohne Scheu in Filmen mit, deren Budget begrenzt ist. *Made in USA* ist ein Road Movie. Doch seine Schauplätze sind fern jeglicher Romantik oder landschaftlicher Schönheit. Die Reise der Protagonisten führt durch ein Amerika, das von rücksichtsloser Umweltverschmutzung gekennzeichnet ist. »Die Anne ist eine Traumrolle«, sagte Lori Singer über ihren Part, »sie hat etwas von mir. Auch sie ist eine politisch sehr engagierte Person, vor allem mit der zunehmenden Umweltverschmutzung setzt sie sich sehr auseinander. Denn ihr Vater ist durch Dioxin ums Leben gekommen, sie selbst lebt in der Furcht, mißgebildete Kinder zur Welt zu bringen.«[4)] Erneut konnte Lori Singer die Vielfältigkeit ihres Talentes aufzeigen. Sie ist ausgeflippt, sexy, gefährlich und unberechenbar. Ihre Mimik demonstriert Selbstbewußtsein und zugleich Unsicherheit – Lori versteht es, Widersprüche in Harmonien zu verwandeln. Das macht sie zu einer großen und vielversprechenden Darstellerin. In dem einstündigen Popvideo des *Miami Vice*-Stars Don Johnson, das zur Promotion von dessen Solo-LP »Heartbeat« entstand, zeigte sie sich ebenso wie in dem romantischen *Summer Heat* dann wieder von ihrer verführerischen Seite. Die harmlosen Sexszenen mit Johnson indes hatten in den USA Proteste seitens der Moralhüter zur Folge, weshalb »Heartbeat« auf Kassette ein größerer Hit wurde als im Fernsehen. Ihre Liebesszenen in dem romantischen *Summer Heat* dagegen waren offensichtlich nicht aufreizend genug, um der konventionellen Dreiecksgeschichte zwischen einer Frau und zwei Männern zum Erfolg zu verhelfen. Der Film verschwand ebenso rasch aus den Kinos, wie er gedreht worden war. Obgleich Lori Singers Karriere in der jüngsten Vergangenheit einige Sprünge aufwies, wird sie ihren Weg machen. Ihr Talent ist offensichtlich, ihre darstellerische Ausdrucksbreite erstaunlich. Was ihr bislang fehlte, sind Filme, in denen ihr Können von fähigeren Regisseuren eingesetzt wird.

Anmerkungen

[1] US-Presseheft »Footloose«
[2] ebda.
[3] Judy Klemesrud. Adult Version of Lori Singer in ›Red Shoe‹. In: New York Times, 19.7.1985
[4] Jürgen Tiedt. Sexy Verführerin. In: Hollywood, Nr. 8/1987

Filmographie

1982

Fame (Fame – Wege zum Ruhm) (TV-Serie)
Created by: Christopher Gore
Darsteller: Debbie Allen, Gene Anthony Ray, Lee Curreri, Tommy Aguilar, LORI SINGER, P. R. Paul

Born Beautiful (TV)
Regie: Harvey Hart
Darsteller: Erin Gray, Polly Bergen, Ed Marinaro, LORI SINGER, Ellen Barber, Judith Bancroft

1984

Footloose (Footloose)
Regie: Herbert Ross
Darsteller: Kevin Bacon, LORI SINGER (Ariel), John Lithgow, Dianne Wiest, Christopher Penn

The Falcon and the Snowman (Der Falke und der Schneemann)
Regie: John Schlesinger
Darsteller: Timothy Hutton, Sean Penn, LORI SINGER (Lana), Pat Hingle, Joyce van Patten, Macon McCalman, Richard Dysart

1985

The Man With One Red Shoe (Der Verrückte mit dem Geigenkasten)
Regie: Stan Dragoti
Darsteller: Tom Hanks, Dabney Coleman, LORI SINGER (Maddy), Charles Durning, Carrie Fisher, Jim Belushi

Trouble in Mind (Trouble in Mind/Juwelenfieber)
Regie: Alan Rudolph
Darsteller: Kris Kristofferson, Keith Carradine, LORI SINGER (Georgia), Genevieve Bujold, Joe Morton, Divine

1986

Made in USA (Made in USA)
Regie: Ken Friedman
Darsteller: Adrian Pasdar, Christopher Penn, LORI SINGER (Annie), Jacqueline Murphy, Judy Baldwin, Dean Paul Martin

Heartbeat (Video)
Regie: John Nicolella
Darsteller: Don Johnson, LORI SINGER, David Carradine, Sandahl Bergman, Willie Nelson

1987

Summer Heat (Summer Heat)
Regie: Michie Gleason
Darsteller: LORI SINGER (Roxy), Anthony Edwards, Bruce Abbott, Kathy Bates, Clu Gulager

Helen Slater

»Sie hat die wunderbaren Qualitäten, die auch Grace Kelly hatte und in ihre Rollen brachte.«

Herbert Ross

Gleich ihre erste Rolle verlangte Übermenschliches von ihr. Unter Tausenden von Bewerbern auf der ganzen Welt wurde die unscheinbare, blonde Helen Slater für die Hauptrolle in einer Multi-Millionen-Dollar-Produktion ausgesucht. *Supergirl* hieß der Film, und Helen Slater war der Star. Doch sie war keine Eintagsfliege, wie die gigantische PR-Kampagne um *Supergirl* nahelegte. Bislang waren nur wenige Filme mit ihr zu sehen, und in jedem stellte sie eine neue Seite ihres zweifellos vorhandenen Talentes vor – Versuche, mehr als nur ein Abbild zu sein. Helen Slater, das blonde Lächeln aus der weißen Mittelschicht, irgendwie aseptisch und asexuell wirkend, gilt als Hollywoods ganz große Hoffnung für die Zukunft.

Der Wunsch, Schauspielerin zu werden, kam noch auf der Schule. Helen Slater spielte in einer Schulaufführung von »The Sound of Music« mit. Die Schauspielerei erschien der am 15. Dezember 1963 als Tochter eines Fernsehangestellten geborenen Helen Schlacter, so ihr eigentlicher Name, als Ausweg aus einer Misere. »Bis dahin war ich fürchterlich einfältig und zu dämlich, um eine schwungvolle Cheerleaderin zu sein. Außerdem hatte ich auseinanderstehende Zähne und strähniges Haar, sah einfach nicht gut genug aus, um überhaupt Eindruck zu machen.«[1)] Doch mit fünfzehn, nach der Scheidung ihrer Eltern und dem Umzug an New Yorks East Side Manhattan, gelang es ihr, an der School of Performing Arts aufgenommen zu werden, die durch den Film *Fame* berühmt war. Drei Jahre lang lernte die unattraktive Blonde dort Schauspielerei, Tanz, Klavier und Gesang. Außerdem studierte sie noch bei Lee Strasberg und Stella Adler. Eine Ausbildung, die Respekt abnötigte. Immerhin wurden für die School of Performing Arts nur siebzig aus dreitausend

Das Supergirl

ausgewählt. Helen Slater wollte es nach ihrem Schulabschluß zunächst im Musikbereich versuchen, entschloß sich dann aber doch zur Schauspielerei. Sie lächelte in einem Werbespot für *Corn Flakes* und arbeitete eine Zeitlang als Fotomodell. »Ich haßte das! Ich scheiterte als Cover-Girl und trug statt dessen Boxhandschuhe und bot ein Kartoffelrezept in einer Kochwerbung an.«[2] Eine winzige Rolle in irgendeiner der lokalen Soap-Operas ließ ebensowenig Perspektive erkennen. Helen Slaters Karriere schien sich nur in eine Richtung zu bewegen, nach unten. Mädchen, die ebensoviel Talent hatten wie sie, gab es zu Tausenden. Nichts machte die dürre Blonde außergewöhnlich. Da hörte sie von der Suche nach dem Supergirl. Mit der Kreditkarte ihres Vaters kaufte sie die Utensilien für die irdische Figur der Linda Lee und ein rotes Cape für die des Supergirl. »Zuerst kam sie als Linda Lee herein, das Haar zurückgekämmt und sehr schlicht aussehend«, erinnerte sich der Regisseur Jeannot Szwarc. »Wir fühlten alle einen Stich in unserem Magen, weil wir sie für die perfekte Linda hielten. Dann ging sie nach nebenan, zog sich ihr Supergirl-Kostüm an und kam herein. Auch wenn ihr Aufzug sehr lächerlich war, wußten wir sofort, daß sie unser Mädchen war. Sie sah aus, als sei sie Supergirl und nicht jemand, der sich nur verkleidet.«[3] Helen Slater bekam die Rolle und wurde sogar für zwei Fortsetzungen unter Vertrag genommen. Doch zunächst mußte sie sich physisch verändern. In dem zugrundeliegenden Comic-Strip erscheint Supergirl nämlich als kräftige, vollbusige Amazone. Helen Slater war das genaue Gegenteil. Mit Hilfe eines Bodybuilding-Trainers legte sie innerhalb von drei Monaten an Gewicht, Muskeln und Busen zu.

Supergirl, die Geschichte von Supermans Cousine Kara, die ebenfalls zur Erde kommt, um gegen das Böse zu kämpfen, stammte von den *Superman*-Produzenten. Durch dessen Erfolg angeregt, planten sie einen weiteren Höhenflug. Doch es wurde eine mehr als dreiundzwanzig Millionen Dollar teure Bruchlandung. Helen Slater, die sich neben einer imponierenden Schar erlesener Hollywood-Größen achtbar aus der Affäre gezogen hatte und tapfer durch das Desaster geflogen war, fand sich vor eine merkwürdige Situation gestellt. In den Medien als Supergirl hochgepuscht und festgelegt, trotzdem mit einem Reinfall konfrontiert, entschloß sie sich, eine völlig neue Rolle zu spielen. *The Legend of Billy Jean* zeigte Helen Slater in der Titelrolle eines Mädchens, das, auf sich allein gestellt, für ihre jüngeren Geschwister sorgen muß. Sie wird Opfer eines Vergewaltigungsversuchs, doch die Polizei hält sie für eine Kriminelle. Mit ihrem jüngeren Bruder (gespielt von ihrem leiblichen Bruder Christian, der auch in *Der Name der Rose* mitwirkte) und dessen Freunden macht sie sich auf die Flucht und steigt durch die falschen Fährten, auf die sie ihre Verfolger setzt, zu einem Idol der Jugendlichen und der Medien auf. Regisseur Matthew Robbins hintertreibt am Ende die Glaubwürdigkeit seines Films, als er Billie Jean in eine Parallele zu Jeanne d'Arc rückt. Helen Slater, die bis dahin als tatkräftiges junges Mädchen hatte überzeugen können, schneidet sich ihre blonden Haare ab, nachdem sie einen Film über Jeanne d'Arc im Fernsehen gesehen hat. Der geballten Macht von Pathos und Kitsch, die den Zuschauer in der Folge überschwemmen, kann sie nichts mehr entgegensetzen. Der Film wurde verdientermaßen ein Reinfall. Helen Slaters Rolle als Unschuld mit überraschendem Hintergrund aber fand eine unerwartete Fortsetzung in der Erfolgskomödie *Ruthless People*.

Aus dem Supergirl wurde in ›Ruthless People‹ eine überforderte Hausfrau und Kidnapperin. Mit Judge Reinhold

Zerbrechliche Aufsteigerin Helen Slater in ›The Secret of My Success‹

Zusammen mit ihrem Mann Ken (Judge Reinhold), einem Verkäufer von Stereoanlagen, entführt sie die Millionärin Barbara Stone (Bette Midler). Deren Mann (Danny DeVito) ist glücklich, hofft er doch bei Nichtbezahlung des Lösegeldes auf den Tod seiner Frau, deren Vermögen er dann erben würde. Zudem entpuppt sich Barbara als Gewitterziege, die das Nervenkostüm ihrer Entführer bis zum Zerreißen strapa-

ziert. Helen Slater verkörperte in einer Mischung aus Unschuld und Entschlossenheit die Figur der braven Hausfrau und enttäuschten Modeschöpferin, die zur Kidnapperin wird und sich am Ende mit ihrem Opfer anfreundet. Doch gegen das unbändige Temperament der Hauptakteurin Bette Midler hatte sie keine Chance. Ihr Part war nicht mehr als eine Nebenrolle, in der sie eine gute Figur abgab.
Eine neue Facette ihres Talents stellte sie in einer weiteren Komödie vor, *The Secret of My Success.* Sie spielt die Yuppie-Frau Christy Wills, die der Karriere wegen die Geliebte ihres Chefs ist. Als sie den jungen Aufsteiger Brantley (Michael J. Fox) kennen- und dann liebenlernt, offenbart sich hinter der dynamisch-aggressiven Fassade eines unabhängigen Erfolgsmenschen eine verletzliche, scheue und loyale Person. Helen Slaters transparente Schönheit, ihre Blässe und Zerbrechlichkeit waren kongenial in ihrer Rolle. *The Secret of My Success* erlebte zum ersten Male die wirkliche Schauspielerin. Die Klischees, die sie bislang verkörpert hatte, erwachten mit einem Male zum Leben. Der Film machte Hoffnung, daß aus Helen Slater mehr als nur ein Abbild werden kann. Hollywood setzt auf seinen neuen Star.

Anmerkungen

1) Marianne Gray. Supergirl. In: Photoplay, August 1984
2) Milo Mitchell. Supergirl. In: Prevue, No. 58, Feb./March 1985
3) Marianne Gray, a.a.O.

Filmographie

1983

Amy and the Angel (TV)
Darsteller: HELEN SLATER, Matthew Modine

1984

Supergirl (Supergirl) (Großbritannien)
Regie: Jeannot Szwarc
Darsteller: HELEN SLATER (Kara/Linda Lee), Faye Dunaway, Peter O'Toole, Mia Farrow, Brenda Vaccaro, Peter Cook

The Legend of Billy Jean (Zeit der Vergeltung)
Regie: Matthew Robbins
Darsteller: HELEN SLATER (Billie Jean), Keith Gordon, Christian Slater, Richard Bradford, Peter Coyote, Dean Stockwell

1986

Ruthless People (Die unglaubliche Entführung der verrückten Mrs. Stone)
Regie: Jim Abrahams, David Zucker, Jerry Zucker
Darsteller: Bette Midler, Danny DeVito, HELEN SLATER (Sandy Kessler), Judge Reinhold, Anita Morris

1987

The Secret of My Success (Das Geheimnis meines Erfolges)
Regie: Herbert Ross
Darsteller: Michael J. Fox, HELEN SLATER (Christy Wills), Richard Jordan, Margaret Whitton, John Pankow, Fred Gwynne

1988

Sticky Fingers
Regie: Catlin Adams
Darsteller: HELEN SLATER, Melanie Mayron, Carol Kane, Christopher Guest

Lea Thompson

Das nette Mädchen aus der Nachbarschaft, das ideale All-American Girl, mit einem bezaubernden Lächeln, aber einem Gesichtsausdruck, der nur Leere verheißt – ein Klischee, dessen perfekte Verkörperung Lea Thompson ist. Auf den ersten Blick täuschen ihre Rollen eine überraschende Vielseitigkeit vor. Als Vierundzwanzigjährige spielte sie eine achtundvierzigjährige, gelangweilte Hausfrau. Zuvor hatte sie als hart kämpfendes Bandenmitglied in der Wildnis überlebt und den Sowjets eingeheizt. Später war sie ein Rockstar und hatte eine Liebesbeziehung zu einer Ente. Doch bei näherem Hinsehen lassen sich alle diese Rollen auf einen Kern zurückführen – den harmlosen Teenager, das All-American Girl.

Schon mit vierzehn war die 1961 in Rochester, Minnesota, geborene Lea Thompson ein Profi. Neunjährig hatte sie am Minnesota Dance Theatre mit dem Ballettunterricht bei Joyce Hamilton begonnen. Das kleine Mädchen trainierte hart, obwohl es auch noch zur Schule ging. »Ich war so besessen, daß meine Angehörigen es für unnatürlich hielten.«[1] Kaum hatte die zierliche Lea die High School verlassen, gewann sie ein zweijähriges Stipendium beim Pennsylvania Ballett in Philadelphia. Danach erhielt sie ein Stipendium beim Repertory Ballett, der zweiten Truppe des American Ballett Theatre. In San Francisco schließlich erhielt sie ein drittes Stipendium. Alles deutete darauf hin, daß Lea Thompson eine führende amerikanische Primaballerina werden würde, da hatte sie von der Tanzerei genug. »Mir wurde klar, daß ich nicht so weit kam, wie ich wollte. Als ich diese appetitlosen Mädchen mit Beinen bis hoch zur Schulter sah, diese Monstren, entmutigte mich das. Ich hörte auf und fing mit der Schauspielerei an. Ich besaß das gute, junge amerikanische Aussehen und versuchte es.«[2] Ein Jahr gab sie sich Zeit, es zu schaffen. Es gelang ihr. Sie hatte einen Manager engagiert, und der brachte das All-American Girl in zweiundzwanzig TV-Spots der Fast-Food-Kette Burger King unter. Dann

Lea Thompson als rockiger Teenager in ›Howard the Duck‹

wurde sie für den Horror-Abenteuerfilm *Jaws 3-D* engagiert, wo sie während der Dreharbeiten ihren zeitweiligen Freund Dennis Quaid kennenlernte. Schauspielunterricht hat sie keinen genommen. »Jahrelang auf Tournee und so viele verschiedene Charaktere zu spielen, das ist ebenso gut wie zwei Jahre in einem Schauspielkurs.«[3)] Natürlich erforderte ihr Auftritt im dritten Teil von *Jaws,* dem weißen Hai, der diesmal dreidimensional friedliebende Badegäste heimsuchte, von einem Darsteller nicht mehr, als Augen und Mund aufzureißen und entsetzt zu schreien. Eine schauspielerische Ausbildung wäre da tatsächlich fehl am Platze. Die brauchte Lea Thompson auch kaum in ihrem nächsten Film, *All the Right Moves,* in dem sie Tom Cruises Freundin Lisa spielte. »Ich wollte zeigen, daß Frauen intelligent sein können; daß sie sanft und weiblich sein, doch auch aufstehen und sich in ihrem Leben durchsetzen können.«[4)] Der Film indes gab ihr dazu wenig Gelegenheit und konzentrierte sich mehr auf seine männlichen Darsteller; überhaupt taugte eine High-School-Komödie kaum dazu, einen Anspruch auszudrücken. Doch der Regisseur und Autor John Milius war von Lea Thompson beeindruckt. Er engagierte sie gleich anschließend für sein propagandistisches Hetzwerk *Red Dawn,* in dem die Invasion der Vereinigten Staaten durch die Sowjets ausgemalt wurde. Lea Thompson spielte die Wortführerin einer Gruppe Jugendlicher, die sich als Partisanen in der Wüste verstecken und die Russen aus dem Land treiben wollen. Thompson wußte, daß Milius am Drehbuch zu *Apocalypse Now* beteiligt war, und glaubte an einen anderen Film als den, den sie schließlich sah. Sie zog sich wieder ins sichere Terrain des High-School-Films zurück. Erneut spielte sie in *The Wild Life* neben Christopher Penn und Eric Stoltz das Mädchen an *seiner* Seite. Anita (Thompson) hat einen Job und hofft mit einem neuen Freund ihre Unabhängigkeit zu finden. Auch hier war die Intention der Schauspielerin ehrenvoller als das Ergebnis. »Man kann Mädchen wie Anita sehr leicht zum Stereotyp machen, deshalb mußte ich sie manchmal ein wenig eigenartig gestalten. Ich erkannte nichts Vorhersehbares bei Anita, deshalb machte ich klar, daß ich zusätzlichen Schwung in ihren Charakter brachte.«[5)] Lea Thompsons Anstrengungen waren nicht sonderlich erfolgreich, was den Film betraf, der den Rahmen der üblichen Teenager-Klamotten nicht sprengte. Erfolgreich waren ihre

Anstrengungen insofern, als daß ihr gleich darauf ihre bislang erfolgreichste und vielleicht auch gelungenste Rolle angeboten wurde.

In *Back to the Future* spielte sie eine achtundvierzigjährige Hausfrau, die sich bei ihrer alltäglichen Routine in der Suburb zu Tode langweilt. Kaum wiederzuerkennen ist sie da unter der Maske, eine bittere, ironische Version des All-American Girl, wenn es in die Jahre gekommen ist. Ihrem eigentlichen Alter entsprechend, verkörperte Lea Thompson dann einen Teenager im Hauptteil des Films, der dreißig Jahre zuvor spielt, in den Fünfzigern. Zur Vorbereitung auf eine Zeit, in der sie noch nicht einmal geboren war, vertiefte sich Lea Thompson in Filme, Bücher und Illustrierte der Zeit. So wirkt ihr Teenager von damals tatsächlich authentisch. Das muß wohl auch George Lucas gedacht haben, als er sie für die Hauptrolle in der von ihm mitproduzierten Science-fiction-Komödie *Howard the Duck* auswählte. Der eigentliche Star des Films war zwar eine altkluge, menschliche Ente namens Howard, eine Mischung aus Trick und Kostüm, doch machte Lea Thompson als sexy, rebellische Rock-Sängerin Beverly Switzler gute Figur zur wohlklingenden Stimme, mit der sie ihre Songs selbst sang. Höhepunkt des Films, der nur ein enttäuschend mittlerer Erfolg wurde, war eine Liebesszene zwischen Beverly und Howard, der Ente. »Sich in eine Ente zu verlieben, ist wirklich ein ganz besonderer Bonus. Am Anfang hatte ich einige Bedenken, Sie wissen schon: eine ernsthafte Schauspielerin, die neben einer Ente auftritt ...«[6] Bedenken, die unnötig waren, denn es wurde Lea Thompsons beste Rolle. Wenngleich in einem Film, der seine Anspruchslosigkeit zum Prinzip gemacht hatte. In einem weiteren Science-fiction-Film, *Space Camp,* der von einer Gruppe von Jugendlichen erzählt, die versehentlich ins All geschossen werden, als sie gerade eine Besichtigungstour unternehmen, fiel Lea Thompson wieder ins Klischee zurück. Sie spielte eine ehrgeizige Pilotenanwärterin, die erst ihren Eigensinn überwinden muß, bevor sie dann am Ende für die Gruppe arbeitet. Das All-American Girl war zurück, hier nur in einem Raumfahrtanzug versteckt. Der Film war ebenso mäßig wie

Lea Thompson als raumfahrender Teenager in ›Space Camp‹

die schauspielerischen Leistungen seiner Akteure. Auch in dem Teenie-Film *Some Kind of Wonderful* blieb Lea Thompson in einer größeren Nebenrolle als umschwärmte Schulprinzessin den Beweis wirklichen Talents schuldig. Mancher Fan sah das anders. »Nur einer Darstellerin wie Lea Thompson, die zwei wunderbare Falten um den Mund bekommt, wenn sie lächelt, kann man das Bekenntnis kurz vor Schluß abnehmen. Dank Lea Thompson kann man glauben, daß die, die sich am Ende kriegen, auch zueinander passen.«[7] Ein Lächeln alleine indes macht noch keine Schauspielerin. Bislang ist Lea Thompson noch nicht über die Eindimensionalität eines hübschen Teenagers hinausgewachsen. Und es muß bezweifelt werden, ob sie das Format und die Präsenz einer Charakterdarstellerin besitzt. Solange es aber das Genre des synthetischen Teenie-Films gibt, wird Lea Thompson einer seiner Stars sein.

Anmerkungen

1) US-Presseheft »The Wild Life«
2) Sunday Times Magazine, 3.9.1985
3) ebda.
4) US-Presseheft »The Wild Life«
5) ebda.
6) Deutsches Presseheft »Howard – Ein tierischer Held«
7) Milan Pavlovic, Kölner Stadtanzeiger, 14./15.11.1987

Filmographie

1982

Jaws 3-D (Der weiße Hai, III – 3D)
Regie: Joe Alves
Darsteller: Dennis Quaid, Bess Armstrong, Simon MacCorkindale, Louis Gossett jr., John Putch, LEA THOMPSON (Kelly Ann Bukowski), P. H. Moriarty

1983

All the Right Moves (Der richtige Dreh)
Regie: Michael Chapman
Darsteller: Tom Cruise, Craig T. Nelson, LEA THOMPSON (Lisa Lietske), Charles Cioffi, Christopher Penn

Red Dawn (Die rote Flut)
Regie: John Milius
Darsteller: Patrick Swayze, C. Thomas Howell, LEA THOMPSON (Erica Mason), Charlie Sheen, Darren Dalton, Jennifer Grey, Ben Johnson, Harry Dean Stanton

1984

The Wild Life (Wild Life)
Regie: Christopher Penn, LEA THOMPSON (Anita Thompson), Eric Stoltz, Ilan Mitchell-Smith, Rick Moranis, Randy Quaid

1985

Back to the Future (Zurück in die Zukunft)
Regie: Robert Zemeckis
Darsteller: Michael J. Fox, Christopher Lloyd, LEA THOMPSON (Lorraine Baines), Crispin Glover, Thomas F. Wilson

1986

Howard the Duck (Howard – Ein tierischer Held)
Regie: Willard Huyck
Darsteller: LEA THOMPSON (Beverly Switzler), Jeffrey Jones, Tim Robbins, Ed Gale, Chiep Zien, Tim Rose

Space Camp (Space Camp)
Regie: Kate Capshaw, LEA THOMPSON (Kathryn), Kelly Preston, Larry B. Scott, Leaf Phoenix, Tom Skerritt

Some Kind of Wonderful (Ist sie nicht wunderbar?)
Regie: Howard Deutch
Darsteller: Mary Stuart Masterson, Eric Stoltz, LEA THOMPSON (Amanda Jones), Craig Sheffer, John Ashton, Maddie Corman

1987

Casual Sex
Regie: Genevieve Robert
Darsteller: LEA THOMPSON (Stacey), Virginia Jackson

HEYNE FILMBIBLIOTHEK

Themenbände, die sich mit bestimmten Filmarten, wichtigen Epochen und Kategorien beschäftigen.

32/130

32/123

32/90

32/124

32/87

32/96

32/127

32/102